As metrópoles regionais e a cultura

OS LIVROS DO OBSERVATÓRIO

O Observatório Itaú Cultural dedica-se ao estudo e divulgação dos temas de política cultural, hoje um domínio central das políticas públicas. Consumo cultural, práticas culturais, economia cultural, gestão da cultura, cultura e educação, cultura e cidade, leis de incentivo, direitos culturais, turismo e cultura: tópicos como esses impõem-se cada vez mais à atenção de pesquisadores e gestores do setor público e privado. OS LIVROS DO OBSERVATÓRIO formam uma coleção voltada para a divulgação dos dados obtidos pelo Observatório sobre o cenário cultural e das conclusões de debates e ciclos de palestras e conferências que tratam de investigar essa complexa trama do imaginário. As publicações resultantes não se limitarão a abordar, porém, o universo restrito dos dados, números, gráficos, leis, normas, agendas. Para discutir, rever, formular, aplicar a política cultural é necessário entender o que é a cultura hoje, como se apresenta a dinâmica cultural em seus variados modos e significados. Assim, aquela primeira vertente de publicações que se podem dizer mais técnicas será acompanhada por uma outra, assinada por especialistas de diferentes áreas, que se volta para a discussão mais ampla daquilo que agora constitui a cultura em seus diferentes aspectos antropológicos, sociológicos ou poéticos e estéticos. Sem essa dimensão, a gestão cultural é um exercício quase sempre de ficção. O contexto prático e teórico do campo cultural alterou-se profundamente nas últimas décadas e aquilo que foi um dia considerado clássico e inquestionável corre agora o risco de revelar-se pesada âncora. Esta coleção busca mapear a nova sensibilidade em cultura.

Teixeira Coelho

Françoise Taliano-des Garets

AS METRÓPOLES REGIONAIS E A CULTURA

O CASO FRANCÊS, 1945-2000

Prefácio
Pascal Ory

Tradução
Ana Goldberger

ILUMI/URAS

Coleção Os Livros do Observatório
Dirigida por Teixeira Coelho

Copyright © *2014*
Itaú Cultural

Copyright © *desta edição*
Editora Iluminuras Ltda.

Capa
Michaella Pivetti

Foto da capa
CC/Velvet/La médiathèque Jean Lévy à Lille (Nord)/Agosto 2009

Preparação de texto
Jane Pessoa

Revisão
Bruno Silva D'Abruzzo

CIP-BRASIL. CATALOGAÇÃO NA PUBLICAÇÃO
SINDICATO NACIONAL DOS EDITORES DE LIVROS, RJ

G216m

Garets, Françoise Taliano des
    Metrópoles regionais e a cultura: o caso francês, 1945-2000 / Françoise Taliano-des Garets ; tradução Ana Goldberger. - 1. ed. - São Paulo : Iluminuras : Observatório Itau Cultural, 2014.
    304 p. : il. ; 23 cm.

    Tradução de: Les métropoles régionales et la culture 1945-2000
    Inclui bibliografia e índice
    Índice onomástico
    ISBN 978-85-7321-425-3 (Iluminuras)
    ISBN 978-85-7979-048-5 (Itaú Cultural)

    1. Relações culturais. 2. Literatura brasileira - Influências francesas. I. Título.

14-08768
                        CDD: 869.09
                        CDU: 821.134.3(09)
21/01/2014   24/01/2014

2014
EDITORA ILUMINURAS LTDA.
Rua Inácio Pereira da Rocha, 389 - 05432-011 - São Paulo - SP - Brasil
Tel./Fax: 55 11 3031-6161
iluminuras@iluminuras.com.br
www.iluminuras.com.br

Para meus pais

Meus sinceros agradecimentos a Pascal Ory pelo apoio e pela confiança que me tem demostrado, bem como a Hubert Bonin, Éric des Garets, Marie des Garets, Geneviève Gentil, Bernard Noël, Alexandre Péraud, Marc Torralba, Colette e Pierre Ysmal, sem os quais esta obra não existiria.

Agradeço também a Julien Blaine, ao CAPC de Bordeaux e ao serviço de comunicação da prefeitura de Lyon pelos documentos fotográficos que nos foram fornecidos.

SUMÁRIO

PREFÁCIO, 13
  Pascal Ory

INTRODUÇÃO, 19
  Situação e cenário, 19
  Método, 25
  Questionamento, 28

PARTE I
GÊNESE: UM VOLUNTARISMO ENTRE TRADIÇÃO E INOVAÇÃO

1. RETOMADA E DINAMISMO DESIGUAL, 37
  1.1 AS URGÊNCIAS SÃO OUTRAS E OS RITMOS DIFEREM
    a) Reconstruir. Cultura, qual é sua legitimidade?, 37
    b) Uma situação particular: Estrasburgo, 40
    c) Situações desfavoráveis: Marselha e Lille, 43
  1.2 PRIORIDADE À TRADIÇÃO E AO PRESTÍGIO
    a) A retomada das instituições tradicionais, 46
    b) Os festivais ou o prestígio das capitais regionais, 51
  1.3 UM CONSERVADORISMO MUNICIPAL?
    a) O difícil nascimento do novo teatro, 53
    b) Passos em falso e oportunidades perdidas, 58
    c) Atraso da leitura pública, 60

2. AS FORÇAS MOTRIZES DA AÇÃO NA VIRADA DOS ANOS 1960, 63
  2.1 O PAPEL DOS MOVIMENTOS DE BASE
    a) As recaídas culturais dos anos 1960, 63
    b) O teatro portador de subversão, 66
    c) A formação artística, estabelecimentos saturados e fonte de inovação, 68
  2.2 O FATOR POLÍTICO, MOTOR DA AÇÃO
    a) O peso dos prefeitos, 70
    b) O papel dos assessores, 75
    c) Para uma estruturação institucional das políticas culturais municipais:
      efeito do ministério?, 77
  2.3 VOLUNTARISMO E TUTELA (?) DO ESTADO
    a) Teatro e casas de cultura, 79

b) Estado provedor, Estado tutelar, 83
A trabalhosa descentralização lírica, 83
Festivais, a qualidade em primeiro lugar, 86

c) Setores protegidos e escavações, a tomada de consciência, 88

d) Imobilismo e ações espetaculares nos museus, 91

PARTE II
O TEMPO DA INSTITUCIONALIZAÇÃO E DA PARCERIA COM O ESTADO

3. DESENVOLVIMENTO E INSTITUCIONALIZAÇÃO DAS POLÍTICAS CULTURAIS MUNICIPAIS, 101

3.1 UM ESFORÇO CONTÍNUO OU "O JOGO DO CATÁLOGO"

a) As cidades gastadoras, 101

b) Febre de equipamentos e o "concreto cultural" nas aglomerações em expansão, 105

c) Compensar os atrasos, 109

3.2 ESTRUTURAÇÃO DAS POLÍTICAS CULTURAIS DAS METRÓPOLES REGIONAIS

a) Um polo cultural municipal cada vez mais elaborado, 117
Cultura e "monarquia municipal", 118
Assessores e administração da cultura, 120

b) Democracia cultural e "cultura global", 124
Da democracia cultural, 124
Lille e Marselha ou a politização da cultura, 127

c) Objetivos: despertar, "desprovincializar", internacionalizar as capitais regionais, 130

4. O TEMPO DA PARCERIA COM O ESTADO, 135

4.1 O TEMPO DAS CARTAS

a) Parceria ou tutela?, 135

b) Prioridades e apostas, 139

c) Um ligeiro balanço, 142

4.2 A DESCENTRALIZAÇÃO ARTÍSTICA

a) O plano Landowski e as metrópoles regionais, 146
As orquestras, pedra angular do plano, 147
Os teatros líricos, 152
A formação musical, 155

b) A descentralização teatral, 157

PARTE III:
CAPITAIS CULTURAIS DA EUROPA?

5. A BONANÇA DOS ANOS 1980, 165

5.1 A EUFORIA CULTURAL DAS CAPITAIS REGIONAIS

a) O "todo cultural", 165
Um esforço financeiro continuado, 165
Arte contemporânea, o *aggiornamento*", 168
Música contemporânea, o Festival Musica, 174
Uma política de todas as músicas, 176

b) As metrópoles no jogo da descentralização, 178
A política contratual reativada, 179
Politização da cultura?, 181
Atritos entre parceiros, 186

c) Para uma homogeneização do funcionamento municipal, 187
Uma institucionalização reforçada, 187
Profissionalização, 189
O poder dos prefeitos em relação à cultura, 190

5.2 TERRITÓRIOS À PROCURA DE UMA IMAGEM

a) Concorrência e procura de notoriedade, 192

b) As grandes obras das metrópoles, 196

c) Entre prestígio e desenvolvimento social urbano, 201

6. REALISMO DE FIM DE SÉCULO, 211

6.1 A CULTURA NORMATIZADA

a) Fim dos excessos financeiros, 211

b) Uma visão instrumentalista das políticas da cultura, 216
O "todo cultural" em socorro da cidade, 216
A cultura a serviço da economia local, 221

6.2 CULTURA E METROPOLIZAÇÃO

a) Descentralização e metropolização, 223

b) Metrópoles culturais inacabadas, 227

CONCLUSÃO, 235

POSFÁCIO, 247
Xavier Greffe

TRÊS INFLEXÕES NO SÉCULO XXI

Os efeitos quantitativos da crise da dívida pública, 248

Da democratização à democracia cultural, 250

Uma ligação reforçada entre cultura e economia, 254

LISTA DAS ABREVIAÇÕES, 259

LISTA DAS TABELAS, 261

BIBLIOGRAFIA, 263

FONTES, 273

ÍNDICE ONOMÁSTICO, 277

SOBRE O AUTOR, 283

PREFÁCIO

Pascal Ory

A obra de Françoise Taliano-des Garets termina, ou quase, com a palavra "descobertas". No caso, trata-se de descobertas feitas pelas metrópoles regionais francesas em matéria de política cultural. Porém, feita a leitura, apostamos que também vai se tratar de outro tipo de descoberta: a de muitos leitores perante a riqueza e a diversidade das referidas políticas, nas quais não é exagero entrever o rosto das políticas culturais de amanhã nesse país.

Pode-se dizer, sem muito exagero, que a França inventou um modelo de política cultural que funciona melhor do que os modelos autoritários, ao equilibrar liberdade de expressão e popularização em melhores condições do que a simples lei do mercado temperada pela moral protestante, a que se resume, fundamentalmente, o modelo anglo-saxão. Mas o velho culto francês ao Estado atribuiu, por tempo demais, muita importância ao Estado, ao mesmo tempo na realidade e no imaginário. Demorou para que se descobrisse o papel desempenhado pelas comunas desde seu nascimento, sob a Revolução (pois elas não ficam sem solução de continuidade até a mítica Idade Média), e, principalmente, pelas maiores, essas "capitais" cujas estatísticas culturais mostraram que assumem, hoje, nessa questão, pesados encargos "de centralidade".

Françoise Taliano-des Garets é, incontestavelmente, a maior especialista francesa na história das políticas culturais dessas grandes cidades, que se pode pensar que são uma das principais invenções deste último meio século que se identifica com a Quinta República. É certo que aqui existiam metrópoles bem antes de 1958. As seis cidades escolhidas pela autora já faz tempo que exercem uma difusão cultural sobre sua respectiva região. Mas a novidade destas últimas décadas situa-se indiscutivelmente no plano político. De um lado, se hoje os eleitos das grandes metrópoles e os dos conselhos regionais estão a ponto de se tornarem os agentes políticos mais importantes no terreno cultural francês, é que agora existe, nesse país, um verdadeiro poder local, dotado de uma capacidade de ação frequentemente superior às instituições do Estado, em comparação a seus meios, sua autonomia e sua continuidade. Mas, do outro lado, é porque, ao mesmo tempo, esses agentes comunais, intercomu-

nais e regionais aprenderam uma língua nova, cujos vocabulário e sintaxe foram elaborados, em escala nacional, em algum ponto entre o Front popular e o TNP — Théâtre National Populaire [Teatro Nacional Popular]: a "política cultural".

Pois é preciso ser claro: todo o estudo que se segue, naquilo que ele nos diz sobre cada uma das seis metrópoles, bem como sobre essa visão de conjunto, vai contra a tese, apresentada já faz um quarto de século, do "jogo do catálogo". Que tenha havido e que algumas vezes ainda haja na tomada de decisão cultural pelas cidades uma parte de "navegação" estimada, ninguém pode negar. Mas quem pode dizer que se trata de uma característica unicamente do poder local? E, acima de tudo, quem pode, depois de ter lido este livro, continuar a pensar que as grandes cidades francesas (e algumas menores) enfrentam as apostas culturais do século XXI sem uma reflexão estratégica e sem projetos coerentes, assim como sem legisladores bem informados e sem pessoal formado? Existe, no olhar depreciativo que alguns analistas e artistas lançam sobre a "boa vontade" cultural dessas novas pessoas que decidem, uma parcela inegável de condescendência aristocrática em relação a uma sociedade resumida ao populismo, ao clientelismo e ao tradicionalismo — diagnóstico hoje muito pouco de acordo com a realidade dos fatos, se é que alguma vez o foi.

A história que, a sua maneira — precisa, documentada e comparativa —, a sra. Taliano-des Garets nos conta não deixa de ter zonas obscuras, mas, no conjunto, estamos lidando com uma success story. Continua havendo disparidades entre essas cidades, mas elas se devem mais aos dados próprios a cada contexto do que a monumentais erros políticos. Uma grande perspectiva permanece inacabada, a intercomunalidade, mas o fato é que, precisamente, ela ainda é recente: também nisso os observadores, franceses e estrangeiros, têm interesse em rapidamente se atualizar e tomar o bonde intercomunal, já que, sem isso, eles não irão reconhecer a paisagem que logo vai se lhes oferecer — inclusive com o desaparecimento da comuna. Uma grande perspectiva começa a se esboçar, a internacional, e é bem normal: mesmo assim, não é ali que se pode esperar encontrar, em primeiro lugar, os políticos locais. Da mesma forma, pode-se continuar a discutir, a perder de vista, os resultados ambíguos da "democratização", em escala local e nacional; pode-se questionar — e, de fato, há motivos — o lugar atribuído ao "sociocultural", sempre exposto, aqui como na rua de Valois,[1] ao risco de ser sacrificado em nome do prestígio. Uma constatação muito simples permanece, a da visibilidade das apostas culturais

---

[1] Rua de Paris onde o Ministério da Cultura tem sua sede; é comum o nome da rua aparecer no lugar da sede do ministério ou do governo correspondente. (N.T.)

nos debates de nossas cidades e, tão somente, de elas serem levadas a sério pelos parceiros do jogo político, desde a valorização do patrimônio até a estratégia de imagem na direção das novas classes médias, passando pelo desenvolvimento de programas específicos para os bairros periféricos. Isso é o que esta época e o que esta comparação nos ensinam. Essa é a moral da fábula, o conto das seis cidades. Não é pouco.

AS METRÓPOLES REGIONAIS E A CULTURA

INTRODUÇÃO

Situação e cenário

A identidade de uma cidade é produto do tempo. No decorrer da história, as grandes cidades francesas fora de Paris, à medida que o centralismo se impunha, afirmaram sua identidade. Essa afirmação alimentou-se grandemente da oposição Paris/interior, e é ilustrada através dos campos econômico, social, político ou, ainda, cultural. As características específicas das grandes cidades francesas tomaram forma e, com elas, desenvolveram-se imagens prontas e chavões. A identidade de uma cidade está baseada em elementos objetivos, como a situação geográfica, a composição da população, os legados da história, mas também em todo um conjunto de representações, campo mais aleatório. Assim, é fácil reconhecer em Estrasburgo e Marselha, mais do que em outras, um perfil multicultural, e em Lyon e Bordeaux, cuja riqueza foi feita pelo comércio, uma reputação de cidades burguesas. Assim, por muito tempo Marselha carregou sua "má reputação". Sem dúvida, em matéria de representação, é difícil determinar a parcela dos fatores internos e externos na elaboração da imagem das cidades. Mesmo assim, constata-se que existe de fato um discurso local sobre a identidade cultural das cidades, sobre sua posição em relação à capital, seu lugar no país e, algumas vezes, seu lugar na Europa. O campo da cultura se presta especialmente para o desenvolvimento dessa retórica. Desse modo, os monumentos históricos ou os edifícios que abrigam instituições culturais bem cedo se tornaram os emblemas da identidade das cidades, que se pense, neste último caso, por exemplo, nos teatros e nas salas de ópera. O Sébastopol em Lille, o Capitole em Toulouse, o Grand-Théâtre em Bordeaux... Nas últimas décadas, os exemplos são ainda mais numerosos e explícitos: a Vieille Charité em Marselha, o Maillon em Estrasburgo, o CAPC em Bordeaux, os Abattoirs (Matadouros) em Toulouse... Os equipamentos culturais são marcadores de identidade utilizados pelas cidades em sua estratégia econômica; o fenômeno, aliás, não é próprio só da França, pois a cultura agora é concebida como uma ferramenta de comunicação a serviço da difusão da influência das cidades, um indicador de nível de desenvolvimento, de qualidade de vida. Na segunda metade do século XX, a cultura realmente alçou-se ao nível das apostas políticas municipais. Como aconteceu essa mudança?

Para apreender as políticas culturais das metrópoles francesas, algumas dentre elas foram escolhidas: Bordeaux, Lille, Lyon, Marselha, Estrasburgo e Toulouse. Elas foram escolhidas pela sua antiga intervenção nesse campo da ação pública e porque os locais com mais de 150 mil habitantes foram outros tantos laboratórios do funcionamento das políticas culturais a partir do segundo pós-guerra. Com efeito, o tamanho é uma medida suficiente das potencialidades, tanto para o número quanto para a diversidade dos equipamentos culturais.[1] Essas cidades têm instituições cuja atividade, para as mais antigas delas, remonta ao século XVIII — as salas de ópera, por exemplo — e, quando se considera o setor educacional e as universidades, é preciso levar em conta origens ainda mais distantes. A oferta cultural diversificou-se especialmente no decorrer do século XIX (bibliotecas, conservatórios, escolas de desenho, orquestras) e durante a primeira metade do século XX. Embora seja difícil falar de política cultural propriamente dita na primeira metade do século XX, fica claro, entretanto, que a intervenção do político no campo cultural local não tem parado de se consolidar (Lyon com Édouard Herriot,[2] Bordeaux com Adrien Marquet,[3] Estrasburgo durante e fora da presença alemã...). Mesmo que os estudos de caso ainda sejam muito esporádicos para estabelecer conclusões gerais, pode-se ao menos supor que a música, a leitura, os museus, o patrimônio, foram os setores nos quais, desde o começo do século XX, se esboçaram uma intervenção pública voluntarista. Essas cidades, portanto, apresentam intervenções públicas antigas e uma tradição cultural muitas vezes voltada para a música (Bordeaux, Estrasburgo), a ópera (Marselha, Toulouse). Além disso, são capitais regionais com tradição universitária que exercem uma influência não negligenciável nesse campo, em sua região e fora dela.[4]

---

[1] Catherine Lephay-Merlin, *Les Dépenses culturelles des communes. Analyse et évolution, 1978-1987* (Paris: La Documentation Française, 1991), pp. 30-1.

[2] Ver as obras de Pierre-Yves Saunier, especialmente *L'Esprit lyonnais XIXe-XXe siècles* (Paris: CNRS, 1995).

[3] Françoise Taliano-des Garets, "Les Maires des grandes métropoles françaises et leur politique culturelle au XXe siècle". In: Josette Pontet (org.), *Des Hommes et des pouvoirs dans la ville XIXe-XXe siècles* (Talence: Cesurb-Histoire/ Université Michel de Montaigne Bordeaux III, 1999).

[4] A divisão administrativa da França compreende, da maior para a menor: região, departamento, *arrondissement*, cantão e comuna. (N.T.)

As práticas culturais de uma burguesia mundana ou esclarecida por muito tempo têm fornecido o público para as instituições tradicionais, e as práticas associativas existem de longa data nessas cidades, dentro do contexto, por exemplo, de sociedades eruditas, de sociedades musicais ou de corais.

Durante a segunda metade do século XX, o terreno revelou-se totalmente propício para a emergência de políticas culturais municipais nos espaços urbanos em plena efervescência. Certamente os centros das cidades apresentaram uma tendência a perder população em meados dos anos 1970, até que uma estabilização se operou no final do século, mas aglomerações poderosas se aproveitaram disso para se desenvolver, e verdadeiras metrópoles emergiram, três dentre elas ultrapassando 1 milhão de habitantes no final do século (Tabela 1).

Essas cidades apresentam diferenças tanto pela população, pela superfície, quanto pela configuração de seu território. Marselha se distingue tanto por seus 24 mil hectares (Lyon *intra muros* cobre apenas 4 mil) quanto pelo tamanho de sua população estrangeira (8,6% em 1985). As diferenças também podem surgir no papel político dessas cidades. Estrasburgo é um caso único, acolhendo, desde 1949, o Conselho da Europa, depois a Assembleia das Comunidades Europeias, futuro parlamento europeu, a Corte Europeia dos Direitos Humanos, a cadeia franco-alemã de televisão Arte. As seis metrópoles, portanto, estão marcadas pelo selo da diversidade.

A Conferência Europeia dos Ministros Responsáveis pelo Ordenamento do Território do Conselho da Europa (Cemat) define assim o termo metrópole: "Por metrópole, entende-se um polo ou uma cidade de importância europeia que represente o nível mais alto na organização hierarquizada do tecido urbano e que disponha, dentro do contexto europeu de bens e serviços, de equipamentos de alta qualidade ao assumir funções de fornecimento e planejamento".[5]

---

[5] Cemat, Schéma Européen d'Aménagement du Territoire, Strasbourg, Conseil de l'Europe, 1994, p. 19 apud Guy Saez, Jean-Philippe Leresche e Michel Bassand, *Gouvernance métropolitaine et transfrontalière. Action publique territoriale* (Paris: L'Harmattan, 1997), p. 16.

	1946	1954	1962	1975	1982	1990	1999
Bordeaux							
centro	253.751	257.946	275.537	223.131	208.159	210.336	215.363
aglomeração		415.763	494.432	627.969	648.935	696.364	753.931
Lille							
centro	188.871	194.616	192.435	189.942	168.424	172.142	184.657
aglomeração		359.342	816.994	944.061	944.556	959.234	1.000.900
Lyon							
centro	460.748	471.270	532.569	456.716	413.095	415.497	445.452
aglomeração		649.509	935.476	1.220.763	1.220.844	1.262.223	1348.832
Marselha	636.264	661.492	773.071	908.600	874.436	800.550	798.430
centro							
aglomeração			834.061	1.222.113	1.249.625	1.230.936	1.349.772
Estrasburgo							
centro	175.515	200.951	226.703	253.384	248.712	252.338	264.115
aglomeração		238.749	300.371	365.323	373.470	388.483	427.245
Toulouse							
centro	264.411	268.863	321.314	373.796	347.995	358.688	390.350
aglomeração			362.740	551.002	574.671	650.336	761.090

Tabela 1: População das seis metrópoles (Insee).

Essa definição de 1994 é resultado de uma evolução histórica. As grandes cidades francesas que interessam aqui passaram, de fato, por um processo que lhes permitiu alcançar tal condição. Por outro lado, o poder central escolheu, a partir de 1963, dar a elas o título de "metrópoles de equilíbrio", atribuindo-lhes assim uma missão nacional de reequilibrar o território. Elas de fato assumiram funções culturais centralizantes baseadas no longo tempo de existência de suas instituições e também em sua capacidade financeira, superior às cidades menos populosas. O fenômeno da aglomeração enfatizou a necessidade de levar em consideração a cultura no âmbito das comunidades urbanas, mas a política comunitária é lenta para se por em marcha.[6] Embora a comunidade-sede continue sendo nosso objeto principal, as mudanças ocorridas na periferia não podem ser ignoradas. É evidente que, em termos de difusão para um espaço de contornos flutuantes no tempo, essas metrópoles merecem ser consideradas, e sua relação com as comunidades periféricas da aglomeração, ao longo das décadas, fica cada vez mais pertinente. O peso da metrópole regional sobre sua região também deve ser examinado, assim como a

---

[6] Bordeaux, Lille, Lyon, Estrasburgo foram dotadas, a partir do final dos anos 1960, de uma comunidade urbana.

posição geográfica de cada uma dessas cidades dentro do país. A maior ou menor proximidade em relação a Paris desempenha, de fato, um papel determinante em função dos meios de transporte, da mesma forma a proximidade a uma outra metrópole. Enfim, uma situação periférica, próxima às fronteiras, como a de Lille ou de Estrasburgo, dá uma configuração particular a essas cidades e a sua política cultural. Já se pode medir, nesse estágio, a diversidade das situações possíveis, tudo isso considerado durante várias décadas, em cujo decurso a urbanização, a metropolização, essa tendência à concentração de homens e atividades, foram fenômenos de monta.

As políticas culturais dessas cidades vão se implementar em um contexto nacional totalmente favorável, considerando o desenvolvimento das políticas públicas nesse campo. É certo que a intervenção municipal é preexistente, mas ela será dinamizada pelo impulso central. De fato, desde o começo da Quarta República, a ação de Jeanne Laurent no seio da Direção--Geral das Artes e Letras em matéria de teatro e ópera tem repercussões nas grandes cidades do interior. A fundação do Ministério de Assuntos Culturais em 1959 inaugura, a seguir, uma outra etapa, e a história das políticas culturais dessas municipalidades não pode ser separada das diversas ações importantes da rua de Valois.[7] As políticas nacionais, agora bem conhecidas, desenham uma trama geral indispensável para que se compreenda bem as mutações locais. A ênfase do ministério em um determinado setor cultural é capaz de produzir efeitos no terreno local. É assim em relação à política de Landowski de descentralização musical; é assim em relação à política em favor dos museus e do patrimônio no septenato de Giscard d'Estaign; ou aquela referente às artes plásticas, à dança, nos anos 1980, só para citar alguns exemplos.

O Estado continua sendo o parceiro público mais influente. Sua competência para regulamentar o leva a intervir diretamente no território comunal no que se refere à proteção do patrimônio, ao controle técnico dos museus, das bibliotecas e dos arquivos. Além disso, ele garante o controle pedagógico dos estabelecimentos de ensino artístico que reconhece. Entretanto, o período caracteriza-se pela evolução decisiva, que é constituída pelo duplo movimento de descentralização e de desconcentração[8] das políticas culturais. O termo "descentralização" é empregado de bom grado como um objetivo a ser atingido desde a Quarta República; ele o será até os dias de hoje. O discurso sobre a descentralização cultural é de

---

[7] Rua onde fica o ministério. (N.T.)

[8] A "desconcentração" consiste em delegar decisões e tarefas para escalões inferiores internos do órgão. (N.T.)

fato permanente na segunda metade do século XX. Ele se materializa, para começar, sob a forma de uma descentralização artística, depois, com a alternância do poder político em 1981, de uma descentralização administrativa. O movimento "apoiou-se em grande parte nas iniciativas do Estado",[9] conforme comprovam os processos de parceria: as cartas culturais dos anos 1970, as convenções devidas à ação da Direção do Desenvolvimento Cultural a partir de 1981, os *contrats de plan*.[10] Mas o voluntarismo legislativo dos anos 1982 e 1983 não culminou, no campo da cultura, em uma transferência de competências de grande amplidão. Arquivos e bibliotecas centrais circulantes para os departamentos, responsabilidades maiores para as regiões, especialmente em matéria de ensino, de produção e de difusão musical. Estas últimas desenvolvem novas ferramentas, como os Centros Regionais de Letras (CRL e os Fracs — Fonds Régionaux d'Art Contemporain [Fundos Regionais de Arte Contemporânea]), que facilitam a cooperação entre os agentes culturais e as cidades. Quanto às comunas urbanas, "elas são as células de base da vida cultural, em princípio dotadas com todas as competências e proprietárias da maior parte das instituições culturais";[11] as leis de descentralização, então, ratificaram um estado de coisas, reforçaram e legitimaram uma intervenção preexistente. Por outro lado, a descentralização encorajou os financiamentos cruzados, as parcerias entre os quatro níveis principais da intervenção pública, tornando, sem dúvida, a situação mais complexa.

O Estado também orquestrou um movimento de desconcentração. A desconcentração foi empreendida desde os Comitês Regionais dos Assuntos Culturais iniciados por André Malraux em 1963, a criação oficial das Dracs — Directions Régionaux des Affaires Culturelles [Direções Regionais de Assuntos Culturais] por um decreto de 1977, até sua verdadeira concretização a partir de 1986-1987.[12] A seguir, a desconcentração dos poderes e a do pessoal dos ministérios viu-se prolongada por uma desconcentração dos créditos em julho de 1992. As Dracs, que representam o Estado na escala local, são agora concebidas como uma ferramenta para acompanhar a descentralização. Todas essas mudanças devem ser levadas em consideração enquanto pano de fundo indispensável para compreender as políticas culturais das seis cidades estudadas.

---

[9] René Rizzardo, *La Décentralisation culturelle, rapport au ministère de la culture et de la communication* (Paris: La Documentation Française, 1990), p. 26.
[10] *Contrat de plan*: visa favorecer a articulação entre o plano nacional e os planos regionais. (N.T.)
[11] René Rizzardo, op. cit.
[12] Jean-Luc Bodiguel, "Naissance et affirmation des directions régionales des affaires culturelles". In: Philippe Poirrier e Jean-Pierre Rioux (orgs.), *Affaires culturelles et territoires* (Paris: Comité d'Histoire/ Ministère de la Culture/ La Documentation Française, 2000).

MÉTODO

A superabundância das fontes e da documentação sobre esse assunto da história do tempo atual impede qualquer esperança de cobrir integralmente o campo da investigação, e é preciso admitir que profusão não é garantia de exaustividade. A primeira dificuldade provém da dispersão dos dados, em parte compensada pela existência de fontes ministeriais. As fontes locais são copiosas, municipais, departamentais, privadas, jornalísticas ou provêm de instituições culturais. Os depoimentos orais as completam. Por sorte, o centralismo algumas vezes tem um lado positivo. Os arquivos ministeriais concentram dados dispersos em um lugar determinado, o Centro de Arquivos Contemporâneos de Fontainebleau (CAC). Entretanto, o assunto só pode ser abordado por um estudo setorial através das diferentes direções e delegações do ministério, e para cada cidade. Assim, à expansão da ideia de cultura que o ministério apreende por setores de intervenção, junta-se a expansão geográfica dos locais, e pode-se compreender melhor por que uma experiência dessa grandeza não foi tentada até então.

Por outro lado, a mais recente documentação que pode ser consultada no CAC só vai até o começo dos anos 1990, e esses arquivos, em grande parte, só podem ser obtidos por licença especial, e não podem ser copiados. Para as últimas décadas do século XX, os arquivos dos gabinetes Lang e Léotard nos foram úteis, aqueles especialmente pelas convenções sobre desenvolvimento cultural, estes pela inspeção geral da administração. Os relatórios de inspeção das instituições culturais revelaram-se, além disso, muito ricos de informações. O envio dos dados locais dos ministérios, brochuras, estatísticas, orçamentos municipais, artigos de jornal, foi muito prático, compensando um pouco a dispersão geográfica. As pesquisas instauradas pelo ministério dentro do âmbito do Serviço de Estudos e de Pesquisa (SER — Service des Études et Recherches) fornecem um inventário, a partir de 1963, em especial no que se refere às despesas culturais das cidades e seus equipamentos. As pesquisas ministeriais, trienais em 1978, são extremamente preciosas, apesar das reservas emitidas pelo próprio SER no que se refere às despesas culturais das cidades:

> Embora a análise financeira continue sendo o método mais simples para avaliar o esforço das comunas, é difícil discernir a importância desse esforço apenas com os dados orçamentários. Com efeito, algumas municipalidades chamam de "culturais" ações que não o são (para a finalidade de obter prestígio), outras, pelo contrário, podem camuflar suas intervenções

por razões de cautela. É por isso que a leitura direta dos documentos municipais não é suficiente.[13]

Continua existindo certa confusão dentro dos diferentes órgãos, e as cidades não empregam a mesma nomenclatura em seus documentos contábeis, o que impede qualquer comparação de conjunto nos anos 1950. Muitas vezes as nomenclaturas são imprecisas, dispersas, flutuantes, e só podem ser decifradas caso se possua um bom conhecimento da vida cultural local. Assim, a divisão por seções de investimento e de funcionamento só surge em Bordeaux nos anos 1970, enquanto, em Marselha, pode ser comprovada nos anos 1960, prejudicando o trabalho de comparação.

Esse mosaico de territórios com identidades marcantes exige que o historiador se esforce para evitar duas armadilhas: a de uma micro-história do local, que iria gerar certo atolamento em uma erudição tediosa e descritiva; e, igualmente, uma leitura diagonal macro-histórica, que iria provocar a insatisfação devido a um estudo impreciso. É isto que temos em jogo: tentar a reconstituição de um quebra-cabeça cujas peças estão dispersas; encontrar o fio condutor para compreender a evolução de conjunto dessas políticas municipais de longa duração; discernir tendências e rupturas durante esse meio século. O método consiste em cruzar diferentes critérios, tão variados quanto a situação geográfica, o número de habitantes, a composição social, a etiqueta política dos eleitos, a estatura política deles, ou, ainda, a tradição cultural e de identidade das cidades... Assim, algumas grandes tendências emergem de um campo de estudo muito espalhado, tanto geográfica quanto politicamente.

A história das políticas culturais municipais na segunda metade do século XX ainda está no começo, e até hoje originou monografias, teses e memórias,[14] reflexões epistemológicas,[15] artigos que indicam, com pertinência, as direções gerais, mas não houve síntese histórica sobre um número tão significativo de metrópoles. Da mesma forma, as obras sobre cada uma das seis cidades são raras. Há alguns artigos e monografias sobre pontos específicos, trechos integrados em compêndios mais gerais de historiadores, de geógrafos, de politólogos. Além da extensão do campo da investigação, esse histórico das políticas culturais municipais é ambicioso, porque situado onde se cruzam vários campos de pesquisa. Antes de

---

[13] "Les Dépenses culturelles des communes", *Développement Culturel*, fev. 1970.

[14] Ver Philippe Poirrier, Sylvie Rab, Serge Reneau e Loïc Vadelorge, *Jalons pour l'histoire des politiques culturelles locales* (Paris: Ministère de la Culture/ Comité d'Histoire, 1995).

[15] Vincent Dubois, *Institutions et politiques culturelles locales: éléments pour une recherche socio-historique* (Paris: Ministère de la Culture/ Comité d'Histoire, 1996).

mais nada, ele faz parte da história cultural, mas pode também ligar-se à história política, bem como à história urbana. O período escolhido ainda não é um terreno dos mais trilhados. Assim, Antoine Prost, em um artigo de 1999, já insiste nessa falha: "Uma história urgente. O tempo presente das cidades".[16] É verdade que as cidades do nosso tempo têm interessado mais aos politólogos, aos sociólogos, aos geógrafos, aos urbanistas ou aos arquitetos. O que é também lamentado por Danièle Voldman, autora de uma tese sobre *A reconstrução das cidades francesas de 1940 a 1954*. Ela explica esse atraso dos historiadores por três razões. A primeira é de ordem metodológica, e trata-se de um problema de definição: "Embora a história urbana da segunda metade do século XX conserve a pretensão de compreender, ao mesmo tempo, as formas urbanas e as práticas sociais que ali se desenvolvem, sua definição tenderá a se estender indefinidamente. Sem dúvida, existe aí um jogo metodológico de delimitação que não é fácil resolver".[17]

A segunda razão reside, de acordo com ela, nas fontes superabundantes que precisam de licença especial. Enfim, os historiadores não chegam a um terreno totalmente virgem; sem dúvida o fato de que há trabalhos anteriores de outras ciências sociais faz com que eles recuem. É verdade que a história das políticas culturais urbanas está situada em um cruzamento de caminhos, em uma posição que pode ser considerada tão delicada quanto central.[18] A abordagem diacrônica baseia com segurança sua diferença. "Sua ambição", escreve Philippe Poirrier, "é, sem exclusividade nem imperialismo, contribuir para um melhor conhecimento da sociedade francesa... Simplesmente, fazer história."[19] O que não impede que a história cultural examine métodos e conclusões elaboradas por seus vizinhos. Faz muito tempo que a história cultural vem manifestando sua vocação de abertura em relação a outras ciências sociais.

[16] Antoine Prost, "Une Histoire urgente. Le Temps présent des villes", *Vingtième Siècle. Revue d'Histoire*, n. 64, out.-dez. 1999.

[17] Danièle Voldman, "L'Histoire urbaine du second vingtième siècle", *Bulletin d'Information*, Association des Historiens Contemporanéistes de l'Enseignement Supérieur et de la Recherche, n. 20, p. 33, abr. 2000.

[18] Remetemos aqui a Jean-François Sirinelli e Michel Sot, "L'Histoire culturelle". In: François Bédarida, *L'Histoire et le métier d'historien en France, 1945-1995* (Paris: Maison des Sciences de l'Homme, 1995), pp. 339-49.

[19] Philippe Poirrier, "L'Histoire des politiques culturelles", *Bulletin d'Information*, Association des Historiens Contemporanéistes de l'Enseignement Supérieur et de la Recherche, n. 19, p. 24, 1999.

QUESTIONAMENTO

A primeira das questões colocadas é recorrente nos escritos de todos os que se interessam pelas políticas culturais locais, que se perguntam a partir de quando podem ser identificadas essas políticas enquanto tais. Portanto, preliminarmente, a política cultural será definida como uma intervenção dos poderes públicos no campo cultural de maneira voluntarista, coerente e sustentada por um aparelho administrativo apropriado. Embora para o Estado o debate sobre o começo da política cultural quase não tenha razão de ser, já que as etapas são facilmente identificáveis,[20] ele ainda permanece em aberto para as cidades. Como enfatiza Philippe Urfalino, recomenda-se cautela no uso desse conceito:

> Para discriminar esses usos, é preciso avaliar duas dificuldades: de um lado, a indeterminação absoluta do objeto se prestarmos, à nossa política, contornos tão fluidos quanto o adjetivo que a qualifica; do outro, a familiaridade grande demais de uma política singular, a que ficou muito visível na França com a criação do ministério da coisa em 1959. Essa familiaridade tem dois inconvenientes: haverá a tentação de só se considerar como "política cultural" o que se assemelhe às ações do Ministério da Cultura francês; logo, ela corre o risco de ser um ponto cego, pois quanto mais a experiência francesa instaurada por Malraux sirva, explícita ou implicitamente, de padrão, menos se consegue apreciá-la.[21]

Essas dificuldades relativas à política nacional foram resolvidas por Pascal Ory em sua obra sobre o Front popular, ao identificar o cultural ao "conjunto de representações produzidas e consumidas por um grupo social" e a política cultural à "cultura do Estado".[22] Esclarecimento muito útil em vários aspectos, pois a noção de cultura na segunda metade do século XX vai passar por uma extensa evolução devido à emergência de uma cultura de massa. Portanto, seria inoperante fixar-lhe limites estritos, embora fossem mais confortáveis. A noção de "cultura do Estado" permite, em si, levar em consideração o voluntarismo político e os aparelhos administrativos que lhe servem de ferramentas.

No plano local, a segunda metade do século XX permite descobrir como nascem as políticas culturais ao identificar os ritmos seguidos, as

---

[20] Pascal Ory, "L'État et la culture, de la Révolution à 1959". In: Jacques Perret e Guy Saez, *Institutions et vie culturelles* (Paris: La Documentation Française, 1996).

[21] Philippe Urfalino, "L'Histoire de la politique culturelle". In: Jean-Pierre Rioux e Jean-François Sirinelli, *Pour une Histoire culturelle* (Paris: Seuil, 1997), p. 312.

[22] Pascal Ory, *La Belle Illusion. Culture et politique sous le signe du Front populaire, 1935-1938* (Paris: Plon, 1994), pp. 18-20.

formas adotadas, e ao determinar os fatores de causalidade, isto é, as forças de impulsão ou de resistência. O marco cronológico de 1945 significa não apenas uma recolocação em marcha das instituições republicanas, mas também um novo impulso. Muitos elementos instaurados sob o Front popular têm seu prolongamento na Quarta República, enquanto os ideais da Resistência encontram eco no campo da cultura através dos movimentos de educação popular. A ideia de uma necessária democratização da cultura, de sua difusão mais igualitária no conjunto do território, trilha seu caminho a partir da Libertação. O segundo marco fecha o século. Sua pertinência repousa na particularidade de uma conjuntura de reviravoltas, de abertura europeia e de globalização. As políticas culturais das metrópoles trazem a marca do aumento das trocas, do fluxo de pessoas, bem como de ideias, do peso da comunicação, do início da concorrência entre cidades em um espaço agora mais aberto.

Nessa segunda metade do século XX, as seis cidades evoluíram no mesmo ritmo? A comparação entre elas permite distinguir as cidades atrasadas, as cidades avançadas, em considerar a cultura como política pública? A dimensão das despesas, os esforços quanto aos equipamentos, a construção de uma administração cultural, serão outros tantos indicadores desses ritmos. Uma abordagem mais detalhada, por setores e funções, poderá revelar uma legitimação mais ou menos precoce. Entre as forças de impulsão ou de resistência, os eleitos são, bem entendido, os atores centrais. Maiores esclarecimentos podem ser encontrados na tabela crono-lógica abaixo (Tabela 2).

Bordeaux	Lille	Lyon	Marselha	Estrasburgo	Toulouse
1944-1947 Fernand Audeguil	1944-1947 Denis Cordonnier	1945-1957 Édouard Herriot	1944-1945 Gaston Defferre, presidente da Comissão Municipal Provisória	1944 Alfred Féderlin, administrador provisório	1944-1958 Raymond Badiou
1947-1995 Jacques Chaban-Delmas	1947-1955 René Gaifie	1957-1976 Louis Pradel		1944-1955 Charles Frey	1958-1971 Louis Bazerque
1995... Alain Juppé	1955-1973 Augustin Laurent	1976-1989 Francisque Collomb	1946-1947 Jean Cristofol	1955-1959 Charles Altorffer	1971-1983 Pierre Baudis
	1973-2001 Pierre Mauroy	1989-1995 Michel Noir	1947-1953 Michel Carlini	1959-1983 Pierre Pflimlin	1983-2001 Dominique Baudis

		1995-2001	1953-1986	1983-1989	
		Raymond Barre	Gaston Defferre	Marcel Rudloff	
			1986-1995	1989-1997	
			Robert	Catherine	
			Vigouroux	Trautmann	
			1995...	1997-2001	
			Jean-Claude	Roland Ries	
			Gaudin		

Tabela 2: Cronologia dos prefeitos de Bordeaux, Lille, Lyon, Marselha, Estrasburgo e Toulouse, 1945-2001.

Uma definição dos tipos de funcionamento do poder político local parece indispensável. Trata-se de um funcionamento do tipo autoritário ou, melhor, de uma delegação de poder? O discurso da legitimação da intervenção pública, por outro lado, conheceu modificações ao longo do tempo? Os objetivos perseguidos mudaram? A afirmação progressiva dos administradores também não deve ser negligenciada, fenômeno sobre o qual o centro de sociologia das organizações enfatizou em um estudo de 1989.[23] Entretanto, a política cultural se faz com e para os diferentes atores do campo cultural, que são os criadores, os difusores e os públicos. Que relações o poder público local mantém com os meios artísticos, elas são boas, conflitantes, mutáveis em um tempo em que a sociedade francesa, em seu conjunto, passa por mutações decisivas? A década de 1960, com seu epicentro em maio de 1968, foi rica em recolocar questões referentes à cultura e suas relações com o poder. Como reagiu a esfera local? Quanto aos meios culturais em sentido amplo, incluindo os públicos, as associações, as personalidades influentes, famosas ou intelectuais, é evidente que tiveram seu papel na evolução das políticas culturais locais. Em que medida o público, suas reações, foram levados em conta pelo político, e em que isso orientou o conteúdo das políticas culturais municipais? Do mesmo modo, as evoluções econômicas tiveram algum efeito nas "superestruturas" locais? Ao longo do tempo, que relação foi mantida pelo político, pela cultura, pela sociedade e pela economia nos territórios provinciais específicos, enquanto o Estado se preocupa cada vez mais com a cultura?

O jacobinismo francês em matéria de cultura torna o Estado um dos principais fatores de causalidade. As Quarta e Quinta Repúblicas, através

---

[23] Mario d'Angelo, Erhard Friedberg e Philippe Urfalino, *Les Politiques culturelles des villes et leurs adminis-trateurs* (Paris: La Documentation Française, 1989).

de seus preâmbulos constitucionais, reconheceram esse fato como assunto do Estado, ao pretender garantir "o igual acesso da criança e do adulto à cultura" e ao criar um ambiente institucional estável. A intervenção do Estado na cultura tornou-se tanto uma especificidade francesa que encontrou seus detratores, como Marc Fumaroli, que denuncia "o Estado cultural".[24] A articulação da política cultural estatal e a das cidades é, para nós, totalmente central. De fato, assiste-se, ao mesmo tempo, a um movimento de afirmação do Ministério da Cultura e aos avanços da ideia de reequilíbrio do território. A descentralização germina nos espíritos desde a Libertação. Fruto de desequilíbrios históricos, a percepção da cultura e das políticas culturais no interior sofreu as consequências do jacobinismo. Estas foram consideradas negativamente: o interior "horrendo", para retomar o adjetivo que o ministro André Malraux desejava ver desaparecer, só poderia engendrar a mediocridade cultural nas mãos de eleitos de pouca cultura, com intenções eleitoreiras. Nesse aspecto, Philippe Urfalino enfatizou bem o peso dos estereótipos que também podem ser vistos na leitura das fontes consultadas.[25] Mas esses estereótipos serão constantes nas décadas em questão? O impacto da descentralização pode tê-los feito recuar?

O histórico dessas representações só pode ser associado à análise central das relações entre os dois principais intervenientes, Estado e cidades. Ambos têm um papel de anterioridade de ação em matéria cultural em relação às regiões e aos departamentos, e são os principais financiadores. A natureza de suas relações pode evoluir no tempo, bem como a autonomia das cidades. Tratar-se-á de ver se existe aí a tutela do Estado, a arbitragem ou, ainda, uma parceria equitativa. As situações conflitantes, as queixas das cidades, sua eventual resistência em relação ao Estado, focalizam, necessariamente, a atenção, da mesma forma que a análise do processo de elaboração dos grandes projetos, a compreensão de seu êxito ou de seu fracasso. Questionar-se sobre o grau de autonomia das cidades é o mesmo que colocar a questão das fontes que impulsionam a política cultural. São as cidades ou é o Estado, durante este meio século, que inventam as políticas culturais municipais? Estas são fruto de políticas nacionais? O Estado consegue introduzir, no terreno local, sua visão, tanto dos conteúdos quanto da organização? Assim, a racionalização da política cultural das comunas é devida à influência do Estado? Pelo contrário, em que medida as metrópoles definem, em sua diversidade, uma

---

[24] Marc Fumaroli, *L'État culturel* (Paris: Fallois, 1991).
[25] Philippe Urfalino, "Le Mauvais Mélange ou la disqualification de l'éducation populaire". In: Mario Beaulac e François Colbert, *Décentralisation, régionalisation et action culturelle municipale* (Atas do Colóquio. Montreal: HEC, 1992).

via que lhes é própria? E pode-se ousar levar o questionamento até seu limite extremo: as cidades influenciam as políticas nacionais? Enfim, esse jogo a dois é politizado, isto é, função da maior parte das políticas nacionais e locais? Mas a variável política não é, sem dúvida, a única variável explicativa. O papel de outras variáveis, demográficas, econômicas, históricas, sobre as quais se baseia a originalidade dessas cidades, a das relações humanas, deve levar-nos a renunciar a um esquema causal por demais estrito.

Durante esse meio século de crescimento urbano e de metropolização, as capitais regionais francesas se ocupam com a aposta cultural, percebem todas as suas potencialidades. A cultura não é negligenciada em sua estratégia de reconstrução no dia seguinte ao segundo conflito mundial e, depois, em sua afirmação nacional e internacional. Cinquenta anos de políticas culturais municipais deixam entrever, com efeito, um primeiro período de recolocação em marcha da ação pública cultural das cidades, que se estende até o final dos anos 1960. Ela se destaca por um voluntarismo político que balança entre tradição e inovação. O período "entre-dois-maios" (maio de 1968-maio de 1981) define, a seguir, uma fase de verdadeira institucionalização das políticas culturais municipais. As cidades se envolvem resolutamente com esse campo da ação pública, encorajada pela política contratualista do Estado. As duas últimas décadas do século, a partir da alternância política de 1981, determinam uma outra época importante, que se inicia por um período de tempo bom nas políticas culturais municipais, de proliferação para todo lado, incentivada pelas políticas nacionais. Essa euforia não resiste ao peso da conjuntura econômica, ela é seguida por uma estabilização que se pode classificar como realista. No final do século, será o caso de ver se a ambição das metrópoles provinciais que sonham com o nível de capitais culturais europeias foi realizado em um mundo aberto ao jogo da concorrência internacional.

PARTE I
GÊNESE: UM VOLUNTARISMO ENTRE TRADIÇÃO E INOVAÇÃO

Da Libertação até Maio de 1968, as capitais regionais retomam sua intervenção no campo da cultura. Presa nas obrigações da reconstrução, a intervenção municipal existe. Limitada a alguns setores, ela difere em intensidade de uma cidade para outra. Com as cidades não dispondo dos mesmos trunfos, a retomada é, de fato, mais ou menos rápida. A legitimidade da intervenção cultural pública será cada vez mais evidente à medida que se instala o crescimento. O formidável impulso demográfico, universitário e cultural que se opera no seio da sociedade francesa condiciona a entrada na era da cultura de massa. É nesse contexto que tomam corpo as políticas culturais, ainda muito polarizadas quanto às belas-artes, e que as cidades querem afirmar, pela cultura, sua posição de capital regional. A fundação, em 1959, de um ministério na rua de Valois é um ponto de virada. Sob a direção de André Malraux, ele se estrutura e pretende dar um estímulo. Em que medida ele é responsável pelo desenvolvimento que se inicia no plano local? Através de uma apresentação do funcionamento político municipal, das relações mantidas com o poder central durante a Quarta República e o período Malraux, através do estudo dos setores-chave da intervenção pública, uma avaliação do impacto das políticas nacionais é concebível.

1. RETOMADA E DINAMISMO DESIGUAL

1.1 As urgências são outras e os ritmos diferem

a) *Reconstruir. Cultura, qual é sua legitimidade?*

No dia seguinte ao segundo conflito mundial, a cultura não surge como campo prioritário aos olhos dos legisladores locais. As urgências são outras nas cidades que sofreram muita destruição e que é preciso reconstruir, como Marselha, onde 1.200 imóveis desapareceram sob as bombas dos Aliados em 27 de julho de 1944, onde a enseada do Vieux-Port ficou impraticável.[1] Da mesma forma, é preciso rever a rede de transportes e desobstruir o porto em Bordeaux.[2] Em Estrasburgo, "locais plenamente característicos estão totalmente destruídos".[3] As pontes têm de ser reconstruídas em Lyon, onde as ligações dentro da própria cidade estão interrompidas.[4] Mais de mil imóveis foram destruídos em Lille, e a habitação, o urbanismo, registram, na cidade do norte, um atraso alarmante.[5] Embora a destruição não se revista da mesma amplitude, nem por isso a tarefa é menos gigantesca. As questões de abastecimento, habitação, transportes, emprego,[6] mobilizam as municipalidades prioritariamente. Nesse tempo de reconstrução, entre

[1] Émile Témine, *Histoire de Marseille de la Révolution à nos jours* (Paris: Perrin, 1999).
[2] Hubert Bonin, Sylvie Guillaume e Bernard Lachaise (orgs.), *Bordeaux et la reconstruction, 1945-1954* (Talence: MSHA, 1997).
[3] Relatório sobre a proteção estética da cidade de Estrasburgo, 4 jan. 1946, ANF 890 126/84.
[4] André Latreille (org.), *Histoire de Lyon et du Lyonnais* (Toulouse: Privat, 1975).
[5] Jean Vavasseur-Desperriers, "De Denis Cordonnier à Augustin Laurent (1945-1973)". In: Louis Trenard e Yves-Marie Hilaire (orgs.), *Histoire de Lille du XIXe siècle au seuil du XXIe siècle* (Paris: Perrin, 1999).
[6] Ver, por exemplo, para Bordeaux, Hubert Bonin, Sylvie Guillaume e Bernard Lachaise (orgs.), op. cit. Danièle Voldman, *La Reconstruction des villes françaises de 1940 à 1954. Histoire d'une politique* (Paris: L'Harmattan, 1997).

1945 e meados dos anos 1950, que papel pode, então, restar para a cultura no espírito dos legisladores? Ela é completamente acessória, relativa a tempos melhores?

Nas seis cidades examinadas, a cultura não desaparece do campo político, ela tem um lugar, embora limitado e avaliado de maneiras diferentes. Por exemplo, em relação ao patrimônio arquitetônico, mesmo sendo preciso reconstruir com urgência, o cuidado com a preservação vai se manifestar de modo diferente de uma cidade a outra. Em Estrasburgo — o centro histórico foi atingido (o Palais Rohan está particularmente danificado, a praça Gutenberg, a catedral em grau menor) —, o respeito pelo patrimônio é uma preocupação, apesar da lentidão dos meios empregados. A reconstrução da Ancienne Douane, construção do século XIV, bombardeada em 1944, é empreendida; sua inauguração só irá acontecer em 1965.[7] A reconstrução do centro será longa, e o Estado cuida para que se respeite a configuração original. Assim, em 1946, o inspetor dos monumentos históricos, sobre a reconstrução do centro de Estrasburgo, faz uma referência, como para ter certeza, à lei de 1930, que "permite precaver-se de erros muito grandes".[8] Em Marselha, em 1945, o inspetor geral lamenta que "os restos do muro grego descoberto na região da Bolsa foram arrasados pelo exército americano" para fazer um estacionamento.[9] Mesmo assim, o novo poder municipal não é indiferente à emoção provocada, na opinião pública marselhesa, pelos projetos de arranha-céus na região do Vieux-Port. Ao brado de alarme do jornal Le Provençal, "Vamos permitir que se desfigure o Vieux-Port?",[10] o prefeito comunista Jean Cristofol tenta tranquilizar, declarando-se a favor de uma altura que não passe de cinquenta metros.[11] O debate sobre o patrimônio, portanto, não está ausente das propostas de reconstrução, e as fontes nacionais provam também que o Estado pretende manter sua vigilância, conforme a competência de regulamentação, que é sua.

A situação atribuída à cultura durante a guerra é um segundo elemento favorável para que ela seja levada em consideração na Libertação. Assim, em muitas cidades, a atividade artística não chegou a ser interrompida durante o conflito. Veremos principalmente algumas contribuições que exploraram a história cultural dessas cidades durante o regime de Vichy. Bordeaux, Marselha, Estrasburgo, foram objeto de pesquisa em duas obras publicadas pela editora Complexe, uma, sob a direção de Jean-Pierre Rioux, a outra,

---

[7] ANF 800 368/120.
[8] ANF 890 126/84.
[9] Do inspetor regional Ferdinand Lallemand a G.H. Lestel, inspetor geral, 14 abr. 1945, ANF 890 126/39.
[10] Léon Bancal, Le Provençal, 11 fev. 1947.
[11] ANF 890 126/39.

de Myriam Chimènes.[12] O período da guerra, para Marselha[13] e Lyon,[14] foi a ocasião de uma nova efervescência, pois essas cidades se tornaram refúgio para muitos artistas e intelectuais. Em Marselha, a revista *Les Cahiers du Sud* de Jean Ballard desempenha um papel salutar no acolhimento dos intelectuais. A condessa Pastré hospeda em seu castelo músicos e escritores de renome. Marselha, cidade em trânsito no destino das Américas, vê ficarem dentro de seus muros criadores de talento, especialmente pintores surrealistas. Durante esse tempo, é implantada em Lyon uma equipe de Jeune France [Jovem França] encabeçada por Pierre Schaeffer. O movimento de descentralização cultural que Jeune France quer lançar também se expande em Marselha, no campo teatral, em torno de Louis Ducreux e seu Rideau Gris, em Bordeaux, com Jean Lagénie e a Compagnie du Bon Vouloir, em Toulouse, com Léon Chancerel.[15] Apesar de sua curta duração, dezessete meses, de novembro de 1940 a março de 1942, a experiência Jeune France deixa marcas duráveis, abrindo caminho para outras experiências de descentralização destinadas, uma vez tendo retornado a paz, a um futuro promissor. A guerra é, portanto, paradoxalmente, a ocasião de tentativas inéditas a favor da difusão cultural. Duas personalidades estão particularmente ativas em Lyon, Robert Proton de la Chapelle e Maurice Jacob. Aquele, assessor de belas-artes do prefeito Georges Villiers, cria, em 1942, a associação de mecenato Art et Théâtre pour Tous [Arte e Teatro para Todos], à qual se associam industriais, banqueiros, médicos e outras personalidades. Este, com o apoio do assessor de belas-artes, cria o Cercle d'Études Musicales [Círculo de Estudos Musicais] com o objetivo de oferecer concertos-conferências para o público jovem. Em 1945, o círculo se une às Jeunesses Musicales de France [Juventudes Musicais da França].[16] Durante a guerra, o poder municipal de Bordeaux presta muita atenção à cultura. É uma questão de herança, já que as instituições culturais são antigas, mas os movimentos também são ideológicos. A municipalidade sob Marquet presta real atenção à difusão musical. A gestão do Grand-Théâtre e da orquestra comprova o progresso na racionalização e na municipalização. Um passo adiante é dado no sentido da formação de uma política musical na

---

[12] Jean-Pierre Rioux (org.), *La Vie culturelle sous Vichy* (Bruxelas: Complexe, 1990) e Myriam Chimènes (org.), *La Vie musicale sous Vichy* (Bruxelas: Complexe/ IHTP CNRS, 2001).

[13] Jean-Michel Guiraud, "Marseille, cité refuge des écrivains et des artistes". In: Jean-Pierre Rioux (org.), op. cit., pp. 377-401.

[14] Alain Vollerin, com a colaboração de Myriam Bros, "Histoire des arts plastiques au XXᵉ siècle". In: Noël Mongereau (org.), *Lyon du XXᵉ au XXIᵉ siècle* (Lyon: Académie des Sciences, Belles-Lettres et Arts de Lyon/ Éditions Lyonnaises d'Art et d'Histoire, 2000), pp. 205-35.

[15] Véronique Chabrol, "L'Ambition de Jeune France". In: Jean-Pierre Rioux (org.), op. cit., pp. 161-79.

[16] Jacques Filleul, "Les Concerts et l'Opéra". In: Noël Mongereau (org.), op. cit., pp. 245-53.

capital girondina.[17] Em outras partes, a música surge como um jogo político, um instrumento de propaganda para o regime de Vichy, bem como para o ocupante, e o Grand-Théâtre, local altamente simbólico da cultura oficial, é usado para manifestações de propaganda pela Revolução nacional. O museu de Belas-Artes serve para o mesmo fim, conferências e exposições são programadas ali, tal como a dedicada ao "Judeu e a França", de março a abril de 1942. No caso de Estrasburgo, a cultura assume uma importância ainda maior. Os alemães, nesse território recuperado por eles, têm a intenção de erradicar a presença cultural francesa e transformar a cidade em uma verdadeira capital do "Gau Oberrhein", que reúne Alsácia e a região de Bade. As autoridades alemãs não poupam esforços para dar a Estrasburgo um teatro e uma orquestra dignas de uma capital.[18] Obras de envergadura são empreendidas no teatro, e a orquestra é reorganizada, o pessoal de serviços técnicos e artísticos é reforçado. Propaganda e cultura caminham lado a lado na vontade de apagar a presença francesa.

Todas essas cidades contam com instituições tradicionais que não foram abandonadas durante a guerra: ópera, orquestra, conservatório, escola de belas-artes, museus, arquivos, bibliotecas. Voltando a paz, as grandes cidades não podem ficar isentas da intervenção pública em um contexto onde o Estado define a cultura como um dos direitos fundamentais do cidadão, mesmo que, por enquanto, os meios permaneçam modestos. É certo que os problemas de aquecimento, de iluminação, de dilapidação são, com frequência, o dia a dia dessas instituições logo depois do conflito. O enraizamento das práticas culturais e a importância dada às instituições de difusão provocam, entretanto, um despertar geral, embora desigual. De fato, sejam quais forem as circunstâncias, o peso dos legados, as iniciativas tanto do político quanto dos meios culturais fazem da cultura um campo que as municipalidades, apesar dos imperativos econômicos e sociais, não podem deixar totalmente de lado.

b) Uma situação particular: Estrasburgo

Estrasburgo se destaca pela originalidade. Ali, o lugar reservado para a cultura é mais favorável, tanto por causa da vontade da municipalidade

---

[17] Françoise Taliano-des Garets, "La Musique, enjeu politique dans Bordeaux ocupé". In: Myriam Chimènes (org.), op. cit., pp. 371-85.

[18] Isabelle Bogen, "Le Pari culturel nazi à Strasbourg: l'exemple du théâtre". In: Jean-Pierre Rioux (org.), op. cit., pp. 203-25.

quanto da do Estado. Na Alsácia, os poderes públicos pretendem substituir o jogo cultural da ex-potência ocupante apagando suas marcas. Portanto, a cultura alsaciana se beneficia do voluntarismo conjugado do Estado e da municipalidade. Jean-Pierre Wurtz, administrador do Teatro Municipal de Estrasburgo, representando sua cidade no Quarto Encontro de Avignon, em 1967, insiste no grande esforço feito pela municipalidade como consequência da ocupação alemã: "Isso determinou a política cultural de Estrasburgo".[19]

O festival de música de Estrasburgo ilustra perfeitamente essa orientação. Esse festival, um dos mais antigos da França, foi fundado em 1932 pelos irmãos Roger e Gustave Wolf a partir de uma lista de subscrições em torno da Sociedade dos Amigos da Música. Até 1939, a cidade contribui apenas com um auxílio módico. Ela se contenta em ser inscrita entre os membros contribuintes pela soma de 5 mil francos, utilizável no caso de déficit da associação. O festival, interrompido durante a guerra, começa de novo em 1947 e rapidamente ganha maior dimensão. A primeira edição do pós-guerra é triunfal, embora, segundo as palavras de seu presidente, Lucien-Marie Pautrier, tendo que "se defender sem subvenções do Estado, mas com o emocionante encorajamento oficial do ministro Pierre Bourdan".[20] Este escreve o prefácio do programa:

> Agradeço à Sociedade dos Amigos da Música de Estrasburgo, que, no momento em que o mundo sonha apenas em cuidar de suas feridas, decidiu erguer-se acima de suas preocupações cotidianas concebendo e realizando este magnífico Festival Bach. Faço votos de que este Festival, que entra para a grande tradição das grandes manifestações musicais internacionais, seja um símbolo perceptível, tanto a Leste como a Oeste, da vontade da França de reafirmar sua presença em todos os campos da cultura.[21]

Pelo menos o Estado incentiva a manifestação. É verdade que se trata de fazer tão bem quanto os alemães e, acima de tudo, apagar tanto quanto possível a presença deles. Em uma época em que "a língua alemã está proibida na escola",[22] os organizadores do festival têm a ideia, no ano seguinte, de comemorar a seu jeito o tricentenário da reunião da Alsácia com

---

[19] Philippe Poirrier, *La Naissance des politiques culturelles et les rencontres d'Avignon (1964-1970)* (Paris: Ministère de la Culture et de la Communication, 1997), p. 249.

[20] Carta de "La Société des Amis de la Musique" ao ministro dos Assuntos Culturais, 15 fev. 1962, ANF 800 368/111.

[21] Ibid.

[22] Bernard Vogler, *Histoire culturelle de l'Alsace, du Moyen Âge à nos jours, les très riches heures d'une région frontière* (Estrasburgo: La Nuée Bleue, 1994), p. 450.

a França, centrando a programação na música francesa. A partir de 1948, os problemas orçamentários ficam gritantes, e o sistema de financiamento em vigor não mais basta para pretender uma audiência nacional e nem mesmo internacional. A partir de então, a sociedade é levada a solicitar a ajuda do Estado, da cidade e do departamento, que vão aceitar sustentá-la. Não há dúvida de que a capacidade de influir desse festival pioneiro, associada a uma vocação declarada para difundir sua influência, teve muito a ver com a liberação do auxílio público.

A Alsácia é ainda pioneira em matéria de descentralização teatral, e também nisso o contexto regional exerceu uma influência positiva. Entre 1947 e 1952, é dado a cinco trupes teatrais na França o título de Centro Dramático Nacional. Dentre eles, o Centro Dramático do Leste (CDE) abre o caminho em 1947. Em um primeiro momento, ele inicia sua marcha sob a forma de uma associação entre comunas, criada em 25 de outubro de 1946 pelas cidades de Colmar, Mulhouse e Estrasburgo. Depois outras cidades se juntarão a elas, Metz, Hagueneau, Nancy, Thionville. A comissão teatral da municipalidade de Estrasburgo segue de perto a evolução, as comunas tendo o direito de observar. Segundo Jeanne Laurent, subdiretora de espetáculos e de música, cuja marca foi decisiva nesse começo da descentralização teatral, os próprios serviços administrativos da cidade de Estrasburgo teriam elaborado os estatutos da associação.[23] Conforme afirma Pascale Goetschel, "a iniciativa das grandes cidades do leste foi inegável", mas a intervenção do Estado foi forte.[24] Por outro lado, a situação do CDE parece totalmente privilegiada. O procurador geral junto ao Tribunal de Contas observa que, em 1951, o Estado cobre mais as despesas do CDE do que as de Saint-Étienne, Rennes ou Toulouse.[25] Estrasburgo monopoliza os olhares do Estado, e uma motivação partilhada pela cidade explica a movimentação precoce da atividade cultural. Como comprovam os catálogos do festival e as declarações dos políticos da época, Estrasburgo já se considera e é considerada como uma vitrine europeia.

---

[23] Jeanne Laurent, "Les Origines de la décentralisation théâtrale et l'évolution des centres dramatiques" (a Região e a vida regional, Atas do Colóquio. Saint-Étienne: Universidade de Saint-Étienne/ Cier, 16, 17 e 18 nov. 1973), p. 207.

[24] Pascale Goetschel, "Relations entre État et collectivités locales: l'exemple du Centre dramatique de l'Est". In: Philippe Poirrier (org.), Les Collectivités locales et la culture. Les formes de l'Institutionnalisation XIXᵉ-XXᵉ siècles (Paris: Comité d'Histoire/ Ministère de la Culture, 2002).

[25] Apud Pascale Goetschel (org.), op. cit.

c) Situações desfavoráveis: Marselha e Lille

Em Marselha ou Lille, a cultura não goza de condições tão propícias. A expressão "deserto cultural" retorna, com frequência, nos escritos de testemunhas ou de analistas e historiadores que trabalharam na Reconstrução. Assim, a *Revue Marseille* dedica um longo artigo, "A contribuição cultural de um quarto de século (1967-1991)", a esta cidade. Seu autor, Jean Boissieu,[26] é categórico: "Depois de 1945, pode-se falar de deserto cultural [...]. Marselha saía doente dos anos de gestão delirante de antes da guerra, amputada pela ocupação, pelos combates, em ruínas".[27]

A apatia cultural dos anos 1944 a 1954 às vezes chega mesmo a ser classificada de "declínio"[28] quando comparada à situação pré-1945. Robert Verheuge, que dirigiu a Agência de Cultura de Marselha de 1987 a 1995, fala em "sonolência" da vida musical no período de 1940-1960,[29] ao mesmo tempo que observa que poucas cidades, com exceção da Argentina e da Itália, conservam "uma ligação tão passional com sua ópera".[30] Philippe Sanmarco e Bernard Morel, em uma obra sobre Marselha, consideram parcialmente justo o juízo que consiste em dizer que as atividades culturais são, ali, inexistentes até os anos 1970. Para eles, a ruptura universitária Aix/Marselha foi prejudicial, assim como a subeducação da população marselhesa. Além disso, a cidade tinha outras urgências, como habitação e emprego.[31] Com efeito, Marselha é a única metrópole regional a não ter uma universidade *intra muros*. É um inconveniente, é verdade, as elites educadas preferiam Aix a Marselha. Os enxertos das manifestações culturais nas cidades da vizinhança que pegaram muito rápido, como o Festival de Aix (1948) ou o de Avignon (1947), talvez tenham feito sombra ao desenvolvimento cultural marselhês. Mas também se pode usar a argumentação contrária e considerar que o enxerto pegou, sem dúvida, na periferia marselhesa, porque a capital regional não era particularmente atraente no pós-guerra. Além de uma reflexão em termos de imagem negativa,[32] a subeducação e a composição social da cidade fornecem critérios mais objetivos. Aquela

---

[26] Jornalista, repórter importante do *Provençal* e crítico de teatro e arte.

[27] Jean Boissieu, "L'apport culturel d'un quart de siècle (1967-1991)", *Revue Marseille*, n. 162.

[28] Stéphanie Clozel, *Marseille, un destin culturel* (Dissertação de mestrado, Université de Provence, 1992).

[29] Robert Verheuge, "La Musique à Marseille: un bilan". In: Mireille Guillet e Claude Galli (orgs.), *Marseille XXe siècle. Un destin culturel* (Marselha: Via Valeriano, 1995), pp. 62-4.

[30] Ibid.

[31] Philippe Sanmarco e Bernard Morel, *Marseille l'endroit du décor* (Aix-en-Provence: Edisud, 1985).

[32] Ver a entrevista com Émile Témine, "La Légende noire de Marseille", *L'Histoire*, n. 230, mar. 1999.

não é nada favorável para práticas culturais dinâmicas, salvo se um real voluntarismo político se manifestar. Sabe-se que essas práticas não nascem espontaneamente e que são grandemente condicionadas pelo "capital cultural" inicial. A composição social da cidade provençal mostra, no recenseamento de 1946, a persistência de uma grande porcentagem de trabalhadores, que representa ainda 46% da população ativa. A média nacional, então, é mais baixa, ou seja, um terço da população ativa. Além disso, a desindustrialização marselhesa e a perda das colônias engendraram problemas persistentes de emprego. Declínio da indústria tradicional, declínio do comércio, pesam sobre a sociedade marselhesa. É certo que a população de Marselha vai aos poucos, como o resto do país, desproletarizando-se, mas, paralelamente, "instalou-se um desequilíbrio entre um setor industrial deficiente, no qual a parte da construção é muito importante, e um setor terciário menos produtivo, que tem tendência a aumentar".[33] Talvez se deva acrescentar a isso os costumes sociológicos, preferências que impelem os marselheses para o lazer ao ar livre, como passear pela cidade, os banhos de mar, o jogo de bocha e o futebol; enfim, sobra pouco espaço, caso se acredite em Édouard Baratier em sua história de Marselha, para a ópera e o teatro de revista, muito apreciados pelos marselheses.[34] Entretanto, é preciso avançar com cautela nesse terreno. Émile Témine nos adverte:

> O olhar que, em geral, se lança sobre a cidade é falso, porque é sempre singularmente limitado. Não existe uma cidade em Marselha, existem várias. Então, de qual Marselha se está falando? Daquela do norte ou daquela das áreas burguesas do sul, daquela dos campos e das cidadelas muradas, daquela das enseadas rochosas, daquela do porto, que se estende até a lagoa de Berre, ou daquela muito estreita, que corresponde ao centro histórico?[35]

Lille oferece, em menor medida, alguns elementos de semelhança. Os sintomas podem ser identificados no setor teatral. Assim, para Philippe Marchand em sua contribuição para a história de Lille, a capital de Flandres, no que se refere ao teatro no anos 1950, é um verdadeiro "deserto", animado apenas pelas turnês de Karsenty-Hébert ou Barré. Ela permanece "à margem do grande movimento de renovação do teatro". Por outro lado, será preciso esperar até 1965 para que a biblioteca

---

[33] Édouard Baratier (org.), *Histoire de Marseille* (Toulouse: Privat, 1973).
[34] Édouard Baratier (org.), op. cit.
[35] Émile Témine, op. cit., p. 28.

municipal "saia de seu torpor" com a abertura de novos locais.[36] Uma troca de correspondência entre a cidade de Bordeaux e a municipalidade de Lille confirma esse diagnóstico. A capital de Flandres fica sabendo de seu atraso e procura informações, em 1961, junto a seus pares. A municipalidade de Bordeaux responde a pesquisa. Uma carta de Jacques Chaban-Delmas assinala ao prefeito de Lille que Bordeaux dispõe de bibliotecas anexas nos bairros e que Lyon se apoia em associações para preencher essa função.[37] É verdade que a cidade do Port de la Lune começou, em 1948, uma política de descentralização em favor da leitura, instituindo uma rede de bibliotecas circulantes espalhadas por todos os bairros da cidade.[38] Ao contrário, Lille faz pálida figura. Entretanto, estamos em presença de uma municipalidade onde a cultura é objeto de alguma atenção. Em 1955, sob a municipalidade socialista de Augustin Laurent, a existência de uma comissão de belas-artes comprova uma preocupação da gestão na direção do setor cultural.[39] Certo atraso de Lille, contudo, é patente até os anos 1970. Ele transparece na diversidade e na qualidade da oferta. Será visto que as subvenções dadas pelo Estado em matéria de música, de teatro, se ressentem disso. Quais critérios utilizar para tentar esclarecer esse atraso? O perfil sociológico de Lille pode ter sido um freio? Sua população operária, as dificuldades de suas indústrias de maior peso durante "os Trinta Gloriosos",[40] sem dúvida exerceram uma influência. O voluntarismo de uma maioria socialista irá esperar a segunda vertente dos anos 1970 para se locomover. Também parece que a variável demográfica merece, no caso de Lille, ser examinada um pouco mais de perto. No recenseamento de 1946, com 188.871 habitantes, ela é a penúltima das seis cidades-sede (Tabela 1), situando-se, até o final do século, na última posição. Menos povoada, menos rica, sem a atratividade de Estrasburgo, Lille faz parte das cidades culturalmente menos dinâmicas no pós-guerra.

Marselha e Lille, portanto, no momento da Reconstrução, não inovaram muito no campo da cultura, enquanto outras municipalidades se envolveram mais cedo em uma política criativa.

---

[36] Philippe Marchand, "Enseignement, culture, sociabilité au XXe siècle". In: Louis Trenard e Yves-Marie Hilaire, *Histoire de Lille du XIXe siècle au seuil du XXIe siècle* (Paris: Perrin, 1999), p. 323.
[37] Carta de Jacques Chaban-Delmas, 3 jan. 1962. Arquivos Municipais de Lille, 2 R 11/28.
[38] Louis Desgraves, "La lecture publique à Bordeaux", *Bulletin des Bibliothèques de France*, 1955.
[39] Ata dos debates da Câmara Municipal da cidade de Lille, 1955.
[40] São os trinta anos, de 1945 a 1975, de rápido crescimento econômico. (N.T.)

1.2 PRIORIDADE À TRADIÇÃO E AO PRESTÍGIO

a) A retomada das instituições tradicionais

Seja como for, Lille e Marselha participam, como as outras cidades, do movimento de retomada geral da marcha das instituições culturais municipais. Voltando a paz, as municipalidades se preocupam com o bom andamento de sua ópera, de suas salas de espetáculos, bem como com seus museus, suas bibliotecas, seus estabelecimentos de formação artística.

Os locais de difusão cultural são, em toda parte, uma prioridade como símbolos históricos da excelência cultural dessas capitais regionais. Portanto, concertos e espetáculos bem rapidamente retomam um ritmo normal nos principais palcos municipais. As cidades não hesitam em fazer, ali, obras de modernização. Em Toulouse, o Capitole é fechado em 1950 para refazer totalmente as instalações elétricas e modernizar a sala.[41] Marselha revê, em 1945, o sistema de som de sua ópera, refaz os cenários.[42] O prefeito de Lyon inaugura, em 1946, o antigo Teatro de Fourvière, com capacidade para 4 mil lugares. São empreendidas obras no conservatório de música de Lille em 1955,[43] mas a decrepitude e a exiguidade prevalecem nos conservatórios de todas as cidades, como revelam os relatórios de inspeção. De fato, é principalmente pelas despesas de funcionamento, mais do que pelos investimentos, que as cidades intervêm na fase da Reconstrução. O peso das óperas e das orquestras no orçamento municipal é considerável e restritivo. Em Bordeaux, o Grand-Théâtre abarca 96,4% do orçamento cultural municipal em 1945 e, ainda, 86,6% em 1960. Se se levar em conta as declarações de Germain Muller, animador do Teatro Lírico de Estrasburgo em 1967, o principal palco e a orquestra de Estrasburgo absorveram cerca de 90% do orçamento daquele ano.[44] Apesar de tudo, retoma-se um funcionamento normal. Salas municipais, como o Teatro Célestins em Lyon, o Capitole em Toulouse, o Grand-Théâtre de Lille ou de Bordeaux, as salas subvencionadas pela cidade, como a do Gymnase em Marselha, são postas à disposição das turnês teatrais parisienses, que irrigam todo o território. A racionalização das primeiras casas teatrais avança com a passagem para a

---

[41] Auguste Rivière e Alain Jouffray, *Le Théâtre du Capitole* (Toulouse: Privat, 1978).
[42] Prestação de contas da cidade de Marselha, 1945.
[43] Ata da Câmara Municipal da cidade de Lille, 1955.
[44] Textos reunidos por Philippe Poirrier, "Les Quatrièmes Rencontres, Avignon 29 juillet-3 août 1967, La politique culturelle des villes". In: *La Naissance des politiques culturelles et les rencontres d'Avignon (1964-1970)* (Paris: Ministère de la Culture et de la Communication, 1997), p. 261.

administração direta em Toulouse, em 30 de agosto de 1944; em Bordeaux, em dezembro do mesmo ano; e em Marselha, em julho de 1945. Estrasburgo conta com esse regime desde 1876. Assim, em meados dos anos 1950, cinco das seis cidades gerenciam seu teatro lírico sob a forma da administração direta.[45] Lyon é a exceção, com um sistema misto, no qual uma subvenção é dada ao diretor, e a cidade mantém o controle de todo o pessoal.[46]

Os museus sofreram inúmeros percalços durante a guerra, muitas vezes suas coleções foram mudadas de lugar, como em Bordeaux ou Lyon, e, portanto, é preciso instalá-las de novo. O período se presta para uma reorganização que não é, em toda parte, muito racional. Em 1948, o Museu Saint-Raymond em Toulouse recebe todas as obras da antiguidade pagã, enquanto as coleções pré-históricas lhe escapam. Um relatório do curador-chefe do Museu dos Augustins nos anos 1980 enfatiza, *a posteriori*, a arbitrariedade da distribuição das coleções feita no amanhã da guerra.[47] Nos anos 1950, porém, a Direção dos Museus da França (DMF) parece satisfeita com o estado dos museus de Toulouse: "O excelente estado atual dos museus de Toulouse é bem recente, e convém atribuir o mérito disso à presente administração municipal e seu prefeito, sr. Badiou", pode-se ler em uma nota de 1950.[48]

A reorganização empreendida em Bordeaux tem o mérito de simplificar a geografia dos museus.[49] Três deles são suprimidos e suas coleções juntam-se aos outros museus reorganizados. O Museu de Pintura e Escultura ou Museu de Belas-Artes instala-se na ala norte do Palais Rohan; a ala sul, dedicada à arqueologia local, torna-se o Museu da Aquitânia. A título de anexo, o Museu de Belas-Artes dispõe da galeria do mesmo nome, inaugurada em 1939 pela administração Marquet. Ocupada durante a guerra pelos serviços de abastecimento, ela é devolvida para sua vocação original em 1947. São feitas obras no Palais Lalande para abrigar, ali, as coleções de desenhos, gravuras e artes aplicadas do século XVIII. Inaugurado em 1955, ele adota o título de Museu do Século XVIII ou Museu de Artes Decorativas.[50] Em Lille, as coleções do museu, uma vez saídas das caixas onde passaram a guerra, são inventariadas, e uma doação de Maurice Masson as enriquece

---

[45] Reunião dos prefeitos e administradores do teatros líricos na Direção de Artes e Letras, 6 jun. 1956, ANF 800 368/127.

[46] Reunião dos prefeitos e administradores do teatros líricos, 27 mar. 1957, ANF 800 368/127.

[47] Relatório sobre os museus de Toulouse de Denis Milhau, ANF 930 217/7.

[48] Nota de 26 de outubro de 1950, ANF 920 627/56.

[49] Robert Mesuret, "La Réorganisation des musées de Bordeaux", *Revue Historique de Bordeaux*, 1952.

[50] Françoise Taliano-des Garets, *La Vie culturelle à Bordeaux, 1945-1975* (Talence: Presses Universitaires de Bordeaux, 1995).

em 1949. As exposições recomeçam, uma delas é particularmente notada, sobre "A pintura dos anos 1900-1950", bem como as conferências devidas à iniciativa da Sociedade de Amigos do Museu fundada em 1948.[51] O dinamismo dessas associações também é comprovado em Bordeaux, Lyon, Estrasburgo, onde elas incentivam a aquisição de obras de arte.[52]

Enquanto os museus lioneses retomam rapidamente sua atividade, os legisladores de Lyon não hesitam, nesses tempos de reconstrução, em assumir um projeto muito enraizado nas tradições culturais locais, aceitando, em 1946, a proposta da Direção dos Museus da França de criar um museu internacional das marionetes. Sua fundação é feita em 1950, ao lado do Museu Histórico, chamado Museu Gadagne.[53] As coleções são formadas a partir de doações, de aquisições feitas pela cidade e de depósitos do Estado. Mais preocupante parece ser o destino do Museu Guimet de Lyon. De fato, até 1968, um simples zelador é responsável por ele. O diretor dos Museus da França se preocupa em saber, em 1959, se projetos de aquecimento, de iluminação, de proteção contra incêndio estão sendo estudados nesse museu onde ainda não há curador. Do lado de Marselha, a retomada é lenta. De fato, são urgentes as obras no Château Borély, luxuosa moradia do século XVIII, antes de poder pensar no retorno das coleções mediterrâneas de arqueologia. Tendo sido transformado, pelos alemães, em depósito de material, "não há mais nenhuma janela no lugar, nem uma vidraça, as portas estão quebradas ou sem fechadura",[54] espanta-se o curador em 1947. A situação é ainda mais grave na Maison Diamantée, cedida à cidade pela Sociedade da Velha Marselha. Ela fora danificada gravemente no momento da destruição do Vieux-Port. Sua restauração se dá a partir de quantias alocadas para danos de guerra, acompanhadas por um financiamento municipal.[55] A ajuda do Estado para a reconstrução do centro histórico de Estrasburgo também beneficia os museus instalados no Palais Rohan, notadamente o Museu Arqueológico e o Museu de Belas-Artes. Estrasburgo se beneficia das indenizações por danos de guerra para sua renovação a partir de 1945; o esforço continuará até os anos 1970.[56]

---

[51] Philippe Marchand, op. cit., pp. 356-8.
[52] "Hommage à René Déroudille. Un combat pour l'art moderne", *Buletin des Musées et Monuments Lyonnais*, Musée des Beaux-Arts de Lyon, 1997.
[53] ANF 920 627/118.
[54] Carta de Fernand Benoît ao prefeito de Marselha, 3 fev. 1946, ANF 920 627/32.
[55] Carta de Gaston Defferre ao ministro da Educação Nacional, Direção de Artes e Letras, 3 abr. 1958, ANF 920 627/33.
[56] Nota do diretor dos museus da França ao ministro, 7 maio 1971, ANF 920627/113.

As bibliotecas municipais também fazem parte das instituições herdadas cuja retomada é evidente. Nas atas do conselho municipal de Lille de 1945, há no índice apenas duas rubricas referentes às letras e às artes: "teatro municipal" e "biblioteca". Mas a extrema diversidade das situações salta aos olhos. É o que constatou em 1950 André Masson, inspetor geral dos arquivos e das bibliotecas, em um artigo da revista *L'Éducation Nationale*. Algumas bibliotecas começam a trilhar o caminho "da leitura pública", enquanto outras continuam fixadas no papel de conservação, no máximo, em um papel de biblioteca de pesquisa.[57] Assim, André Masson nota progressos em Toulouse, dotada, desde 1935, de uma magnífica sala de leitura aberta ao público e que já acolhe trezentas pessoas. Em 1950, existem bibliotecas para crianças em Bordeaux e Toulouse. A cidade girondina recebe uma biblioteca circulante para adultos em julho de 1944. São precisamente as circunstâncias da guerra, quando os livros tornam-se raros, que fazem com que os eleitos municipais decidam abrir essa sala em um anexo no pátio Pasteur, próximo da universidade.[58] É verdade que Bordeaux se beneficia do trabalho de organização, de enriquecimento e de animação conduzido, desde os anos 1930, por André Masson, curador da biblioteca municipal de Bordeaux de 1934 a 1944.[59] De novo a situação de Estrasburgo é original. Não se trata apenas de melhorar, mas de reconstruir e reconstituir um patrimônio, a biblioteca nacional e universitária parcialmente danificada, tendo perdido 500 mil obras. A bem recente Direção de Bibliotecas e de Leitura, surgida em 1945, ajuda principalmente na reconstrução, mas logo sua ação vai "perder o fôlego" por falta de recursos suficientes. É preciso, na verdade, esperar as décadas seguintes para ver despontar uma vontade política nacional instigadora nesse setor.[60] Também no plano local a dinâmica é lenta em dar a partida, ela depende da energia dos curadores e do grau de interesse que os eleitos quiserem dar à questão da leitura, que está no estágio de despertar.[61]

---

[57] Hélène Richard, "Les Bibliothèques municipales". In: Martine Poulain (org.), *Histoire des bibliothèques françaises. Les bibliothèques au XXe siècle, 1914-1990* (Paris: Promodis/ Cercle da la Librairie, 1992).

[58] Ata da Câmara Municipal da cidade de Bordeaux, 29 jul. 1944.

[59] Jean Guérin e Bernard Guérin, *Des Hommes et des activités autour d'un demi-siècle* (Bordeaux: beb, 1957), p. 499.

[60] Marine Lassalle, "L'Équilibre introuvable, le rapport local-national dans les politiques de lecture publique". In: Vincent Dubois e Philippe Poirrier (orgs.), *Politiques locales et enjeux culturels. Les clochers d'une querelle XIXe-XXe siècles* (Paris: Comité d'Histoire/ Ministère de la Culture/ La Documentation Française, 1998), p. 113.

[61] Anne-Marie Bertrand, *Les Villes et leurs bibliothèques: légitimer et décider, 1945-1985* (Paris: Cercle de la Librairie, 1999), pp. 59-83.

Em matéria de ensino de arte, as cidades contam com situações mais ou menos invejáveis. Alguns conservatórios de música, como os de Toulouse ou de Lille, estão em melhor posição por causa de sua reputação. Desde o decreto real de 20 de dezembro de 1827, o Conservatório de Toulouse é considerado uma sucursal do Conservatório Nacional de Paris, privilégio precoce que ele partilha com o de Lille. A partir de 1884, seu orçamento é aprovado pelo ministro da Educação Pública, e ele recebe uma subvenção do Estado. Uma convenção concluída em 9 de maio de 1944 transforma, a seguir, essa escola municipal em escola nacional. A partir de então supõe-se que seu orçamento, seu regulamento interno, seus programas, a nomeação de seu diretor e de seus professores estão sob o controle do Estado: "As escolas nacionais de música são estabelecimentos municipais subvencionados e controlados pelo Estado, os professores, agentes comunitários, remunerados pelas cidades".[62] Jacques Jaujard, diretor-geral de Artes e Letras, em uma nota de 1956 referente a Toulouse, é mais comedido: "O Estado controla apenas o ensino; o diretor e os professores são nomeados pelo prefeito".[63]

A ajuda do Estado aos estabelecimentos de formação não é nada significativa, e são as cidades que arcam com o essencial dos custos. A subvenção estatal, apesar do aumento em 1946, representa menos de 2% do orçamento de funcionamento desses estabelecimentos.[64] Ainda assim a circular da Direção-Geral de Artes e Letras, datada de 17 de junho de 1954, se dá ao trabalho de criar três categorias entre as escolas nacionais de música, segundo o número de disciplinas ensinadas, colocando Toulouse na primeira.[65] Embora um relatório de 1946 enfatize a deficiência das instalações de Toulouse, quatro anos mais tarde pode-se ler que "A escola nacional de música de Toulouse é um dos estabelecimentos mais bem dotados de toda a França... graças ao apoio da administração municipal socialista, 'esclarecida', de Raymond Badiou, e ao seu assessor encarregado das belas-artes".[66] Em um relatório de 1955, também são registrados esforços em Lyon. Essa escola, também ela classificada na primeira categoria pela circular de 1954, dispõe de vastos locais sonorizados recentemente. Ao lado disso, as coisas evoluem pouco em Bordeaux, onde são patentes a decrepitude e a exiguidade. No começo dos anos 1960, também as outras

[62] Carta de Pierre Moinot ao deputado de Tarn, André Vidal, 2 maio 1961, ANF 870 603/38.
[63] Nota de Jacques Jaujard, 6 dez. 1956, ANF 870 603/38.
[64] Mario d'Angelo, *Socio-économie de la musique en France. Diagnostic d'un système vulnérable* (Paris: La Documentation Française, 1997), p. 104.
[65] F. Giacomoni, *Généralités sur les activités culturelles de Toulouse*, ANF 800 368/128.
[66] Relatório de inspeção de 1950, ANF 870 603/38.

cidades terão de enfrentar uma pressão geral por parte do número de alunos. No que se refere à arte dramática, Estrasburgo é, de novo, um caso à parte, com a integração de uma "escola superior de arte dramática" ao Centro Dramático do Leste a partir de 1953, sob a orientação de Michel Saint-Denis, que preside os destinos do CDE entre 1952 e 1957. Concebida para trabalhar em simbiose com o Centro, a escola se caracteriza por um corpo docente muito cosmopolita e por conteúdos originais. Esse ensino pretende ser completo, associando o aprendizado do corpo, da maqui-lagem, da esgrima, do canto... Sua abordagem muito diversificada para a época a torna uma espécie de "anticonservatório".[67]

Quanto às escolas de belas-artes, os arquivos do ministério não chegam além de 1960. Mesmo assim é possível colher algumas informações sobre o período precedente, ao sabor dos relatórios de inspeção posteriores. Nos anos 1960, nem todas as escolas ocupam a mesma categoria. Lyon é a única a ter o título de escola nacional, enquanto as outras cidades dispõem de escolas regionais.[68] Entretanto, elas acatam as reformas decididas pelo Ministério da Educação Nacional, notadamente a de 1956, que cria o diploma nacional de belas-artes, prevendo uma duração de cinco anos ao estudo. Quase todos os custos cabem às cidades, e o próprio Gaëtan Picon, diretor-geral de Artes e Letras, reconhece, em março de 1961, que "a intervenção financeira do Estado é insuficiente".[69] Apesar de tudo, Lyon decide construir novas instalações na antiga Caserne Franceschi, em 1950, para abrigar a Escola de Belas-Artes, bem como a Escola de Arquitetura.[70] A escola de Estrasburgo apresenta a especificidade de se voltar para os ofícios de arte, com suas seções de serralheria, marcenaria, ourivesaria. Esse mundo das escolas de arte, caso se acredite nos comentários dos anos 1960, permanece um mundo muito imóvel. Daí os solavancos dos *sixties* serão ainda mais sentidos.

b) Os festivais ou o prestígio das capitais regionais

Enquanto os festivais ainda são pouco numerosos no território nacional, algumas dessas cidades interessam-se, desde a Reconstrução,

[67] Jean-Claude Marrey, "Strasbourg: d'André Clavé à Michel Saint-Denis". In: Robert Abirached (org.), *La Décentralisation théâtrale. Le premier âge, 1945-1958* (Arles: Actes Sud-Papiers, 1992), pp. 75-6.
[68] Tabela que recapitula as subvenções do ano 1960, ANF 780 692/1.
[69] Gaëtan Picon, *Plano quadrienal*. Apresentação de Gaëtan Picon perante a comissão "Ensino e Produção Artísticos", Ministère de la Culture et de la Communication, DEP.
[70] Relatório de inspeção de 1964, Escola de Belas-Artes de Lyon, ANF 780 692/2.

pelo fenômeno dos festivais. Assim, o pós-guerra vê a retomada do Festival de Estrasburgo e a criação de manifestações do mesmo tipo nas outras cinco cidades: o de Lyon-Charbonnières (1949) por iniciativa de Georges Bassinet, diretor do cassino de Charbonnières; o de Maio Musical em Bordeaux (1950); as Noites de Flandres em Lille (1951); de Messidor em Toulouse (1952); do Pharo em Marselha (1954). Alguns são lançados pelas próprias administrações municipais, como o de Maio, de Bordeaux, em que Jacques Chaban-Delmas apela, para tanto, a um organizador de eventos não bordalês, Georges Delort. A certidão de nascimento do Maio de Bordeaux é atestada pelos escritórios parisienses da Direção de Artes e Letras.[71] Em Toulouse, o prefeito Raymond Badiou cria Os Amigos da Música, e, sob seu mandato, o festival de música convida grandes nomes: Wilhelm Kempff em 1954, Léonid Kogan e Alfred Cortot em 1955... Um concurso internacional de canto no mês de outubro visa reatar com a tradição do *bel-canto* a partir de 1953. Em Marselha, não é ninguém menos do que Jean Vilar e o TNP [Teatro Nacional Popular] que têm o encargo de animar o festival durante seis anos, montando espetáculos teatrais nas praças da cidade. O Comitê de Festas, Artes e Portos da cidade supervisiona o festival. Cyril Robichez, diretor do Teatro Popular de Flandres, está na origem do festival de Lille, as Noites de Flandres, patrocinado pela municipalidade. Em Estrasburgo e Lyon, as iniciativas são privadas, mas os legisladores as subvencionam e chegam até a substituir o parceiro privado em Lyon em 1969. Quanto ao Estado, é claro que lhe são feitas solicitações.

Ante o florescimento dos festivais, a Direção-Geral de Artes e Letras decide, então, criar, em 13 de abril de 1955, uma comissão consultiva para festivais e espetáculos ao ar livre.[72] Sua missão consiste em definir o montante alocado aos diversos festivais solicitantes e estabelecer critérios de atribuição. Essa é uma primeira resposta às inquietações dos organizadores do Festival de Estrasburgo. É certo que seu presidente, Lucien-Marie Pautrier, no catálogo de 1949, se mostra satisfeito de ver que outros festivais aparecem na França, mas ele também se preocupa com "a falta de uma política de Festivais para impedir que todas essas manifestações se anulem mutuamente".[73] De fato, muitas vezes eles acontecem entre maio e julho (sendo junho o mês mais congestionado) e são consagrados à música, ao teatro, por vezes acompanhados por notáveis exposições de pintura, como em Bordeaux ou Lyon. Eles representam a primeira leva dos festivais na

---

[71] Françoise Taliano-des Garets, *La Vie culturelle à Bordeaux, 1945-1975*, op. cit., p. 59.
[72] Decreto de 13 abr. 1955, ANF 800 368/114.
[73] Catálogo do Festival de Música de Estrasburgo, jun. 1949, ANF 800 368/111.

França, a que se pode classificar de geração "das belas-artes".[74] Na maior parte do tempo, eles visam uma difusão nacional, quando não internacional. Bordeaux, Lyon, Estrasburgo e Toulouse expõem essa vocação de maneira explícita. Os comentários dos organizadores ou dos responsáveis políticos locais estão carregados de termos enfáticos. A procura pela difusão externa a serviço de cada "capital cultural" está explícita desde a partida. Ela acompanha a emergência do fenômeno dos festivais na França e não será mais dissociada dele. O objetivo da descentralização e a dimensão popular também estão presentes em relação aos festivais em Marselha e Lille. O Festival de Lille acontece em outras cidades do norte, e o festival marselhês desloca suas manifestações para ir ao encontro do público.

Constata-se, portanto, ao mesmo tempo, uma retomada dos equipamentos tradicionais e a emergência de novos polos. Nos dois casos, prevalece uma concepção da cultura que foi herdada, que privilegia as belas-artes, as formas e os conteúdos clássicos.

1.3 UM CONSERVADORISMO MUNICIPAL?

a) O difícil nascimento do novo teatro

O teatro ocupa um lugar especial na paisagem cultural do pós-guerra, a Ocupação não suspendeu sua atividade. Anouilh continuou montando suas peças, Montherlant e Sartre alcançaram notoriedade, enquanto Claudel foi revelado ao grande público. O teatro influenciado pela filosofia se caracteriza, então, por duas tendências principais, uma muito clássica, apresentada pelo sucesso da obra de Claudel, a outra, mais moderna, a do teatro do absurdo, em torno da tríade Ionesco-Beckett-Adamov. Terminada a guerra, apesar da concorrência do cinema, o teatro continua sendo uma forma privilegiada de expressão e goza de um formidável prestígio.[75] O exemplo do Cartel, encarnado por Gaston Baty, Charles Dullin, Louis Jouvet, Georges Pitoëff no entreguerras, serve como referência e contribui para essa difusão. Levar o teatro para novos públicos, excluídos social e geograficamente, essa é a convicção largamente difundida, associando implicitamente descentralização e democracia. O mundo dos criadores está grandemente aberto à

---

[74] Ver Luc Benito, *Les Festivals en France. Marchés, enjeux et alchimie* (Paris: L'Harmattan, 2001).

[75] Jean-François Sirinelli, "Cultures de guerre et d'après guerre (1940-1958)". In: René Rémond, *Notre Siècle, 1918-1988* (Paris: Fayard, 1988), p. 546.

ideia de uma melhor difusão teatral no interior e no conjunto da sociedade. O impacto de movimentos como Trabalho e Cultura (1944),[76] Povo e Cultura (1945), opera na mesma direção. Este último movimento de educação popular, fruto do marquês de Vercors, está na origem da primeira casa de cultura em Grenoble.[77] A criação, pelo decreto de novembro de 1944, de uma Direção-Geral de Artes e Letras sob a autoridade de Jacques Jaujard no seio do Ministério da Educação Nacional prova ser decisiva para ativar o que se chamou de descentralização teatral. De fato, para executar essa missão, Jacques Jaujard dá carta branca a Jeanne Laurent, subdiretora de espetá-culos e música entre 1946 e 1952. É a ela que são dirigidos os pedidos, e ela também não hesita em incentivar vocações. Assim, cinco centros dramáticos nacionais são fundados entre 1947 e 1952: o Centro Dramático do Leste e a Comédie de Saint-Étienne (1947), Le Grenier de Toulouse e a Comédie de l'Ouest (1949), o Centro Dramático do Sudeste (1952).[78]

O enxerto da descentralização pega especialmente em Estrasburgo e Toulouse, enquanto as experiências de Lille e Lyon têm um destino mais difícil. Contudo, nos dois primeiros casos, a gênese, as formas jurídicas e o papel da municipalidade diferem. Embora o Centro Dramático do Leste seja o primeiro a ver a luz, a iniciativa não é tomada pela cidade de Estrasburgo, mas pela de Mulhouse. Henri Ergmann, assessor de belas-artes, batia às portas do ministério desde 1945.[79] Entretanto, a municipalidade de Estrasburgo, dirigida pelo prefeito de centro-direita Charles Frey, envolve-se logo no funcionamento do sindicato inter-comunal, que serve como armação inicial para o CDE. São os serviços administrativos que preparam os estatutos do sindicato formado em 25 de outubro de 1946, ao qual aderem Estrasburgo, Colmar, Mulhouse, e a que logo se unem Metz (1947), Nancy (1958), Thionville (1961). Em um primeiro momento, o Teatro Municipal de Colmar serve como base para o CDE, e é preciso esperar vários anos para que este se fixe na metrópole estrasburguesa.[80] O título de CDE surge oficialmente em 15 de janeiro de 1947. A questão de saber a quem cabe o impulso decisivo dessa criação, às coletividades locais ou ao Estado, é difícil de destrinchar. A descen-tralização esboçou-se, antes, empiricamente, e a conjunção de fatores

---

[76] Incentivado por Charles Dulli, o TEC (Trabalho e Cultura) cria o CID (Cultura pela Iniciação Dramática), que pretende ser "uma cooperativa e uma escola de espectadores".

[77] Raymonde Temkine, *Le Théâtre en l'État* (Paris: Éditions Théâtrales, 1992).

[78] Para uma abordagem mais completa sobre a questão, ver Pascale Goetschel, *Renouveau et décentrali-sation du théâtre, 1945-1981* (Paris: Presses Universitaires de France, 2004).

[79] Pascale Goetschel, op. cit., p. 23.

[80] Jean-Claude Marrey, op. cit., p. 70.

motores nacionais, bem como locais, o explica.[81] O contexto cultural local já mencionado é totalmente favorável, as municipalidades são receptivas e o Estado vai envolver-se muito. O orçamento específico "Alsácia Lorena" foi muito útil, enquanto as coletividades locais manifestam uma passividade financeira e um menor envolvimento nesse plano quando comparadas aos outros centros dramáticos do norte.[82] A subvenção do Estado dobra entre 1948 e 1949, passando de 8 milhões para 16 milhões de francos; a das cidades permanece inalterada, 760 mil francos. De 1950 a 1958, a contribuição do Estado sobe de 24 milhões para 47 milhões de francos, mas a das cidades não evolui.[83] A trupe do CDE pôde instalar--se, em 1957, no antigo conservatório de Estrasburgo, reconstruído e transformado em teatro graças às indenizações de guerra. Jean-Claude Marrey, que foi secretário-geral do CDE, insiste globalmente sobre os recursos pouco consideráveis do centro em relação a suas necessidades, tanto no que diz respeito ao esforço conferido pelo Estado quanto pelas coletividades locais. Segundo ele, Michel Saint-Denis teve que realmente conquistar Estrasburgo para e contra todos:

> [...] vencer a hostilidade da imprensa, de um certo meio profissional ligado ao rádio, dos assinantes das noites de gala (organizadas por) Karsenty [...] Não tendo um teatro próprio (uma mesma assinatura servia, ao mesmo tempo, para os espetáculos do teatro e os das turnês Karsenty), o Centro Dramático do Leste montava óperas, na indiferença do meio profissional e da imprensa parisiense [...] Por seu lado, as coletividades locais estavam mobilizadas por outras urgências; o leste da França tinha de ser reconstruído. Como consequência, essas equipes teatrais sentiam que lutavam sozinhas contra todos, que eram pioneiras sem logística, uma espécie de linha de frente sem tropa. Isso iria durar até os anos 1960.[84]

O sindicato intercomunal, bem como a comissão municipal dos teatros de Estrasburgo, pretendem manter uma visão da programação. Um comitê de leitura é, aliás, criado, de acordo com Jeanne Laurent. O repertório continua clássico, Michel Saint-Denis se apoia em Shakespeare, Molière, Marivaux ou, ainda, Anouilh. Ele se abre para Cocteau, Supervielle ou Camus. O comitê, que se recusa a assumir riscos, é movido, antes de mais nada, pela preocupação de agradar o público popular, evitando entediá-lo; mas não se pode falar, em relação a Estrasburgo, em conservadorismo municipal.

[81] Pascale Goetschel, op. cit., pp. 22-7.
[82] Ibid.
[83] Ibid., pp. 35-9.
[84] Jean-Claude Marrey, op. cit., p. 73.

Apesar dos meios restritos, a cidade comprova um real voluntarismo e, no final, juntamente com o Estado, o enxerto da descentralização teatral teve sucesso.

Toulouse oferece outro exemplo de precocidade em matéria de descentralização teatral. As dificuldades relatadas por Jean-Claude Marrey sobre o começo do CDE parecem bem leves em relação àquelas que Maurice Sarrazin tem de enfrentar em Toulouse, onde a administração municipal foi especialmente lenta em reagir. Pois, se a criação do CDE e a da Comédie de Saint-Étienne tem em comum o fato de terem se beneficiado do apoio conjugado do Estado e das cidades com a presença de um animador experiente (nos dois casos, vindos de Paris), nada disso acontece em Toulouse. Isso é o que constata Denis Gontard em sua obra sobre a descentralização teatral. Ele explica que o Grenier de Toulouse tem um perfil fora do comum já que: "Com o Grenier, estamos perante uma tentativa que não pode ser comparada a nenhuma outra".[85]

A iniciativa cabe a jovens amantes do teatro, que se lançam à aventura em 18 de março de 1945. Encabeçando-os, um rapaz de vinte anos, Maurice Sarrazin. O estatuto administrativo do primeiro Grenier de Toulouse não é nem o de uma associação intercomunal, como em Estrasburgo, nem o de uma sociedade cooperativa de trabalhadores da produção, como em Saint-Étienne. É uma simples trupe de atores profissionais que se associa em 1958. Nesse ínterim, os fundadores do primeiro Grenier dissolvem a companhia por causa das dívidas que a sobrecarregam, e dois meses depois Maurice Sarrazin consegue reunir os fundos necessários para criar uma nova companhia. A quantia é obtida com a organização de uma conferência no Capitole, cujo convidado de honra é Louis Jouvet, em 17 de outubro de 1945. É em Paris, a seguir, no contexto do concurso das jovens companhias, que o Grenier de Toulouse ganha notoriedade com o primeiro prêmio para *Le Carthaginois*, em 19 de junho de 1946; o Grenier conhece um tal sucesso que a trupe é contratada por vários meses pelo teatro do Vieux-Colombier. É ali que é travado o contato com Charles Dullin, que não deixará de defender a jovem equipe de Toulouse até que ela seja reconhecida pelo Estado como Centro Dramático em 1º de janeiro de 1949. Parece que também é ali que Jeanne Laurent descobre o Grenier de Toulouse. A situação da trupe, no momento, é extremamente precária. Ela não tem outra escolha a não ser fazer-se conhecer no exterior e, graças à ajuda de Dullin, multiplicar as turnês, na França, na Alemanha, na Bélgica

---

[85] Denis Gontard, *La Décentralisation théâtrale* (Paris: Sedes, 1973), p. 227.

ou na Suíça. Em Toulouse, a trupe aluga uma sala de quinhentos lugares, a sala de Taur; contudo, utiliza cada vez mais, para suas *premières*, o teatro municipal do Capitole, sinal do progressivo reconhecimento pela municipalidade. Parece que, nesse aspecto, a intervenção de Jeanne Laurent foi eficaz, como comprova a correspondência a ela endereçada pelo administrador da trupe: "Agradecemos sua intervenção, junto à municipalidade, quanto ao assunto da falta de uma sala para nós. Sua observação encontrou algum eco junto aos poderes municipais".

A seguir, o auxílio de Charles Dullin é decisivo para o reconhecimento da companhia enquanto centro dramático. A pouca idade de Maurice Sarrazin impede, de fato, sua nomeação para o cargo de diretor de um centro dramático. Charles Dullin resolve o impasse propondo, à Direção-Geral de Artes e Letras, que ele mesmo ocupe a função de subdiretor do Grenier de Toulouse. Para chegar a isso, também foi preciso celebrar um acordo entre a Direção-Geral de Artes e Letras, a cidade e o departamento. As duas coletividades locais aceitam uma participação equivalente aos dois quintos da subvenção pública total, ou seja, 2 milhões que vêm juntar-se aos 3 milhões do Estado. Nesse caso, é bem a repercussão externa, o reconhecimento por parte dos meios parisienses do teatro, o do Estado, que alavanca a causa do Grenier de Toulouse ante uma municipalidade difícil de convencer. Alcançando o estatuto de Centro Dramático, o Grenier de Toulouse nem por isso deixa de continuar sendo uma sociedade privada até 1958.

Mais incerto é o destino das experiências de descentralização teatral realizadas em Lyon e Lille. A falta de vontade por parte da cidade de Lyon em apoiar Roger Planchon irá fazer, afinal, com que este troque a cidade por sua vizinha, Villeurbanne. A pouca idade de Planchon, seu começo nos "espetáculos ao ar livre" de Suzette Guillaud em Lyon, a influência do Cartel, não deixam de lembrar as atividades iniciais de Maurice Sarrazin. Sem dúvida, Lyon oferece um ambiente mais propício do que Toulouse, dada a efervescência intelectual saída da guerra. As trupes de amadores que se multiplicaram na Libertação rivalizam no momento do Concurso de Jovens Autores e Jovens Atores da Cidade de Lyon.[86] O jovem teatro pode contar com a boa vontade do prefeito septuagenário, Édouard Herriot, ele mesmo amador, e com a boa recepção por parte da organização TEC — Travail et Culture [Trabalho e Cultura] de Lyon, que já mantém a Comédie

---

[86] Michel Bataillon, "Une Autre Idée de la décentralisation: Roger Planchon". In: Robert Abirached, *La Décentralisation théâtrale. Les années Malraux, 1959-1968* (Arles: Actes Sud-Papiers, 1993), pp. 189-91.

de Saint-Étienne.[87] O TEC de Lyon, associação de espectadores ligada aos comitês das empresas, batalha, com a revista local *Résonances*[88] para que o Teatro Célestins encene autores como Adamov ou Beckett. Em seguida ao sucesso e ao prêmio recebidos no concurso Léo Lagrange, concurso regional de teatro amador de Mâcon, a trupe de Planchon se declara "profissional" em 1950, com o nome de Théâtre de la Comédie [Teatro da Comédia]. Ela se instala temporariamente em uma sala pequena, de 232 lugares, a sala Saint-Nizier. O Théâtre de la Comédie, entretanto, tem de mostrar sua capacidade e, a exemplo de Maurice Sarrazin em Toulouse, Planchon desloca seus espetáculos em turnês. Em Lyon, pedem-lhe que monte, em junho de 1951, *La Nuit des rois* no parque Tête d'Or, depois no pátio principal da prefeitura. O mesmo pedido lhe é feito pelo cassino de Charbonnières no contexto do festival. Resta o problema da falta de um local permanente, resolvido finalmente depois de vagar dois anos sem destino. A outorga, pela cidade e pelo Estado, de um auxílio permite transformar em teatro uma antiga gráfica na rua Marronniers. Mas a lotação é de apenas 110 lugares, e a administração municipal de Louis Pradel, que se segue à de Édouard Herriot em 1957, é bem menos receptiva à criação teatral. Louis Pradel privilegia o muito clássico Teatro Célestins. Portanto, no final, essa tentativa de implantar uma trupe profissional em Lyon vai acabar em fracasso. Roger Planchon, preferindo a oferta que lhe é feita pela municipalidade de Villeurbanne, deixa Lyon em 1957.

b) Passos em falso e oportunidades perdidas

A cidade de Lille não está totalmente à margem do movimento de inovação teatral do pós-guerra. Cyril Robichez, que seguiu, durante a guerra, os cursos de teatro da Jeune France, também abraça a causa do teatro popular descentralizado. Já em fevereiro e março de 1948, ele participa da breve experiência de criação de um Centro Dramático do Norte. O caminho será longo e semeado de armadilhas. Ele funda, em 1953, o TPF — Théâtre Populaire de Flandres [Teatro Popular de Flandres] e o torna conhecido dos habitantes de Lille através do festival As Noites de Flandres, experiência que dura de 1957 a 1967.[89] O festival também permite que ele recolha

---

[87] Ibid.

[88] Revista bimestral sobre a vida cultural lionesa, criada em 1953 por Régis Neyret e Robert Proton de la Chapelle. Ela foi publicada até 1980.

[89] Philippe Marchand, op. cit., p. 342.

subvenções municipais. As do Estado virão apenas em 1963, quando o status de trupe permanente for dado pelo ministério.

Marselha e Bordeaux ilustram, por sua vez, o que se pode chamar de oportunidades perdidas. De fato, um certo número de elementos positivos poderia ter levado Marselha ao caminho da descentralização teatral, como a experiência do Théâtre Quotidien [Teatro Cotidiano], dirigido por Michel Fontayne. Este, originário do sul da França, foi educado na Paris de Charles Dullin. Ele deixa a capital para ir a Marselha em 1955, onde funda a companhia Michel Fontayne-Roland Monod, renomeada em 1958 por Théâtre Quotidien de Marseille (TQM).[90] Michel Fontayne aproveita todas as oportunidades que aparecem; por duas vezes, em Cassis, na residência de Jérôme Hill, um americano abastado e esteta, ele organiza um Festival de Cassis (1957-1958), durante o qual são apresentadas obras de Shakespeare e Claudel, e concertos de Olivier Messiaen. O TQM instala-se, primeiro, em um armazém perto do Vieux-Port, depois, em 1959, em um local comunal ao lado do Museu Cantini, recuperado pela administração Defferre. A ajuda essencial, que logo revela ser insuficiente, vem do Ministério de Assuntos Culturais e do Conselho Geral. Entretanto, o TQM desaparece depois de doze anos de existência, por falta de reconhecimento suficiente pelos poderes públicos, o que é confirmado pelo testemunho do escritor Jean-Jacques Viton: "O TQM não foi apoiado suficientemente pelo ministério, que hesitava em optar por uma ajuda decidida".[91] A presença em Marselha, durante seis anos, na época de seu festival de verão, do TNP de Jean Vilar constitui outra oportunidade perdida. De fato, ela não teve nenhuma repercussão durável. Não há dúvida de que Marselha sofre com o dinamismo de sua vizinha Aix, onde, em 1952, é implantado o Centro Dramático do Sudeste, dirigido pelo último sobrevivente do Cartel, Gaston Baty. É apenas no decorrer dos anos 1970 que um centro dramático vê a luz na cidade marselhesa.

O teatro amador goza, em Bordeaux, de uma euforia benéfica, que se concretiza pela multiplicação das companhias. Lá esse entusiasmo se alimenta, ainda, de modelos de renome, como os de Jacques Copeau e os fundadores do Cartel. As trupes bordalesas e especialmente o Crad — Centre Régional d'Art Dramatique [Centro Regional de Arte Dramática] são seguidores desses movimentos. Animado de 1947 a 1951 por Jean Lagénie, instrutor nacional de arte dramática, depois por Raymond Paquet, o Crad propõe cursos e vesperais de atualização teatral. Léon Chancerel, fundador

---

[90] Jean-Jacques Viton, "Le Théâtre Quotidien de Marseille (TQM, acteur de la décentralisation)". In: Mireille Guillet e Claude Galli (orgs.), op. cit., pp. 163-5.

[91] Ibid.

do Centro Dramático de Paris, sob cujo impulso é criado, a partir de 1945, um determinado número de centros regionais, dentre eles, o de Bordeaux,[92] bem como Hubert Gignoux, estão entre os palestrantes dessas vesperais dedicadas a Georges Pitoëff, Charles Dullin, Louis Jouvet, Jacques Copeau... Até 1962, a trupe leva o nome de Teatro de Ensaio do Crad, montando três ou quatro espetáculos anuais e se apresentando na Copa Léo Lagrange,[93] onde ganha, por cinco vezes, um prêmio nacional. O problema de uma sala permanente e de tamanho suficiente se apresenta ao Crad, da mesma forma como se apresentou nas outras cidades. Entre 1947 e 1950, ele ocupa uma pequena sala cedida pela administração Chaban-Delmas, chamada de Teatro de Bolso, depois devolvida para a cidade, que a reconverte em escola. A trupe, então, é forçada a utilizar, de acordo com as possibilidades, as diversas salas municipais e particulares de Bordeaux, as praças públicas, as escolas. Por outro lado, o pouco interesse que mostra por ele a municipalidade pode ser lido através do Festival do Maio Musical, que o integra em sua programação apenas em 1962. Contudo, o teatro está bem representado no Maio. Sob esse aspecto, os anos 1950 são particularmente efervescentes: a companhia Renaud-Barrault participa várias vezes, bem como o TNP ou a trupe da Comédie-Française, com notáveis elencos.[94] Jean Lagénie sempre guardou a mágoa de não ter visto o Crad se tornar uma trupe da descentralização como o Grenier de Toulouse na efervescência do pós-guerra. O Crad, que se tornou Companhia Dramática da Aquitânia (CDA), é finalmente reconhecido como trupe da descentralização apenas em 1967 e, na mesma ocasião, trupe municipal oficial. O atraso teatral de Bordeaux pode ser explicado em termos de concorrência? O ministério escolheu Toulouse em detrimento de Bordeaux? A administração municipal bordalesa é parcialmente responsável? A julgar pela inércia local, pela escolha do prestígio imediato como comprovam os programas do Maio, pode-se, de fato, nesse último aspecto, responder afirmativamente.

c) Atraso da leitura pública

O atraso da França em relação aos outros países europeus em matéria de leitura surge de modo gritante logo depois da guerra.

[92] As outras cidades providas de Crad são, em ordem cronológica: Toulouse, Alger, Amiens, Nantes, Cherbourg, Caen, Chartres, Bourges, Rennes, Blois, Besançon, Clermont-Ferrand.

[93] Concurso instituído por Hubert Gignoux e pelos serviços de educação popular do Ministério da Educação Nacional.

[94] Françoise Taliano-des Garets, *La Vie culturelle à Bordeaux, 1945-1975*, op. cit., p. 226.

O relatório redigido pela Direção das Bibliotecas da França, publicado em 1948, insiste na situação crítica das bibliotecas municipais, nos créditos limitados, nos locais envelhecidos, na incompetência do pessoal, no desinteresse das comunas.[95] Mas nem todas as cidades apresentam situações idênticas. Algumas têm um atraso mais alarmante do que outras. Nem todas investem na mesma proporção. Sob esse aspecto, as estatísticas coletadas pela Direção das Bibliotecas, em 1947, têm um interesse real. Dentre as seis cidades, cinco possuem uma biblioteca municipal classificada quanto à importância do acervo antigo, com pessoal do Estado. Hoje, Estrasburgo dispõe de uma biblioteca municipal controlada e de uma biblioteca nacional classificada sob o controle do Estado, situação legada pela história alsaciana. Esta última, instaurada pelos alemães, tinha sido transformada em biblioteca nacional pelo governo francês logo depois da Primeira Guerra Mundial. Depreende-se da pesquisa da Direção das Bibliotecas, aliás incompleta (as cidades não forneceram todos os dados numéricos pedidos), que Bordeaux e Toulouse são as que mais gastam em suas bibliotecas (0,40% e 0,32%) e que, pelo contrário, Marselha e Lyon estão na rabeira (0,07 e 0,09%). Em franco por habitante, o esforço mais notável é feito por Toulouse (11,3F), seguido por Lyon (9,5F), Bordeaux (9,4F) e Lille (6,7F), e o mais fraco, por Marselha (3,3F). Em Marselha, a ação que favorece as bibliotecas só ganha impulso em meados dos anos 1960. Em 1965, é inaugurado um sistema de "bibliobus", e dois anos depois a biblioteca municipal deixa a praça Carli para ganhar novos locais na região da estação Saint-Charles. Enfim são construídos anexos nos bairros. Os arquivos municipais de Marselha aproveitam os espaços deixados vagos na praça Carli.

Da mesma forma, em relação a Lille, Philippe Marchand nota que "a biblioteca sai de seu torpor em novembro de 1965",[96] o que mostra bem o imobilismo que prevalecia até então. É preciso, então, constatar que certas municipalidades não liberaram, depois da guerra, recursos suficientes para compensar o atraso. Mas o Estado, isto é, a recém-criada Direção das Bibliotecas, não concordou com um investimento financeiro compensatório. De fato, durante a década de 1950, o Estado pareceu manifestar, acima de tudo, boas intenções, orientações gerais, certamente plenas de significado e bons prenúncios, mas os recursos realmente não estiveram na mesma altura.[97] Isso não é de espantar em uma época em que a preocupação com a

[95] *La Lecture publique en France* (Paris: La Documentation Française, jun. 1948).
[96] Philippe Marchand, op. cit.
[97] Anne-Marie Bertrand, op. cit.

democratização caracteriza os ideais da Reconstrução. Portanto, foi preciso esperar que realmente fosse renovado o crescimento para que a leitura saísse de sua indigência.

No final da década de 1950, a ação política das municipalidades, então, é essencialmente limitada aos grandes instrumentos de difusão ou de conservação, que são as óperas, os teatros, os museus, as bibliotecas, os arquivos. Em resumo, a ação se reduz às belas-artes. A retomada da marcha daquelas instituições é considerada implícita, o que sugere que a cultura adquiriu uma legitimidade indiscutível. Por outro lado, as cidades estão envolvidas no movimento da educação popular do pós-guerra, mas a esfera política local, propriamente dita, parece estar pouco sensibilizada. Embora algumas cidades registrem certa agitação em torno de um festival ou de um centro dramático, dificilmente as administrações municipais concordam em fornecer local e recursos. "Não acho exagero dizer que, em 1959, nenhuma administração municipal tinha uma verdadeira política cultural."[98] É essa a opinião de Guy Brajot, administrador e, depois, diretor dos Teatros e Casas de Cultura de 1961 a 1979. Será preciso, portanto, pensar como ele, que a criação do ministério, em 1959, foi decisiva para a política cultural das metrópoles regionais?

[98] Guy Brajot, "Les Premières années des maisons de la culture". In: Augustin Girard e Geneviève Gentil (orgs.), *Les Affaires culturelles au temps d'André Malraux, 1959-1969* (Paris: Comité d'Histoire/ Ministère de la Culture/ La Documentation Française, 1996), pp. 65-81.

2. AS FORÇAS MOTRIZES DA AÇÃO NA VIRADA DOS ANOS 1960

2.1 O PAPEL DOS MOVIMENTOS DE BASE

a) As recaídas culturais dos anos 1960

"É preciso evitar alinhar os ritmos do cultural com os do político",[1] escreve Jean-François Sirinelli. Assim, na verdade, o marco cronológico de 1958 não tem sentido na história cultural. Talvez, então, haja uma autonomia cultural em relação ao político entendido como campo do exercício do poder, o que deixa supor, por um lado, que a política não tem, forçosamente, capacidade para definir os contornos da paisagem cultural — o que, aliás, é a prova de um sistema democrático — e, por outro, que, talvez, os efeitos das mutações gerais mais façam as políticas culturais sofrerem do que as orientem. Dito isto, o marco de 1959 é mais delicado de apreender para o assunto que nos interessa. A criação de um Ministério da Cultura dirigido por André Malraux teve grande influência nas políticas culturais municipais dessas cidades? Com efeito, parece interessante desembaraçar a parcela que cabe aos diferentes elementos da evolução, a dos movimentos de base, isto é, o que foi produzido no seio da sociedade e no âmbito político. Em relação a este, será preciso examinar a responsabilidade dos dois escalões, local e nacional. Descontada a inflação, as despesas do Ministério de Assuntos Culturais durante o período Malraux foram multiplicadas por dois. Mas elas se mantêm entre 0,38% e 0,42% do orçamento do Estado. André Malraux também quis utilizar o que se esperava de bom com a planificação.

---

[1] Jean-Pierre Rioux e Jean-François Sirinelli, *Histoire culturelle de la France, 4. Le temps des masses. Le vingtième siècle* (Paris: Seuil, 1998), p. 216.

Os Planos IV (1962-1965) e V (1966-1970) são acompanhados pela criação de uma comissão cultural, que faz um levantamento dos equipamentos culturais e do que é necessário. "A planificação dos anos 1960", escreve Augustin Girard,[2] "teve uma importância fundamental para a 'política cultural' pois ela se transformou em verdadeira política pública, com seu conjunto coerente de finalidades e objetivos associados às estruturas e aos meios."[3]

O surgimento, em 1963, do Serviço de Estudo e de Pesquisas Estatísticas (SER) é uma emanação direta disso. Graças a ele, dados numéricos sobre as cidades foram coletados e examinados. Assim, as primeiras cifras das despesas culturais das cidades são conhecidas a partir de meados dos anos 1960. Entre 1963 e 1966, as despesas culturais das cidades passam de 9,20F para 17,59F por habitante, ou seja, um aumento de 91%. A parcela do orçamento comunal para a cultura varia em função de características sociodemográficas e cresce junto com a população. Ela representa 1,23% do orçamento original das comunas com menos de 10 mil habitantes e 4,65% naquelas com mais de 100 mil habitantes.[4] Portanto, as metrópoles regionais são diretamente afetadas por essa alta nas despesas. A pesquisa feita em 1966, servindo de base para o Quarto Encontro de Avignon dedicado à política cultural das cidades, compara sete cidades, dentre elas uma metrópole regional, Estrasburgo.[5] A capital alsaciana é, então, a que mais gasta por habitante: 20,47F, seguida por Grenoble (17,13F) e Rennes (9,90F). São as três cidades mais populosas da pesquisa. Estrasburgo é a que gasta mais, especialmente em teatros dramáticos e líricos, em museus e na formação (música e belas-artes). Mas ela perde a dianteira para Grenoble quanto a bibliotecas e para Avignon quanto a festivais.[6] O SER também indica que a despesa média por habitante é de 31,88F para as cidades com mais de 100 mil habitantes, e estas focalizam suas ações nos espetáculos (34,9% de seu orçamento cultural), nas belas-artes (21,1%) e na música (20,6%). As bibliotecas (8,9%) chegam ao nível mais baixo, isto é, o das cidades de menos de 10 mil habitantes.[7] As despesas atribuídas aos centros culturais registram, para as cidades com mais de 100 mil habitantes, uma

---

[2] Presidente do Comitê de História do Ministério da Cultura. Chefe do Departamento de Estudos e Projetos (1963-1993).

[3] Augustin Girard, "Planification culturelle". In: Emmanuel de Waresquiel (org.), *Dictionnaire des politiques culturelles de la France depuis 1959* (Paris: Larousse/ CNRS Éditions — Larousse, Paris, 2001), pp. 499-503.

[4] "Comptes culturels de la nation", *Développement Culturel*, n. 3, fev. 1970.

[5] As outras são Annecy, Avignon, Aubervilliers, Bourges, Grenoble, Rennes.

[6] *Politique culturelle de sept villes*, Relatório principal, jul.-ago. 1967.

[7] *Développement Culturel*, n. 3, fev. 1970.

taxa de 6,7% do orçamento cultural comunal, taxa inferior à média nacional (11,8%). Portanto, as despesas culturais variam em função do tamanho das cidades. Constatado esse fato, examinemos as forças motrizes da evolução.

A década de 1960 marca o momento em que os valores e as práticas culturais sofrem uma reviravolta considerável. Os anos 1950 viram o começo de fenômenos prenunciadores, tais como a inserção progressiva da sociedade francesa em uma cultura de massa através do rádio e da televisão, da renovação das formas de criação na literatura com o nouveau roman ou no cinema com a nouvelle vague. Tudo isso acontece junto com um grande impulso demográfico, cujo ponto culminante é alcançado em 1949 (869 mil nascimentos) e um segundo e último pico em 1964 (874 mil). Esse impulso leva para a linha de frente a juventude do baby-boom. As municipalidades têm de reagir à pressão demográfica, que também é exercida sobre os estabelecimentos de formação artística, especialmente as escolas de belas-artes, que serão o foco da agitação em maio de 1968. O crescimento econômico traz consigo "a civilização do lazer". As despesas culturais dos franceses, recenseadas regularmente a partir do começo dessa década, são beneficiadas por "essa revolução do tempo livre". O prolongamento da escolaridade, o modo de vida urbano, favorecem seu crescimento. A visitação aos museus está em alta, bem como às bibliotecas municipais. As exposições parisienses sobre Picasso (1966) e Tutankamon (1967) registram uma notável afluência. Mas a generalização da "telinha" nos lares franceses, que assistem em média 22 horas por semana, é sinal de uma mutação ainda mais profunda. Setenta por cento das residências estão equipadas no final da década. Os anos 1960 marcam, definitivamente, a admissão da sociedade francesa na cultura de massa. Acentua-se a influência americana nos gostos de uma juventude que aspira por mais liberdade. A penúria dos anos do pós-guerra tinha condicionado um espírito de restrição, que não está mais em voga no pleno crescimento, em um momento em que a fé no futuro e no progresso ainda não está sendo questionada. Recuo da prática religiosa, surgimento do nu nas revistas e nos filmes, hedonismo e satisfação imediata das necessidades levam vantagem, na França dos "Trinta Gloriosos", sobre uma moral do proibido e da frugalidade. Três valores resumem para Pascal Ory as transformações em curso na sociedade dos sixties, "modernismo, culto da juventude e hedonismo".[8]

Além disso, a guerra da Argélia, que faz a junção entre as duas Repúblicas, marcou, por muito tempo, uma juventude e meios estudantis

[8] Pascal Ory, "Introduction à l'histoire culturelle des années soixante". In: Robert Abirached, La Décentralisation théâtrale. Les années Malraux, 1959-1968 (Arles: Actes Sud-Papiers, 1993), pp. 20-2.

ou intelectuais sensíveis às teses terceiro-mundistas, acalentadas pelas últimas versões do marxismo, do maoismo, do castrismo, do guevarismo. A cultura de massas se baseia em uma "cultura mundial" cujo bruxulear desponta no horizonte. Esses modelos importados povoam os sonhos de uma juventude em busca de revolução.

A própria concepção de cultura e de sua difusão está sofrendo mudanças. A educação popular que impulsionou a dinâmica teatral do pós-guerra é substituída pela lógica da animação sociocultural. Aquela baseava-se em uma defesa do ensino, do saber, esta acredita na capacidade de cada um de se apropriar espontaneamente da cultura. É certo que as duas concebem a cultura como libertadora, as duas procuram um acesso igual à cultura, mas a lógica da animação considera que a cultura não pode ser sacralizada pelo museu ou pelo dinheiro. Maio de 1968, portanto, produziu uma contestação proteiforme de todas as instituições culturais, de todas as formas institucionalizadas da arte e do saber. Também é o fim das proclamadas hierarquias de obras e artistas, a denúncia daqueles que detêm o poder da legitimação artística.

Como as capitais regionais sentiram os solavancos dessa década que termina nos acontecimentos de 1968? Em que medida essas sociedades urbanas abraçaram o movimento? Além disso, pode-se perguntar sobre a cronologia da província: ela se junta à cronologia nacional? O ano de 1965, quando a curva demográfica bascula, quando um determinado número de sintomas se revela, quando "as primeiras rachaduras aparecem" (Jean-François Sirinelli), é significativo no âmbito local? Alguns exemplos, de fato, refletem a adesão direta do mundo cultural local à mudança, tanto nas formas quanto nos conteúdos. A questão da cultura tradicional, a das belas-artes e das belas-letras, aparece de novo com força. Diante disso, as administrações municipais nem sempre souberam qual a atitude correta a ser tomada.

b) O teatro portador de subversão

O teatro teve um papel de catalisador ativo. Nota-se novas visões, provenientes do outro lado do Atlântico, cujos nomes são Peter Schumann (Bread and Puppet), Judith Malina e Julian Beck (Living Theatre). O Living Theatre faz sua primeira aparição na França no Vieux-Colombier, em 1961, no contexto do Teatro das Nações. Novos locais vão servir de caixa de ressonância para um teatro que reinventa o *agit-prop* dos anos 1920, como o Festival Mundial de Teatro Universitário de Nancy em torno de Jack Land e Robert Abirached em 1963. A influência de Antonin Artaud é perceptível nas criações teatrais com formas de expressão inéditas, em que o corpo do ator se torna o teatro e o espectador é chamado a participar. A virulência regenerada da arte teatral não deixa de inquietar os legisladores municipais.

O ano de 1965 marca a data do nascimento, em Bordeaux, do Festival Sigma, que se intitula Semana de Pesquisa e de Ação Cultural e pretende ser multidisciplinar. Festival de vanguarda, ele apresenta tanto teatro quanto música contemporânea, jazz, pop music, canções, dança, cinema ou, ainda, conferências. O prefeito gaullista Jacques Chaban-Delmas se deixou convencer pela equipe organizadora e por seu auxiliar Roger Lafosse, pois o novo festival poderia dar projeção para a cidade. Roger Lafosse está atento a todas as tendências que surgem em matéria de criação. Desse modo, representa-se Pinget (Sigma 1) ou Arrabal (Sigma 2), e vai cruzar o caminho do Living Theatre em Sigma 3 (1967)...[9] O *happening*, que se torna uma prática usual, ganha a rua e faz balançar os hábitos de uma cidade burguesa pouco afeita a tais exageros. Bordeaux figura como exceção no que diz respeito à atitude benevolente da municipalidade, onde o prefeito, contra alguns de seus conselheiros municipais, assume a defesa dos excessos de Sigma. Mas a liberdade chega a seu limite durante o ano fatídico, 1968, quando, de comum acordo com o prefeito, Roger Lafosse não organiza o festival.

A municipalidade de Toulouse é bem menos liberal, e o "espírito de maio" prejudica a posição de Maurice Sarrazin. As administrações municipais de Louis Bazerque, socialista moderado, e de Pierre Baudis, independente, aliado aos gaullistas, até então concordaram em apoiar o diretor do Centro Dramático do Midi, especialmente ao resolver o problema de um local permanente. Assim, o Teatro Daniel Sorano é terminado em 1964, e Maurice Sarrazin o explora em regime de concessão. A administração de Baudis muda de posição a partir dos acontecimentos de maio de 1968 e endurece o tom. Ela censura o diretor teatral por ter "abandonado o teatro nas mãos de Henry Lhong, o administrador, que o transformou em uma empresa de propaganda política" e por ter acolhido "trupes esquerdistas".[10] Maurice Sarrazin recebeu, por duas vezes, Armand Gatti. A situação chega a um impasse, com a municipalidade Baudis não

[9] Françoise Taliano-des Garets, "Le festival Festival Sigma de Bordeaux (1965-1990)", *Vingtième Siècle. Revue d'Histoire*, out.-dez. de 1992.
[10] Nota de Guy Brajot, 17 maio 1972, ANF 910 242/49.

admitindo que o Teatro Sorano seja, ao mesmo tempo, um local "de animação cultural e de agitação política".[11] Em março de 1969, o prefeito faz saber ao diretor que sua concessão não será renovada. O Estado adota, então, uma atitude compensatória, abrigando o Grenier de Toulouse em uma sala de cinema, na rua De la Digue, cujas despesas de restauração, entretanto, são deixadas a cargo da companhia.[12] A baixa na subvenção municipal aumenta as dificuldades financeiras. É preciso esperar 1972 para que as relações entre Maurice Sarrazin e a administração Baudis melhorem graças à mediação do ministério.[13]

c) A formação artística, estabelecimentos saturados e fonte de inovação

Por toda parte, falta lugar para as escolas de arte. A pressão demográfica pesa, o número de alunos infla e os relatórios de inspeção mencionam locais decrépitos e insuficientes. Os relatórios de 1964[14] são particularmente significativos para Lyon, onde há uma superpopulação de alunos de primeiro ano, apesar de a municipalidade, em novembro de 1960, ter inaugurado novos locais na rua Neyret, onde estava situado o antigo quartel Franceschi. Lyon, bem como Marselha, contam com os maiores números de alunos. Embora haja 926 inscritos na cidade de Gaston Defferre, são 3.339 alunos que frequentam os cursos; 438 inscritos, para 900, na de Louis Pradel. Em Marselha, o edifício da praça Carli data do século passado, portanto está prevista uma construção em Luminy, fora da cidade, nos terrenos perto das enseadas, ao lado da nova faculdade de ciências. Enquanto ela não abre as portas, em 1967, os inspetores aconselham organizar "os cursos da noite em três ou quatro escolas de bairro, como em Lille ou em Lyon, para descongestionar o ano prepa-ratório", e acreditam que seria bom selecionar os alunos. Os edifícios de Estrasburgo não são nem um pouco mais recentes, datam da ocupação prussiana; os alemães, aliás, estando na origem da fundação dessa escola de ofícios de arte. Também aqui o número de alunos aumenta constante-mente e os locais têm de ser reformados. "A asfixia está à espreita" também em Bordeaux, onde os inspetores sugerem "diminuir o número de alunos ou aumentar de tamanho".[15]

[11] Carta de Pierre Baudis ao ministro Duhamel, 1º jun. 1972, ANF 910 242/49.
[12] *Le Livre blanc de la culture à Toulouse et la région* (Toulouse: Ateliers Jean-Jaurès/ Privat, 1983), p. 272.
[13] *Dépêche du Midi*, 24 nov. 1972.
[14] ANF 780 692/2.
[15] Relatório de inspeção de 1966-1967, ANF 780 692/4.

Mas a pressão demográfica não está sozinha perturbando o bom funcionamento desses estabelecimentos de outro século, a sacudida da primavera de 1968 parece ter sido, ali, duramente sentida, como atestam as fontes ministeriais em relação a Lyon. O relatório assinala o papel ativo das Forças de Emergência das Nações Unidas (Unef) em uma escola "atingida em cheio pelos acontecimentos de 1968", onde o diretor, no cargo "faz mais de vinte anos, perdeu a credibilidade". A inspeção preconiza uma mudança na direção.[16]

Embora o uso intenso, a decrepitude e a exiguidade provoquem rachaduras consideráveis e peçam reformas, bem como equipamentos novos, outras estruturas de formação conseguiram mostrar-se inovadoras durante os anos 1960. É assim com o Conservatório de Marselha, de ponta na "pesquisa musical". O pianista Pierre Barbizet, que é o responsável, abre seu estabelecimento para a composição contemporânea e o jazz. Ele cria o primeiro curso de música eletroacústica na França, em 1967, e o confia ao compositor Marcel Frémiot, além de também inaugurar uma classe de jazz. Daquela, irá sair o Grupo de Música Experimental de Marselha (GMEM). Barbizet reúne, em torno de Marcel Frémiot, outros compositores, Georges Bœuf, Michel Rédolfi, que fazem parte dos pioneiros da "pesquisa musical" filiada ao Grupo de Pesquisas Musicais de Pierre Schaeffer (1958). Estes ficam hospedados durante um ano em um apartamento da rádio da FR3, depois o conservatório lhes oferece abrigo até 1975. O GMEM só desfrutará de autonomia ante aquele estabelecimento municipal a partir de meados da década de 1970, quando o subsídio do Estado será maior.[17]

Marselha, sob esse aspecto, é uma cidade do interior totalmente pioneira, junto com Bourges, na mesma época, onde o GMEB (Grupo de Música Experimental de Bourges) se enxerta na casa de cultura. Aqui, nada de estrutura semelhante, só o acaso de personalidades dinâmicas e entusiastas e uma municipalidade favoravelmente composta, mas sem que a ajuda financeira municipal tenha realmente prosseguido. Marselha tem sucesso nessa aposta da implantação precoce da música contemporânea no interior, enquanto Bordeaux fracassa, em meados dos anos 1970, em concretizar o projeto de fundar, em colaboração com o ministério, um estúdio de pesquisa sob o comando de Pierre Henry. Este fez, em Bordeaux, em 1967, um concerto de música eletrônica muito apreciado em Sigma 3 e, no mesmo ano, ele alcança um sucesso discográfico com *Missa para o*

---

[16] Relatório de inspeção de 4 jun. 1974, ANF 870 592/3.

[17] Anne Veitl, *Politiques de la musique contemporaine. Le compositeur, la "recherche musicale" et l'État en France de 1958 à 1991* (Paris: L'Harmattan, 1997).

tempo presente para uma coreografia de Maurice Béjart. Essa audição não escapou ao prefeito Jacques Chaban-Delmas, que está sempre em busca de projetos modernistas, mas nem por isso a ideia irá avançar.

A década de 1960 impele à inovação, tanto no teatro como na música, e essa tendência existe também no território local. As instituições tradicionais têm problemas para resistir às batidas na porta de uma juventude turbulenta. Falta fazer estudos de caso em profundidade e comparativos para poder apreender melhor as diferenças de uma cidade para outra, de um setor cultural para outro. Alguns, como o teatro, as artes plásticas, tomando a dianteira, conforme o espírito da época. De uma cidade para outra, pode-se ver que, ao comparar Bordeaux e Toulouse, as reações dos eleitos não foram idênticas, pois a cultura, nesse momento, revestiu-se de tintas políticas muitas vezes não de acordo com o gosto dos legisladores. A grande onda de maio continuará, ainda por muito tempo, a revolver a paisagem cultural local e a provocar atritos entre eleitos e agentes culturais na década seguinte.

2.2 O FATOR POLÍTICO, MOTOR DA AÇÃO

a) O peso dos prefeitos

A identidade e os métodos daqueles que governam localmente esse campo de intervenção não deixam de incidir no decurso das coisas. No alvorecer das políticas culturais municipais, nessa década que vê despontar, ainda que de maneira desordenada, um imperativo cultural, os prefeitos das metrópoles regionais tomaram consciência de sua missão nesse campo e manifestaram um voluntarismo deliberado. Mas até que ponto eles se envolveram pessoalmente na gestão cultural de sua cidade? Eles, pelo contrário, delegaram seu poder, em outras palavras, que tipo de governo eles exerceram?

Três eleitos municipais se destacam nesse período que vai do pós-guerra até 1968 pelo alcance nacional e pela longevidade política. São Jacques Chaban-Delmas (prefeito de Bordeaux de 1947 a 1995), Gaston Defferre (prefeito de Marselha de 1944 a 1945, depois de 1953 a 1986) e Pierre Pflimlin (prefeito de Estrasburgo de 1959 a 1983). Todos os três têm, em paralelo, uma carreira nacional, e ocupam cargos ministeriais sob a Quarta e, depois, sob a Quinta República.[18] Sem entrar nos detalhes do percurso nacional, observa-se que, por várias vezes, eles têm assento no Palais Bourbon,[19] e Jacques Chaban-Delmas ocupa, por três vezes, a presidência da Assembleia Nacional (de 1958 a 1969, de 1978 a 1981, de 1986 a 1988). Se este desempenha as funções de primeiro-ministro na presidência de Georges Pompidou (1969-1972), Gaston Defferre tem funções importantes no momento da descolonização (*loi-cadre* Defferre em 1956) e na concretização da descentralização no primeiro septenato de François Mitterrand. Quanto a Pierre Pflimlin, além das pastas ministeriais na Quarta República, ele ocupa a presidência do conselho durante a crise de maio de 1958, é de novo ministro no gabinete de Charles de Gaulle (junho de 1958-janeiro de 1959), depois ministro encarregado da cooperação sob Georges Pompidou (abril-maio de 1972). Esse democrata--cristão também teve uma carreira política europeia, pois presidiu a assembleia consultiva do Conselho da Europa (1963-1966), bem como a Assembleia das Comunidades Europeias (1984-1987). Dois deles tentaram alcançar a suprema magistratura, sem conseguir: Gaston Defferre, depois de um esboço de candidatura em 1965, alcança um resultado muito ruim em 1969, e Jacques Chaban-Delmas não chega ao segundo turno em maio de 1974.

A dimensão nacional, e até internacional, faz deles homens influentes. Seus contatos com os meios parisienses, inclusive os culturais, podem ser úteis para as cidades das quais estão encarregados. O interesse pela cultura pode ser medido, de início, através de seus escritos, especialmente suas memórias. É óbvio que convém considerá-las com todo o recuo que esse gênero literário impõe e contextualizá-las, levando em consideração a época em que foram redigidas. Assim, nos anos 1990, aparecem *Mémoires d'un européen de la IVe à la Ve République*, de Pierre Pflimlin,[20] e *Mémoires pour demain*, de Jacques Chaban-Delmas,[21] em que ambos dedicam trechos para a cultura e as realizações feitas em suas cidades. Seria de surpreender se eles não o tivessem feito numa época em que a política cultural adquiriu sua íntegra legitimidade. No texto do eleito bordalês, essas linhas estão situadas no final da obra, na parte dedicada à política municipal, o restante das memórias é atribuído à carreira nacional. O eleito

---

[18] Aqui são considerados apenas os eleitos dos anos 1960 com mandatos de longa duração. Deve-se lembrar também que o prefeito de Lille, Augustin Laurent (no cargo de 1955 a 1973), também foi ministro durante a Quarta República e deputado do Norte.

[19] Assembleia Nacional. (N.T.)

[20] Pierre Pflimlin, *Mémoires d'un européen de la IVe à la Ve République* (Paris: Fayard, 1991).

[21] Jacques Chaban-Delmas, *Mémoires pour demain* (Paris: Flammarion, 1997).

de Estrasburgo insere a cidade na parte central de seu livro, esse assunto estando emoldurado pela carreira nacional no capítulo 1, e pelo percurso europeu, no capítulo 3. O lugar atribuído à cultura por Pierre Pflimlin no capítulo 2 é considerável: seis parágrafos a mencionam explicitamente: "Visita a Jean Arp", "Visita a André Malraux", "Estrasburgo, cidade da cultura", "A vida musical"... enquanto a restauração dos monumentos históricos fica dispersa em outros parágrafos. Certamente, à primeira vista, a data da publicação poderia nos levar a pensar que se trata de um efeito conjuntural, mas a abundância fala por si mesma, assim como a escolha dos temas tratados. O prefeito admira os artistas, vai ao encontro deles, informa-se, decide. A respeito da Antiga Alfândega devastada pelo bombardeios, ele afirma: "eu escolho a reconstrução tal como era",[22] enquanto alguns eram partidários de uma destruição completa em prol de um estacionamento. Quanto à restauração da catedral, ele decide, em 1962, procurar apoio financeiro do ministério. Ele relata sua entrevista com André Malraux, que o recebe como um ministro inteiramente disposto a auxiliar Estrasburgo. Em compensação, Pierre Pflimlin acha importante que a cidade participe financeiramente das obras da catedral, propriedade do Estado: "Mas me pareceu justo que a cidade assuma uma parte da carga. Combinei, então, com Malraux, que o Estado ficaria encarregado de dois terços das despesas, a cidade de um terço".[23]

Em outro lugar, ele conta como ficou sabendo pela imprensa que o quadro *A bela estrasburguense* de Nicolas de Largillière tinha ido para leilão na Sotheby de Londres, em 1963, e como enviou o curador de Estrasburgo, Hans Haug, com a missão de comprá-lo. Quanto à compra de obras contemporâneas, ele admite, entretanto, não ser muito sensível às novas formas de arte, mas afirma que fez tudo para convencer — com pouco sucesso — os curadores dos museus de Estrasburgo para que comprassem obras de artistas plásticos vivos ainda pouco conhecidos: "Tenho de reconhecer que eu mesmo era alérgico a certas formas de arte contemporânea, mas achava que essa arte devia estar presente na cidade e em nossos museus".[24]

É realmente como um prefeito "esclarecido", preocupado com as artes passadas e as vivas, com o patrimônio local, que ele surge nesses escritos autobiográficos. O mesmo acontece com um livro de entrevistas publicado em 1989:

[22] Pierre Pflimlin, op. cit.
[23] Ibid., p. 275.
[24] Ibid., p. 283.

> Minha orientação é a seguinte: é preciso sempre, em todas as épocas, estar aberto em relação a novas formas de expressão, mesmo correndo o risco de errar. Correndo o risco de se enganar. O pior de tudo é um certo conservadorismo, que consiste em rejeitar qualquer evolução nas formas de expressão artística, quer se trate de pintura, de escultura, de música [...] E eu sempre achei que era preciso oferecer aos moradores de Estrasburgo uma variedade de contatos com todas as formas de expressão contemporâneas, mesmo expondo-me a críticas ou rejeições.[25]

A demonstração é menos longa e menos precisa para o primeiro mandatário de Bordeaux. Ele não se dá ao trabalho, como seu homólogo estrasburguense, de descrever a história cultural da cidade bordalesa, mas, mesmo assim, evoca, em grandes traços, *os três Ms* (Montaigne, Montesquieu e Mauriac). É ao primeiro que ele dedica uma obra, em 1992, pois, é verdade, o próprio autor dos *Ensaios* foi prefeito de Bordeaux. Em comparação com o prefeito de Estrasburgo, constata-se menos paixão pelas coisas da arte nos escritos de Jacques Chaban-Delmas, que, entretanto, trouxe para sua cidade um interesse precoce pelas manifestações artísticas. Embora exista um mesmo liberalismo em relação à arte viva, Jacques Chaban-Delmas manifesta uma inclinação mais acentuada pela modernidade e por tudo o que provoca agitação.

O interesse pela excelência fica manifesto na escolha de um festival como o Maio Musical. Também nisso ele decide pessoalmente, delega sua confiança a operadores culturais como Georges Delors, que organiza o festival todos os anos, ou Gilberte Martin-Méry, encarregada da exposição de pintura internacional do Maio a partir de 1951. Quanto à modernidade, desde o Sigma de 1965 que ela é descoberta, bem antes de maio de 1968 e do discurso inspirado feito por Simon Nora, em 16 de setembro de 1969, mais conhecido por discurso da Nova Sociedade. A abordagem de Jacques Chaban-Delmas não é desmentida ao longo de toda a sua administração municipal, a aposta nas escolhas de vanguarda coloca a cultura a serviço de uma imagem nacional que se quer modernista, mesmo algumas vezes indo na contracorrente do conservadorismo de certas elites. O prefeito reage quando é necessário, assumindo a defesa dos excessos do Sigma perante o conselho municipal. Um mesmo voluntarismo tolerante prevalece em meados da década seguinte, quando ele apoia as primeiras exposições de arte contemporânea e, em 1984, a execução do CAPC-Museu de Arte Contemporânea. O liberalismo cultural de Jacques Chaban-Delmas

---

[25] Jean-Louis English e Daniel Riot, *Entretiens avec Pierre Pflimlin* (Estrasburgo: La Nuée Bleue, 1989).

assemelha-se à ideologia difusa da Nova Sociedade, tal como ele a enunciou *a posteriori* em suas memórias:

> O que era a Nova Sociedade? Um projeto fundado na convicção de que o homem, se quiser conservar intactos seus valores, deve ser capaz de mudanças permanentes [...] O mundo anda depressa [...] Precisamos estar à altura de dominar essas mutações se não quisermos nos tornar vítimas delas, tal como um cavaleiro no lombo de um cavalo em disparada [...] Vivemos apenas para nos suplantar. A Nova Sociedade, a princípio, era isto: um convite fervoroso, dirigido aos franceses, para que eles fossem mais além, ficando entendido que cada um deveria tomar e receber sua justa parcela do progresso econômico, cultural e social.[26]

O liberalismo cultural se alimenta sem dó dessa crença no progresso no âmago dos "Trinta Gloriosos" e favorece as vanguardas culturais, símbolos de modernidade.

O acesso direto dos empreendedores culturais ao prefeito para lhe propor seus projetos, a decisão pessoal do primeiro mandatário que vem a seguir, a confiança depositada nesses operadores, fazem pensar que esse modo de funcionamento — liberal, é certo — facilmente se assemelha ao modo de governar de um príncipe mecenas. Bordeaux, com Jacques Chaban-Delmas, apresenta a experiência mais bem-sucedida.

Mas o que querem esses prefeitos e quais são suas ambições nos anos 1960? Eles comungam, sem exceção, com o discurso de igual acesso de todos à cultura e o da defesa de sua cidade. Um grande prefeito não é, como descreveu Maurice Aguhlon, "aquele que se identifica com sua cidade a ponto de ser 'desenraizável'?".[27] Os dois temas estão muito presentes nos escritos autobiográficos dos dois eleitos, de Bordeaux e de Estrasburgo, mas também nos dos socialistas Augustin Laurent, em Lille, e Gaston Defferre, em Marselha, ou do centrista de Lyon, Louis Pradel. Este impõe um sistema de arregimentação que pretende ser apolítico, mas cada vez mais pende, ao sabor das eleições, para a direita.[28] Ele toma como seu o discurso obrigatório sobre a democratização cultural e, como os outros eleitos, se coloca a serviço dos interesses de sua cidade. Todos são defensores de sua "pequena pátria", para a qual eles esperam, conforme o caso, o "despertar" (Bordeaux, Toulouse) e o desenvolvimento (Marselha, Lille, Lyon), ou já visam ambições europeias (Estrasburgo). Às vezes isso provoca tomadas de posição contra

[26] Jacques Chaban-Delmas, op. cit., pp. 432-3.
[27] Maurice Aguhlon, *La Ville de l'âge industriel. Le cycle haussmannien (1840-1940)*, *Histoire de la France urbaine*, v. 4 (sob a direção de Georges Duby. Paris: Seuil, Paris, 1983), p. 606.
[28] Sylvie Biarez, *Le Pouvoir local* (Paris: Economica, 1989).

o Estado central ou, mais geralmente, contra "Paris". É certo que os eleitos de envergadura nacional obtêm legitimidade junto a seus administrados, enquanto intercessores, junto ao poder central. Localmente, eles se adaptam a aglomerações cujo território não para de aumentar. Os grandes conjuntos se multiplicaram na aglomeração lionesa, em Rillieux, em Minguettes, em Vaulx-en-Velin; o mesmo acontece com as outras cinco cidades. A resposta do Estado consiste em promover a formação de comunidades urbanas, mais ou menos impostas pela lei de dezembro de 1966. As reações não são entusiásticas. A lei, aliás, é "aplicada de maneira autoritária na aglomeração de Lille".[29] Em Estrasburgo, "o prefeito sempre disse que jamais solicitou a criação da comunidade urbana".[30] Gaston Defferre a rejeita pura e simplesmente. Nas comunidades urbanas criadas, os prefeitos das comunas-sede, em prazos mais ou menos longos, se ocupam em controlar o novo nível das comunidades promovido pelo Estado. Assim, em Lyon, desde o começo, o prefeito da comuna-sede ocupa da presidência desta. Essas comunidades urbanas, sem competência em matéria cultural, na maioria das vezes reforçam o peso do primeiro mandatário da comuna central.

b) O papel dos assessores

Pierre Pflimlin, ao contrário de Jacques Chaban-Delmas, muitas vezes vem acompanhado em seus empreendimentos. É, por exemplo, "com alguns colegas", que ele visita Jean Arp e Le Corbusier. O *fait du prince* é um modo de gerenciar a cultura mais característico de Bordeaux que de Estrasburgo. Os assessores culturais não têm um papel importante em Bordeaux, o que contrasta, no tempo, com os mandatos bordaleses de Adrien Marquet (1925-1944) e, no espaço, com Lille, Estrasburgo ou Toulouse.

Em Estrasburgo, os assessores são Robert Heitz e Germain Muller (homem de teatro que funda o cabaré satírico Le Barabli, onde ele defende, logo no pós-guerra, a cultura alsaciana). Esses dois assessores assumem o cargo ao lado de Pierre Pflimlin em 1959. Aquele recebe as belas-artes e este, o teatro e a animação musical. Entretanto ambos recusam-se a assumir o setor sociocultural nascente,[31] que será confiado a Marcel Rudloff em 1965. Data desse período a criação de uma divisão de assuntos culturais e a separação

[29] Ibid.
[30] Jean-Yves Mariotte, "Un Maire bâtisseur et visionnaire", *Strasbourg Magazine*, jul.-ago. 2000.
[31] Uma MJC — Maison des Jeunes et de la Culture [Casa de Jovens e de Cultura] é aberta em 1965.

entre cultural e sociocultural.[32] Em Lille, Jean Lévy, a partir de 1965, impõe sua marca por longos anos, sob a administração socialista de Augustin Laurent. Em Toulouse, é ao doutor Marcel Bouvier que são delegadas as belas-artes a partir de 1954. Aliás, ele também é presidente da Reunião dos Teatros Líricos Municipais da França (RTLMF) e, assim, ocupa-se especialmente da vida musical de Toulouse, empreendendo uma verdadeira campanha pela revalorização da arte lírica.[33] Em Lyon, o assessor para belas-artes de Édouard Herriot se chama Louis Pradel, seu sucessor na prefeitura. Mas é ao primeiro mandatário da cidade, e não a seu assessor, que vêm consultar os agentes culturais com falta de subvenções, como o jovem Roger Planchon em 1956.[34] Com Louis Pradel na cadeira de primeiro mandatário lionês a partir de 1957, as coisas mudam. Entra em cena, de modo duradouro, Robert Proton de la Chapelle, que será assessor de belas-artes de 1965 a 1979. Autor de inúmeras óperas que ele assina com o pseudônimo de Robert de Fragny, ele também é amigo de Marcel Landowski.[35] Seus gostos parecem clássicos, e às vezes ele irá se mostrar refratário à inovação.[36] Uma Comissão Geral de Assuntos Culturais, comissão extramunicipal, aparece em 1966. Ela é o indício de que a cultura começa a se tornar, aos olhos dos eleitos, uma aposta política. É verdade que, durante a campanha das eleições municipais de 1965, o Partido Comunista Francês fez da implantação de uma casa de cultura em Lyon um de seus temas principais. Como reação, a comissão visa arregimentar os profissionais da cultura e as organizações que os sustentam. No ano seguinte, Louis Pradel declara no jornal *Le Progrès*:

> Para definir os dados do equipamento cultural, para instituir uma verdadeira política cultural na escala da cidade e, mais ainda, na escala da aglomeração, deve-se estabelecer um diálogo na base. Na minha opinião, a composição deve ser bem ampla: 120 membros, talvez mais se for preciso, a fim de que a representação dos lioneses interessados nesses problemas seja a maior possível.[37]

---

[32] Jean-Marc Bonino, *La Politique culturelle de la ville de Strasbourg* (Dissertação de mestrado em Administração das Coletividades Locais. Estrasburgo: IEP de Estrasburgo, 1980-1981).

[33] Auguste Rivière e Alain Jouffray, *Le Théâtre du Capitole* (Toulouse: Privat, 1978).

[34] Michel Bataillon, *Un Défi en province. Planchon. Chronique d'une aventure théâtrale, 1957-1972* (Paris: Marval, 2001).

[35] Noël Mongereau, (org.), *Lyon du XXᵉ au XXIᵉ siècle* (Lyon: Académie des Sciences, Belles-Lettres et Arts de Lyon/ Éditions Lyonnaises d'Art et d'Histoire, 2000), p. 251.

[36] Christophe Dubois, "La Bataille du Huitième. Les réseaux culturels et la création du Théâtre du Huitième arrondissement à Lyon (1959-1972)". In: Vincent Dubois e Philippe Poirrier (orgs.), *Politiques et enjeux culturels. Les clochers d'une querelle XIXᵉ-XXᵉ siècles* (Paris: Comité d'Histoire/ Ministère de la Cuture/ La Documentation Française, 1998), pp. 281-98.

[37] *Le Progrès*, 19 ago. 1966.

Christophe Dubois, em seu estudo sobre o Théâtre du Huitième em Lyon, interpreta essa iniciativa não como uma proposta de participação democrática na vida cultural da cidade, mas, antes, como um meio de controlar a oposição.[38] A associação Travail et Culture [Trabalho e Cultura] é particularmente muito influente em Lyon, onde ela desempenhou um dos papéis principais ao dar impulso ao Théâtre de la Cité e onde ela não deixa de denunciar a falta de uma verdadeira política cultural. "Ao institucionalizar o diálogo, Louis Pradel desarma as tentativas de estruturação de uma oposição."[39]

A comissão também serve como foro para legitimar certas decisões municipais. É nesse contexto que Louis Pradel anuncia a colocação de Marcel Maréchal na direção do Théâtre du Huitième. Em compensação, a politização do jogo cultural, já manifesto em Lyon, demora para ficar aparente em Marselha. A lentidão da tomada de consciência municipal, entretanto, não impede que exista um assessor para belas-artes "esclarecido", o advogado Jean Goudareau, que pertence à velha burguesia local.[40] Ele manifesta seu apreço pelo patrimônio da cidade a ponto de se opor a Gaston Defferre em relação a obras executadas no sensível setor da Bolsa, onde vestígios gregos são postos em perigo. O prefeito, de fato, não vê por que as obras deveriam ser interrompidas: "Não é porque foi achada meia dúzia de pedras que se precisa interromper uma grande obra".[41]

O modelo do assessor esclarecido, saído da Ordem dos Advogados ou do mundo das artes e das letras, é representado em toda parte, exceto em Bordeaux, onde, contudo, ele existia antes da Segunda Guerra Mundial, na administração Marquet.[42] Pode parecer, portanto, que a administração Chaban-Delmas é um caso à parte.

c) Para uma estruturação institucional das políticas culturais municipais: efeito do ministério?

O funcionamento político difere de uma cidade para outra, com um primeiro mandatário eleito que se envolve mais ou menos pessoalmente,

---

[38] Christophe Dubois, op. cit.

[39] Ibid., p. 287.

[40] Roger Colombani e Charles-Émile Loo, *"C'était Marseille d'abord". Les années Defferre* (Paris: Robert Laffont, 1992), p. 203. Aquele é jornalista, este foi próximo de Gaston Defferre.

[41] Declaração de Gaston Defferre na Assembleia Nacional, 22 jun. 1967. *Diário Oficial*, Debates parlamentares, Assembleia Nacional, 2.

[42] Françoise Taliano-des Garets, "La Musique, enjeu politique dans Bordeaux ocupé". In: Myriam Chimènes (org.), *La Vie musicale sous Vichy* (Bruxelas: Complexe/ IHTP CNRS, 2001).

e com assessores que têm um papel ativo ou apagado. A administração cultural em si parece mais avançada ao norte do Loire do que ao sul. Assim, Lille e Estrasburgo têm, desde o pós-guerra, comissões especializadas (teatro, museus) que ganham peso no decorrer dos anos. Ao contrário, elas faltam em Bordeaux. Em 1965, Lille é dotada de uma Comissão de Belas-Artes e de Assuntos Culturais, presidida pelo assessor para a cultura Jean Lévy.[43] Isso coincide, em Estrasburgo, com o momento em que o setor cultural se distingue do sociocultural. Da mesma forma, deve-se notar que o termo "assuntos culturais" faz sua aparição em Lille depois de 1959, na titulação dos assessores.[44] É em 1966 que Louis Pradel cria sua Comissão Geral de Assuntos Culturais. A estruturação do espaço político especializado em cultura, portanto, acentua-se no começo dos anos 1960. Sob esse aspecto, a criação do Ministério da Cultura em 1959 não parece ser mera coincidência. A legitimação política nacional da intervenção pública nesse setor pela instalação de um ministério apropriado repercutiu no plano local. A política municipal torna-se mais legítima e sua organização é reforçada. Mas existem grandes disparidades entre as cidades, que se apresentam como um mosaico de casos, com ritmos de evolução desiguais, em função de homens (Chaban), de tradições administrativas locais (Lille), de interesse mais ou menos precoce pela cultura (atraso marselhês).[45] Se existe, sem dúvida, um "efeito ministério" nos organogramas político-administrativos das cidades em gestação, o que acontece com as relações cidades/Estado?

2.3 VOLUNTARISMO E TUTELA (?) DO ESTADO

Dentre as forças que operam nessa marcha em direção às políticas culturais, a parcela do poder local não é aquela que, tradicionalmente, atrai os refletores, e uma visão jacobina das coisas levaria, antes, a concluir que o que aconteceu localmente é a consequência direta das mudanças ocorridas no centro. Isso seria muito simples, até mesmo simplista, pois, embora o Estado tenha provado ser de um voluntarismo determinado, ele também enfrentou resistências e não conseguiu impor sistematicamente suas escolhas. Três setores-chave da intervenção estatal podem ajudar a

---

[43] Assia Bouchebita, *La Politique culturelle de la ville de Lille de 1970 à nos jours* (dissertação de mestrado em História Contemporânea. Lille: Universidade Charles de Gaulle Lille III, 1992).

[44] Lista dos assessores fornecida pelos arquivos municipais de Lille.

[45] Roger Colombani e Charles-Émile Loo, op. cit.

compreender a natureza das relações cidades/Estado: o teatro e as casas de cultura, o teatro lírico, o patrimônio.

a) Teatro e casas de cultura

Desde a criação do Ministério de Assuntos Culturais, André Malraux dá prioridade ao teatro, setor que dispõe da herança deixada por Jeanne Laurent. Enquanto a escassez de recursos impede qualquer dispersão supérflua, "a questão do teatro se impõe como a mais urgente"[46] para aquele cuja ambição é fazer desaparecer, em dez anos, a "horrível palavra província".[47] A descentralização teatral é, então, objeto de todas as atenções. Os créditos são multiplicados por três em dois anos, passando de 1 milhão de francos, em 1959, para 3 milhões, em 1961. O IV Plano prevê a criação de cerca de vinte casas de cultura, entregues por razões práticas e orçamentárias pela Direção do Teatro, da Música e da Ação Cultural (DTMAC) a animadores da descentralização teatral. Embora também as seis cidades tenham pretendido implantar uma casa de cultura, nenhuma delas verá realizações desse tipo, e as medidas tomadas não terão futuro.

A questão das casas de cultura, efetivamente, foi considerada pelos poderes públicos para cinco das seis cidades. Negociações preliminares foram feitas pela DTMAC com a administração municipal de Estrasburgo, Lyon e os animadores teatrais afetados, isto é, Hubert Gignoux e Roger Planchon. Nos dois casos, foram os animadores que declinaram da oferta para conservar a autonomia e a especificidade artística (Gignoux) e/ou porque a administração não se envolvia bastante (Planchon, em Lyon). Em compensação, parece que as cidades ficaram hesitantes, se não reticentes, em Bordeaux, Marselha e Toulouse. Na capital girondina isso talvez se explique pela desconfiança política em face de estruturas sinônimas naqueles anos de subversão ideológica. "As casas de cultura sempre cheiraram mal."[48]

Em Toulouse, parece que a administração do socialista Louis Bazerque opôs-se à DTMAC. Uma nota de Guy Brajot ao ministro, em 1972, revela que a municipalidade ergueu um centro cultural e "que, não concordando com a política das casas de cultura de André Malraux, ela a transformou em uma

---

[46] Debate orçamentário de 1960 na Assembleia Nacional apud Guy Brajot, "Les Premières années des maisons de culture". In: Augustin Girard e Geneviève Gentil (orgs.), *Les Affaires culturelles au temps d'André Malraux, 1959-1969* (Paris: Comité d'Histoire/ Ministère de la Culture/ La Documentation Française, 1996), p. 66.

[47] Discurso inaugural da Casa de Cultura de Amiens, 19 mar. 1966.

[48] Jean-Jacques Queyranne. In: Augustin Girard e Geneviève Gentil (orgs.), op. cit., p. 80.

máquina de guerra contra o ministério".[49] Portanto a cidade rosa resistiu ao poder gaullista nessa questão das casas de cultura. Quanto a Marselha, na oposição à maioria governamental, também ela as rejeita através de Gaston Defferre, o que é relatado na obra de Roger Colombani e Charles-Émile Loo:

> O novo ministro (André Malraux) queria implantar uma casa de cultura em Marselha, como em Grenoble e em Bourges. Ele tinha até mesmo previsto sua instalação na segunda etapa de construções da Bolsa. Ele não esperava a recusa decidida de Defferre, que não queria ouvir falar dessas "catedrais nascidas de visões utópicas".
>
> Ele pressentia o fracasso "dessas grandes máquinas", preferindo, dizia ele, o arranjo de pequenas estruturas onde a população das áreas desfavorecidas poderia reunir-se e assistir aos espetáculos. Mais adiante, quando a cidade tiver meios, prometia Defferre, seria construído um verdadeiro teatro de acordo com o tamanho de Marselha.[50]

A filiação política junto com o realismo na gestão do prefeito explicaria, portanto, o fracasso de uma casa de cultura em Marselha. Uma fonte ministerial confirma e especifica essas informações. Fica-se sabendo que o diretor teatral Antoine Bourseiller, tendo transitado pelo Centro Dramático do Leste, instalou-se em Marselha no Théâtre du Gymnase a partir de 1969, e que ele "veio para Marselha encarregado da missão de prefigurar a casa de cultura. Esse projeto de uma grande casa de cultura foi abandonado e substituído pelo de uma casa 'explodida', isto é, pelo projeto de implantar centros culturais nos bairros". O autor da nota se pergunta: "Mas explodir como, em quantos pedaços? Em quais bairros? Conforme qual processo?".[51]

A cidade então continua sendo a dona da bola e, à falta de meios e de argumentos suficientes, o ministério não atinge seus objetivos. Também se percebe que o prefeito preza sua liberdade de movimentos e, como escreve Philippe Poirrier, as comunas continuam apegadas a sua independência: "Equipamentos que permitem a concretização da filosofia estética de Malraux, a serviço de uma concepção jacobina do serviço público, as casas de cultura deixam pouco lugar para a legitimidade dos prefeitos em matéria de política cultural".[52]

Com o passo atrás e graças ao exemplo bordalês, onde um prefeito gaullista não construiu a casa de cultura, a variável política não é, sem dúvida, a única explicação a ser considerada para compreender a total

---

[49] Nota de Guy Brajot para o ministro, 17 maio 1972, ANF 910 242/49.
[50] Roger Colombani e Charles-Émile Loo, op. cit., p. 205.
[51] Nota de 19 out. 1971, ANF 910 242/41.
[52] Philippe Poirrier, *L'État et la culture en France au XXᵉ siècle* (Paris: Le Livre de Poche, 2000), p. 102.

ausência de casas de cultura nas metrópoles regionais em questão. A diversidade inicial dos equipamentos existentes nas grandes cidades também não foi útil para o projeto. As casas de cultura, de fato, foram implantadas nas cidades médias, geralmente menos ricas em equipamentos culturais, na época. Com efeito, essas estruturas polivalentes justificavam-se mais nas cidades a serem reconstruídas, como Caen, Le Havre, ou menos bem dotadas, como Amiens ou Bourges. Resistência e realismo locais, portanto, rejeitaram projetos estatais que dispunham, é verdade, de poucos recursos.

Em matéria de descentralização teatral, o relacionamento cidades/Estado continuou existindo, mas o compromisso financeiro por parte do Estado, bem como por parte das cidades de Lille, Marselha e Toulouse, permaneceu parcimonioso. São tantas as dificuldades em Marselha que o TQM fecha as portas por falta de um acordo construtivo entre os parceiros públicos. Nenhuma das duas partes parece ter dado provas de vontade suficientes. Em Lille, quando André Reybaz é nomeado diretor do novo Centro Dramático Nacional do Nord-Pas-de-Calais em Tourcoing, em 1960, a cidade assume a defesa da trupe de descentralização, o TPF de Cyril Robichez. Augustin Laurent, na qualidade de prefeito de Lille e presidente do Conselho Geral do Norte, endereça ao ministro André Malraux um protesto contra essa concorrência desleal.[53] O Grenier de Toulouse e o Théâtre du Cothurne/Théâtre du Huitième de Marcel Maréchal em Lyon têm em comum o fato de ter utilizado o Estado como recurso ante a administrações municipais pouco dispostas. Assim, o título de trupe permanente de descentralização teatral, atribuído à companhia de Marcel Maréchal em 1º de janeiro de 1966 pelo Ministério de Assuntos Vulturais, a legitima e a protege. Ela é, então, alvo das críticas de uma parcela da imprensa local e dos meios conservadores, preocupados, sobretudo, com a programação mais clássica do Teatro Célestins. Mas, acima de tudo, esse título obriga a cidade a renunciar a seu projeto de administração direta, que teria colocado Marcel Maréchal sob a tutela da municipalidade na condição de funcionário municipal. Com o ministério não podendo subvencionar um funcionário municipal, o regime de concessão se impõe *de facto*. O inspetor geral dos serviços administrativos, Guy Brajot, registra, em 9 de agosto de 1968, um primeiro relatório sobre a conveniência de transferir a trupe do Cothurne da rua Marronniers para o Théâtre du Huitième, em uma região popular da aglomeração lionesa. Três razões justificam essa transferência: a importância da cidade de Lyon, o fracasso da implantação de uma casa de

---

[53] Cyril Robichez, *La Raison de ma folie, la saga du TPF* (Paris: Plon, 1990).

cultura e a personalidade de Maréchal. Esse teatro, construído por iniciativa da cidade, vê que lhe é reconhecida "uma vocação teatral, de encontros, de ação cultural para os assalariados e a juventude".[54] Em maio de 1972, ele recebe o título de centro dramático nacional. O Estado, aqui, é garantia de independência artística em face do conservadorismo municipal. Em Toulouse, conforme verificamos, é ele que protege o Grenier por ocasião do relacionamento difícil com a prefeitura durante os anos 1968 e 1969.

Enfim, em Estrasburgo, o Estado é a força motriz, pois "esse centro constitui uma das principais operações do ministério", de acordo com as palavras do Diretor do Teatro, da Música e da Ação Cultural, Émile Biasini.[55] Ora, o financiamento das municipalidades membros da associação intercomunal não é suficiente. As comunas, na impossibilidade de aumentar sua subvenção a partir de 1966, se desligam, e o Estado propõe a transformação do CDE (dissolvido em janeiro de 1969) em teatro nacional. Estrasburgo, afinal, sai disso ganhando, pois o TNS, primeiro teatro nacional no interior, fica em seu território. A cidade tira disso todo o prestígio, enquanto as obrigações orçamentárias, a partir de então, cabem apenas ao Estado. É verdade que Hubert Gignoux se queixa da lenta progressão orçamentária do TNS e deixa sua direção em 1970. A partir de 1972, um decreto oficializa a transformação do TNS em estabelecimento público de caráter industrial e comercial, e o aumento da subvenção virá a seguir.[56] É o primeiro teatro nacional surgido no interior, e mais uma vez a história estrasburguense é a exceção.

Se o voluntarismo do Estado não foi desmentido em Estrasburgo, se o ministério mantém vigilância em Lyon e Toulouse, em outras partes sua intervenção não se compara. Os números revelam essa política desigual de apoio (Tabela 3).

Quanto à questão das casas de cultura e do teatro, é possível concluir que existe um voluntarismo do Estado que prolonga a ação empreendida sob a Quarta República por Jeanne Laurent, enquanto as metrópoles inovam pouco. Ali, as casas de cultura são uma tentativa abortada. O Estado, entretanto, continua sendo um recurso para alguns agentes culturais, vítimas de um poder municipal reticente. Por outro lado, pode-se adivinhar a resistência política à gestão de André Malraux, particularmente quando os prefeitos são oriundos da oposição. Da mesma forma, as cidades, seja

---

[54] Relatório de inspeção, maio 1970, ANF 910 242/40.

[55] Dossiê Estrasburgo, CDE, ANF 910 241/24.

[56] Pascale Goetschel, *Renouveau et décentralisation du théâtre, 1945-1981* (Paris: Presses Universitaires de France, 2004), pp. 47-52.

qual for sua etiqueta política, frequentemente expressam seu espírito de independência, apegadas que estão a sua autonomia.

	1964	1968
Centro Dramático do Leste	850 mil	1.845.000
Grenier de Toulouse	450 mil	1.160.000
Centro Dramático do Norte	350 mil	635 mil
Théâtre du Cothurne	*	340 mil
Théâtre Quotidien de Marseille	150 mil	175 mil
Théâtre Poulaire des Flandres	80 mil	175 mil

Tabela 3: Subvenções do Estado ao CDN.[57]

b) Estado provedor, Estado tutelar

A trabalhosa descentralização lírica

Os equipamentos culturais mais antigos, que são os teatros de ópera, são também os que custam mais. Apesar dos esforços feitos para limitar seu peso, o Teatro de Bordeaux, por exemplo, tem um grande ônus no orçamento cultural municipal: 94,8% em 1945; 80,7% em 1950; 42% em 1960; 34,6% em 1970. Por outro lado, a arte lírica conhece uma baixa preocupante de audiência. A taxa de ocupação dos teatros está em baixa, são raros os teatros que podem pretender uma taxa de ocupação de sua sala em 70%. Em Marselha, registra-se uma taxa de 39% em 1963 e 1964.[58]

Em Lyon, o jornal Le Progrès se pergunta: "A arte lírica está em decadência?". Édouard Herriot, seguido por seu conselho municipal, dá sua opinião sobre a questão, preconizando, para reativar as entradas, a difusão de operetas como grande espetáculo.[59] A receita não é nova, ela se tornou até usual ao longo de todo o século nos teatros de ópera da província. O inspetor geral da Música, Robert Siohan, em um relatório de 1964 sobre o teatro lírico em Lille, constata que a cidade dedica 1,8 milhão

---

[57] A dotação ao Théâtre du Cothurne não é mencionada nesse documento do ministério, ANF 910 242/7.

[58] Mario d'Angelo, Socio-économie de la musique en France. Diagnostic d'un système vulnérable (Paris: La Documentation Française, 1997), p. 105.

[59] Le Progrès, 5 mar. 1952.

de francos para recuperar o teatro de operetas, Le Sébastopol, e 300 mil francos para o teatro de ópera, daí concluindo: "Assim, é principalmente o teatro de opereta que se beneficia da solicitude do conselho municipal. A preocupação com grandes receitas parece estar mais na base dessa política do que nas considerações de ordem cultural".[60]

O Estado, portanto, leva em consideração o futuro dos teatros líricos do interior e se preocupa com a qualidade de sua programação. A ambição de descentralização artística, já encontrada na descentralização teatral, também dá lugar, sob a Quarta República, a uma política a favor dos teatros líricos do interior. O decreto de descentralização de 3 de março de 1947 fixa suas regras. As cidades de Bordeaux, Lille, Lyon, Marselha, Nantes e Toulouse são afetadas. As especificações impostas pela Secretaria de Estado são muito estritas. O diretor é escolhido pela municipalidade de uma lista proposta pelo ministério; este determina a quantidade e a remuneração do pessoal; e a cidade é obrigada, todo ano, a submeter o orçamento de seu teatro ao ministério. O Estado, portanto, se reserva o direito de controlar a gestão: "O ministro das Finanças pode, a qualquer momento, delegar a um de seus representantes a função de examinar no local a contabilidade".[61] Além disso, exige-se uma escola de canto para crianças, uma escola de dança, uma escola de corais, um programa comportando uma obra francesa não representada na França e a criação de uma obra francesa contemporânea jamais montada em território francês. Em troca disso, a cidade recebe uma subvenção anual de, no mínimo, 12 milhões de francos. A inflação, uma política de ingressos com preços moderados e a remuneração anual da trupe cavam déficits graves e provocam tensão entre as cidades e o Estado.

"A descentralização lírica é um sistema ruim que deixa, para as municipalidades, o encargo mais pesado do déficit", pode-se ouvir no conselho municipal de Toulouse em 1952.[62] É verdade que as despesas cabem, majoritariamente, às cidades. Em 1948, os encargos da descentralização são avaliados em 449 milhões de francos, dos quais 98 milhões para o Estado e 351 milhões para as cidades afetadas.[63] Em Toulouse, chega-se mesmo a querer renunciar à gerência direta. Lille, Lyon e

---

[60] Relatório de inspeção de 15 out. 1964, ANF 890 533/2.

[61] Decreto de 3 mar. 1947.

[62] Sessão de 28 de janeiro de 1952. Ver Françoise Taliano-des Garets, "Deux Villes et leur orchestre: Bordeaux et Toulouse, deux politiques de la musique depuis 1945". In: Philippe Poirrier, Sylvie Rab, Serge Reneau e Loïc Vadelorge, *Jalons pour l'histoire des politiques culturelles locales* (Paris: Ministère de la Culture/ Comité d'Histoire/ La Documentation Française, 1995).

[63] Mario d'Angelo, op. cit., p. 104.

Nantes são as primeiras a abandonar o barco. No Parlamento, podem ser ouvidos os protestos de Bordeaux, Marselha e Toulouse.[64] A cidade rosa resolve o problema fechando as portas do Capitole para reformar a sala.

A descentralização lírica parece estar bem comprometida na virada da década, as cidades, entretanto, vão extrair a experiência da necessidade de um acordo entre elas. Daí nasce a Reunião dos Teatros Líricos Municipais da França (RTLMF). Constituída oficialmente em 1956, ela reúne onze teatros, entre eles os das seis cidades. O presidente não é outro senão Marcel Bouvier (assessor do prefeito de Toulouse), e o secretário, Auguste Rivière (administrador geral do Théâtre du Capitole desde 1947). A RTLMF estimula o diálogo e as coproduções. O Estado continua apoiando a arte lírica no interior através de subvenções para o funcionamento (2/3) e subvenções destinadas a financiar a criação de obras contemporâneas e as coproduções (1/3). Mas essas subvenções, que o diretor de Teatros, Música e Ação Cultural de André Malraux, Émile Biasini, reconhece com facilidade serem irrisórias,[65] não são as mesmas para todos os palcos. Elas variam de acordo com critérios de qualidade, a importância da contribuição das cidades, dos departamentos, a importância da trupe.[66] Em 1960, quatro teatros têm subvenções bastante próximas, dois são menos ajudados, Toulouse e Lille. A distância é considerável entre estes dois e a dotação de Estrasburgo.[67]

Estrasburgo	325 mil
Bordeaux	240 mil
Marselha	220 mil
Lyon	220 mil
Toulouse	150 mil
Lille	60 mil

Tabela 4: Subvenções do Estado aos teatros líricos, 1960 (valores em franco).[68]

---

[64] Jeanne Laurent, *La République et les Beaux-Arts* (Paris: Julliard, 1955).
[65] "Mas, embora essa parte do Estado que não podia basear-se em uma participação realmente prática, mas apenas em porcentagens teóricas, fosse irrisória, ela permitia que os assessores para belas-artes votassem orçamentos com mais facilidade, de acordo com a vida de seus teatros municipais." Émile Biasini, entrevista coletiva de 7 abr. 1964, ANF 800 368/127.
[66] Carta de Émile Biasini ao prefeito de Var, 24 jul. 1962, ANF 800 368/128.
[67] Ata de reunião da RTLMF, sessão de 11 jul. 1961.
[68] Ibid.

Essa lógica de atribuição por mérito é reforçada em 1964 por um plano do Ministério de Assuntos Culturais elaborado em conjunto com representantes das cidades e do mundo musical. Ele é comunicado à imprensa através de Émile Biasini, de Marcel Bouvier, presidente da RTLMF, do diretor de gabinete do ministro André Holleaux, em 7 de abril de 1964.[69] Émile Biasini redige a declaração sobre a circulação insuficiente de criações e coproduções. O novo plano visa colocar "os teatros em competição" para atribuir as subvenções segundo quatro critérios: criação de música contemporânea, promoção social, manutenção do repertório e descoberta de novos talentos. Um júri, "que é o resultado de negociações amigáveis entre o Estado e as cidades",[70] irá definir uma classificação que condicionará o montante do apoio. O novo sistema pretende ser mais eficaz: "O dinheiro que o Estado está pronto para atribuir deve ter um significado de eficácia e de dinamismo nas gestões".[71]

As queixas das cidades mal classificadas não demoram em se fazer ouvir, principalmente quando a imprensa é avisada antes dos interessados. A classificação para a temporada de 1965 e 1966 mostra a seguinte ordem: Estrasburgo (n. 1), Toulouse (n. 2), Lyon (n. 4), Marselha (n. 5), Bordeaux (n. 9), Lille (n. 12).[72] O diretor do teatro de ópera de Lille é, evidentemente, um dos mais descontentes, mas é verdade que os relatórios de inspeção muitas vezes não são elogiosos quanto aos serviços prestados na cidade. No total, o maná estatal, por mais módico que seja (a cidade mais beneficiada cobre, em 1964, apenas 10% de seu déficit graças a ele), condiciona as relações cidades/Estado. O Estado continua sendo o instigador, enquanto as cidades são as principais fornecedoras de recursos. É ele que está na origem das tentativas de reforma e que promove o acordo entre cidades. Estas, diante das dificuldades desse setor artístico, estão prontas para seguir as propostas de mudança, mas permanecendo atentas à defesa de seus interesses.

Festivais, a qualidade em primeiro lugar

A multiplicação de festivais e, acima de tudo, de pedidos de subvenção dirigidos ao Estado, acarretou, em 1955, a criação de uma comissão consultiva de festivais e manifestações ao ar livre.[73] Diante da impossibilidade

[69] ANF 800 368/127.
[70] Carta de Émile Biasini, op. cit.
[71] Ibid.
[72] ANF 800 368/127.
[73] Decreto de 13 abr. 1955, ANF 800 368/114.

de subvencioná-los todos, a Direção de Artes e Letras decide ir mais longe a partir de 1961, classificando os festivais. Malraux informa aos prefeitos, para que estes divulguem a informação, as exigências e os critérios de seleção da Direção:

> São considerados "festivais" por meu Departamento, apenas as manifestações organizadas com a participação de trupes ou de formações profissionais [...] Um festival não pode ser subvencionado se não tiver comprovado sua qualidade artística, se não tiver demonstrado, pela dimensão de seu público, que ele responde a uma "demanda" regional ou nacional, se, enfim, ele não tiver dado provas de sua vontade e de sua possibilidade de durar.[74]

A atribuição de subvenções depende de critérios que André Malraux especifica:

- a criação de obras dramáticas ou musicais;
- a solicitação de centros dramáticos ou de trupes permanentes;
- a difusão da manifestação em outros países, no plano nacional;
- as repercussões da manifestação na vida artística regional, com particular interesse para as regiões em geral privadas de vida teatral ou musical.

Ainda ali, o ministério fixa em um duplo objetivo a descentralização e a criação, com a busca pela qualidade como filigrana. Não se deve esquecer que o decreto de 24 de julho de 1959, no alvorecer do ministério, quer levar ao conhecimento do "maior número possível de franceses as obras capitais da humanidade". Émile Biasini, na comissão consultiva dos festivais de 15 de maio de 1963, lembra a política concretizada há dois anos para promover sua proliferação: a progressiva eliminação "dos medíocres", particularmente daqueles que, na verdade, não passam de manifestações de ordem turística ou de turnês comerciais de verão; e a concentração da ajuda do Estado em duas categorias. Por um lado, ela apoia aqueles que fizeram um esforço absoluto, centrado em um tema específico e orientado no sentido da criação e, por outro, aqueles que correspondem a um esforço de descentralização.[75] Sob esse aspecto, deve-se observar a coerência da orientação ministerial, que se situa de modo idêntico nas manifestações pontuais que são os festivais. Os festivais das metrópoles regionais correspondem todos, em diferentes graus,

---

[74] Do ministro de Estado encarregado dos Assuntos Culturais aos senhores prefeitos, 1º dez. 1961.
[75] ANF 800 368/114.

aos três primeiros critérios enunciados por André Malraux. Bordeaux, Lyon, Marselha, Estrasburgo e Toulouse com certeza preenchem as três primeiras condições. O Festival de Lille é, sem dúvida, o que melhor corresponde ao critério internacional, pois em alguns anos ele se associa à Bélgica, à Alemanha, e, mais do que os demais, assume uma missão de descentralização regional. Seu programa em 1961 estabelece uma parceria com Lille, as comunas de Béthune, de Bergues, e o Ministério de Assuntos Estrangeiros garante participar, pois uma exposição sobre "A arte contemporânea no Ruhr" é organizada no Museu de Lille. As metrópoles regionais, portanto, não são as mais mal equipadas ante os critérios ministeriais de seleção. Os anos de 1963 e 1964, entretanto, são difíceis, pois, depois da estabilização orçamentária de 1963, o diretor do Teatro, Música e Ação Cultural informa, por correspondência, aos presidentes dos festivais, que as subvenções já concedidas foram diminuídas em 12%. Os créditos de apoio aos festivais chegam até a serem suprimidos em 1964. Émile Biasini responde ao prefeito do Bas-Rhin, preocupado com o Festival de Estrasburgo, que a metrópole alsaciana será uma exceção. Ela irá se beneficiar do artigo especial "Alsácia-Lorena".[76] Uma nota sobre os "festivais a serem apoiados" em 1964 classifica também, ao lado de Estrasburgo, entre alguns sobreviventes, Bordeaux e Lyon, isto é, os de maior prestígio.[77] A ajuda do Estado para os festivais, como para a arte lírica, vai para as estruturas que já têm o melhor desempenho.

c) Setores protegidos e escavações, a tomada de consciência

A conservação do patrimônio abarca a parcela maior do orçamento ministerial. Durante o período Malraux, ela chega, em 1962, a mais de 55% do orçamento. Em 1960, o setor do patrimônio concentra 37,59% das despesas e, em 1970, 32,38%. Também é no ministério Malraux que é fundado, em março de 1964, o Inventário Geral, sob a égide do historiador de arte André Chastel. Esse empreendimento de fôlego deslancha nas regiões, e a Alsácia e a Bretanha serão as pioneiras. Quanto à arqueologia, ela é dotada de uma agência de escavações e antiguidades e de um conselho superior da pesquisa arqueológica. Suas realizações, porém, serão modestas.

Proprietárias de inúmeras edificações, as cidades são diretamente afetadas pela proteção ao patrimônio. Além disso, a legislação em vigor as obriga a não destruir, modificar, deslocar um imóvel ou um objeto

[76] Carta de Émile Biasini de 20 nov. 1963, ANF 800 368/113.
[77] ANF 800 368/114.

classificado, sem a concordância do ministério, conforme a lei de 31 de dezembro de 1913 sobre a proteção dos monumentos e a de 1930 sobre a classificação dos locais. O Estado, em troca, pode conceder deduções fiscais e participar das obras de restauração. Fora isso, muitas vezes ele mesmo é proprietário de alguns monumentos, como a catedral de Estrasburgo.[78] Esta, na segunda lei do programa sobre os monumentos históricos de 1967, faz parte da centena de monumentos a serem restaurados, no mesmo nível de Notre-Dame de Paris e da abadia de Fontevraud. O período Malraux também cria um novo dispositivo legislativo com os setores protegidos. De fato, a lei de 4 de agosto de 1962 permite erigir em setores protegidos "conjuntos urbanos que apresentem uma valor arquitetônico excepcional", e amplia a noção de patrimônio para conjuntos urbanos ameaçados pela renovação. A urbanização acelerada e as reviravoltas que ela implica — novas construções, permeadas de vias de transporte e de túneis, escavação de estacionamentos — fazem pesar ameaças ao patrimônio urbano. Vários agentes são parte afetada nessa época, essencialmente as comunas, as associações de defesa do patrimônio e o Estado.

Os lioneses dos anos 1960 parecem ser plenamente sensíveis às transformações de sua cidade. A revista *Résonances*, dirigida por Régis Neyret, abriu suas colunas para as tórridas questões impostas pelos projetos de destruição do Vieux Lyon (o bairro Saint-Jean em 1960), pela demolição do bairro Mercière (1965), pela destruição programada do bairro romano de Saint-Roman-en-Gal (1968) e pela construção do túnel de Fourvière um pouco mais tarde.[79]

Essa vigilância pesou muito, sem dúvida, no reconhecimento de Lyon como primeiro setor protegido da França em 1964. Este abriga um dos conjuntos renascentistas mais homogêneos da Europa, que cobre trinta hectares e abrange quinhentos imóveis. Em março de 1963, uma sociedade de economia mista, a Semirely — Société d'Économie Mixte de Réhabilitaton du Vieux Lyon [Sociedade de Economia Mista de Reabilitação da Velha Lyon], é fundada por iniciativa da cidade de Lyon e do Estado, encarregada de garantir a restauração. Como em outras grandes cidades, os cidadãos tomaram partido pela defesa de seu patrimônio. Aqui, a associação Renascimento da Velha Lyon reúne os proprietários de imóveis situados no setor protegido e pretende ser um lobby eficaz.

---

[78] Na Idade Média, a gestão do canteiro de obras da catedral foi confiada à cidade por intermédio de uma associação da reforma de Notre-Dame. Esta gerencia a partir das doações, dos legados, e dispõe de um ateliê. A cidade controla seu orçamento e nomeia os administradores.

[79] Régis Neyret, *Lyon Culture*, datiloscrito, 23 jun. 1995.

A exemplo de sua homóloga lionesa, a associação Renascimento da Lille Antiga é formada em fevereiro de 1964 com o apoio de personalidades de Lille, incluindo quatro eleitos, entre eles, o assessor para assuntos culturais Jean Levy. A administração Laurent, portanto, está particularmente atenta à salvaguarda do patrimônio. O setor protegido é reconhecido em 1965, um plano de proteção elaborado dois anos mais tarde pela equipe de Augustin Laurent recebe a concordância do Estado.

Mas esse avanço na tomada de consciência e na proteção do patrimônio também provoca desentendimentos entre o Estado e as cidades. As relações entre a municipalidade Pradel e o ministério Malraux não são das mais calorosas:

> O sr. Malraux não apenas joga mal o jogo, mas também desperdiça dinheiro. Além disso, ele tem sido muito prejudicial para os lioneses, especialmente no que se refere ao bairro Mercière. Os atrasos acarretados pelo Ministério de Assuntos Culturais, portanto, custam muito caro aos contribuintes lioneses em muitos setores, mas não quero ser maldoso, nunca é demais falar a verdade. Se os lioneses soubessem tudo, eles o receberiam a pedradas e o jogariam na água se ele viesse a Lyon.[80]

O desentendimento entre Paris e o prefeito de Marselha parece ter existido em relação à reestruturação do bairro da Bolsa. As obras, que começam nesse terreno em 1967, levam à descoberta de muralhas helenísticas e de parte do porto romano. O prefeito de Marselha não esconde seu pouco interesse pelos vestígios gregos, mas, no final, tem de ceder perante o olhar vigilante do ministério e de seu próprio assessor para a cultura. Estrasburgo apresenta, de novo, um perfil mais sereno em suas relações com o Estado, prova disso é a boa vontade já mencionada de Pierre Pflimlin:

> Como a catedral é propriedade do Estado, normalmente os encargos de manutenção e de restauração deveriam caber em sua totalidade ao Estado. Mas me pareceu justo que a cidade assuma uma parte da carga. Combinei, então, com Malraux, que o Estado iria assumir dois terços das despesas e a cidade, um terço. Eram despesas consideráveis, pois seria preciso substituir muitas pedras, refazer esculturas danificadas ou apagadas pela poluição.[81]

O trabalho é feito por empresas privadas contratadas pela administração dos Monumentos Históricos e pela Oeuvre Notre-Dame, fundação

---

[80] Boletim municipal de 28 abr. 1968 apud Christophe Dubois, *Les Enjeux politiques de la création du Théâtre du Huitième arrondissement à Lyon*. Tese apresentada no IEP de Lyon, set. 1992.

[81] Pierre Pflimlin, *Mémoires d'un européen de la IVe à la Ve République* (Paris: Fayard, 1991), p. 275.

encarregada de organizar, desde a origem da catedral, todas as intervenções no canteiro de obras. Em relação ao financiamento, Pierre Pflimlin manifesta sua satisfação: "[...] devo dizer que o compromisso assumido por André Malraux em 1962 foi cumprido. A parcela das despesas a cargo do Estado chegou mesmo a ultrapassar os dois terços".[82]

Os eleitos locais tomam consciência, durante os anos 1960, da necessidade de proteger e de restaurar. As décadas seguintes irão permitir a recuperação desses bairros centrais entre os mais notáveis da Europa, tanto pela dimensão (o setor protegido de Bordeaux se estende por 135 hectares) quanto por seu valor histórico e estético. Nesse caso, o Estado deu impulso a tudo, como resposta a uma demanda de certas categorias de cidadãos, ciosos de seu patrimônio.

d) Imobilismo e ações espetaculares nos museus

A criação do Ministério da Cultura e a figura de grande intelectual que o dirige permitem ter grandes esperanças para os museus, esperanças fundadas, como escreve Hubert Landais sobre o escritor André Malraux, "que marcou profundamente toda uma geração, o único que jamais fez figurar a palavra museu no título de um de seus livros",[83] para retificar logo a seguir:

> Acho que, mesmo assim, houve um certo mal-entendido, um mal--entendido relativamente profundo. Para André Malraux, os museus talvez tivessem um defeito: o de não serem... imaginários. O que ele amava, o que o interessava vivamente, não eram os museus, mas as obras que eles conservavam [...]; a instituição em si não lhe interessava nada, a administração ainda menos.[84]

Contra todas as expectativas, portanto, o ministério Malraux não faz com que os museus saiam da sombra,[85] ele se interessa, acima de tudo, pela organização de grandes exposições espetaculares ou se dedica a fazer circular, não sem despertar polêmicas, as principais obras do patrimônio francês.

[82] Ibid.

[83] Hubert Landais foi diretor dos Museus da França de 1977 a 1986.

[84] Hubert Landais, "La Direction des musées de France de 1939 à 1989", Augustin Girard e Geneviève Gentil (orgs.), op. cit., p. 205.

[85] A parcela dos museus nas despesas de conservação e valorização do patrimônio oscila, no ministério Malraux, entre 15% e 22%. A dos monumentos, entre 75% e 80%. ("Le Budget du ministère chargé des Affaires culturelles de 1960 à 1985", *Développement Culturel*, out. 1986.)

As metrópoles, afinal, seguem a mesma tendência, que se resume na limitação dos meios dedicados aos museus e em algumas grandes exposições. Os museus marselheses são visitados, no começo do ministério Malraux, pelo inspetor geral Jean Vergnet-Ruiz. Este constata o estado deplorável do Museu Borély: "Não houve um único visitante no museu durante o tempo que passei em Borély, e quatro ou cinco vigias tomavam sol na frente da porta". Não cabe apelação de sua sentença: "O museu é mal conservado, triste e abandonado".[86]

Marielle Latour, nomeada curadora a partir de 1961, é então encarregada de formar uma direção dos museus, compreendendo os museus Cantini, Longchamp e Borély,[87] e vai realizar uma política de exposições ambiciosa.[88] Em 1959, cinquenta obras-primas de Picasso são expostas no Museu Cantini, 35 pinturas de Manet em 1961; o ano seguinte é dedicado a Picabia, 1963 a Renoir. Seguem-se o expressionismo alemão em 1965, Paul Klee em 1967, depois, em 1968, Masson,[89] o mesmo a quem André Malraux confiou a decoração do teto do Teatro do Odéon. Essas exposições restauram um pouco a imagem dos museus marselheses: "Cantini retomou seu lugar, ousa de novo, como se surgisse a lembrança das audácias do passado, quando, em 1936, foi exposto Picabia".[90] Outro sinal de melhoria, uma comissão de aquisições começa a funcionar em 1960, é verdade que com um orçamento pequeno, mas voltada para as obras de artistas vivos.

Em Estrasburgo, as indenizações por danos de guerra permitiram, em 1966, que a cidade montasse um salão para exposições temporárias e instalasse a seção de arte moderna do Museu de Belas-Artes no edifício da Antiga Alfândega. Ali são montadas exposições de arte moderna com temática europeia sob a égide do Conselho da Europa, exposições itinerantes passam por ali organizadas pela direção dos Museus da França ou com sua participação.[91] O curador Victor Beyer (1965-1975) desenvolve coleções de arte moderna, ao contrário de seu predecessor, Hans Haug.[92] Ele restaura os vitrais de Théo van Doesburg, de Sophie Taueber e de Hans Arp, e especializa as coleções, orientando-as na direção da arte alemã.[93]

---

[86] Jean Vergnet-Ruiz ao diretor dos Museus da França, 18 fev. 1960.
[87] Dossiê "Vols au Musée Longchamp", ANF 920 627/32. Marielle Latour ocupa essa função até 1983.
[88] Angélique Schaller, Les Arts plastiques dans la décentralisation culturelle 1982-1994: le cas marseillais (tese da Université Aix-Marseille I, Université de Provence, 1998).
[89] Jean Boissieu, "L'apport culturel d'un quart de siècle (1967-1991)", Revue Marseille, n. 162.
[90] Robert Verheuge, Gérer l'Utopie. L'action culturelle dans la cité (Aix-en-Provence: Edisud, 1988), p. 103.
[91] Nota de Jean Chatelain ao ministro, 7 maio 1971, ANF 930 217/3.
[92] Mas deve-se assinalar, sob Hans Haug, uma exposição de Picasso em 1963.
[93] François René Martin, Les Politiques muséales en Alsace (dissertação de mestrado de Estudos Políticos. Estrasburgo: Université Robert Schuman, 1990).

Entretanto, o diretor dos Museus da França faz notar, em 1972, "a decrepitude das instalações em todos os museus, exceto o salão de exposições temporárias na Antiga Alfândega e o Museu de Arqueologia", e a necessidade de uma recuperação completa das instalações internas.[94]

Quanto a Toulouse, a reforma do Museu dos Augustins está prevista, desde 1965, por seu curador Denis Milhau, mas é adiada em razão de dificuldades financeiras e técnicas.[95] Também ali, isso não exclui, no final dos anos 1960, a organização de exposições notáveis, uma dedicada a Picasso, outra, a Chagall. A escolha desses artistas não tem nada de casual, pois, em 1966, no Grand e no Petit Palais de Paris, aconteceu uma retrospectiva Picasso, enquanto que Chagall, um "dos pintores oficiais", recebe a incumbência, no ministério Malraux, de decorar os tetos da Ópera de Paris. Toulouse quer mostrar que pode fazer tão bem quanto a capital. E *La Dépêche du Midi* compartilha a glória da cidade rosa através de seu museu: "Um dos mais importantes da França por suas pinturas e um dos mais importantes da Europa por suas esculturas romanas".[96]

A aquisição de obras de arte também começa a decolar com a chegada de Denis Milhau ao Museu dos Augustins. Em 1965, ela representa apenas 4,2% do orçamento do museu, passa por contínua elevação até 1970, quando o orçamento para aquisições alcança 44,4%.[97] Para os trabalhos de envergadura referentes aos museus de Toulouse, entretanto, será preciso esperar a carta cultural de 1975. Portanto, as cidades e o Estado demoram para desempoeirar os museus, ao mesmo tempo que utilizam esses estabelecimentos para exposições de prestígio, como no momento dos festivais (Bordeaux, Lyon), e muitas vezes graças à presença de um curador dinâmico.

Que balanço pode ser feito dessas seis administrações municipais quando termina o período Malraux? A impressão de conjunto deixada pelas décadas de 1950 e 1960 é a de uma transformação das metrópoles regionais em laboratórios de políticas culturais. Nelas estão em ação as tendências gerais da sociedade francesa: crescimento demográfico, urbanização, rompimento de valores tradicionais. É verdade que as identidades e as situações são diferentes, e, sob esse aspecto, a metrópole alsaciana se destaca. Mas essas cidades têm em comum a condição de capital regional herdada da história, promovida pelos prefeitos através de instituições culturais as mais tradicionais, muitas vezes também as mais caras (os teatros

---

[94] Nota de Jean Chatelain ao Ministro, 31 ago. 1972.
[95] Programa para a reforma do Museu dos Augustins, jul. 1970, ANF 920 27/56.
[96] *La Dépêche du midi*, 20 de fevereiro de 1968.
[97] Orçamento original do Museu dos Augustins (1965-1975), ANF 920 627/56.

de ópera) e as mais conservadoras de sua programação. Por outro lado, o nível de capital regional, percebido pelos legisladores como um trunfo a ser perenizado, é legitimado pelo Estado, que confere a essas cidades, em 1963, o título de metrópoles de equilíbrio. Nessas décadas em que o crescimento se instala de modo duradouro, em que o Estado faz muitas licitações, a cultura é progressivamente chamada a contribuir através dos legisladores, como demonstra a política dos festivais. Esta se expande até as metrópoles menos dinâmicas (Lille ou Marselha). A procura por uma influência internacional já está presente em Bordeaux, Lille, Lyon e Estrasburgo, cujos eleitos manifestam ambições que vão além do quadro regional.

As relações com o Estado evidenciam fenômenos interessantes. O poder central exerce seu voluntarismo ao determinar a rota. Com toda a evidência, as inflexões a favor da descentralização e da democratização culturais se traduzem, no campo, por novidades. A política iniciada pela Quarta República em matéria de descentralização teatral concretizou-se de modo desigual. Bordeaux está atrasada, enquanto Estrasburgo está algumas cabeças à frente. Isso é tangível em toda parte quando o Ministério de Assuntos Culturais é criado em 1959.

O terreno local também nos mostra que certos setores foram objeto de uma atenção mais constante por parte do Estado, e que este conseguiu obter resultados. Pode-se sentir as inflexões em matéria teatral, lírica, patrimonial. Elas respondem a uma procura pela excelência no ministério Malraux, em seu projeto de democratizar o acesso à alta cultura. A eficácia do centro em promover sua vontade sobre os territórios periféricos, entretanto, é muito variável de acordo com os locais e com os setores. Assim, a política teatral tem mais sucesso do que a descentralização lírica. As pretensões do Estado às vezes são pesadas demais para serem assumidas pelas cidades, que têm de responder a outras urgências. Em compensação, apesar do discurso voluntarista, estão a reboque as bibliotecas, os museus, os conservatórios e as escolas de arte. A retórica do ministério, portanto, nem sempre é seguida pela eficácia. As casas de cultura, uma das joias do ministério, não se materializam. O espírito de independência das cidades e os poucos recursos do Estado explicam esse fracasso. "O conflito entre centralismo e comunalismo",[98] se estiver presente, faz par com a impotência financeira do Estado. A Direção do Teatro, Música e Ação Cultural beneficiou-se apenas de 41,8% das somas previstas pelo IV Plano.[99]

[98] Jack Lang, *L'État et le théâtre* (Paris: Pichon et Durand-Auzias, 1968).
[99] Ibid.

Durante essas duas décadas de gestação de políticas culturais, o Estado define o ambiente legislativo (por exemplo, a lei Malraux sobre os setores tombados), estimula e orienta. As cidades aproveitam as oportunidades e pedem ao Estado uma ajuda financeira. Mesmo assim, elas dispensam o maná estatal quando ele não chega. Certos teatros, certas trupes, são verdadeiramente sustentados pelos orçamentos municipais, e quando o Estado dá pouco, as cidades subvencionam as necessidades das instituições, como, por exemplo, em matéria de formação. A política das belas-artes é um sobrevivente. Algumas vezes, a inovação acontece sem a ajuda do Estado, como em Bordeaux, com Sigma. Por outro lado, as cidades permanecem vigilantes quando a descentralização artística provoca encargos muito pesados (descentralização lírica). Então, elas não hesitam em se desligar e deixar o Estado sozinho em seus projetos (TNS).

As inflexões centrais são nitidamente perceptíveis nas práticas políticas e nos organogramas municipais. A institucionalização das políticas culturais, com efeito, está em andamento, ainda com velocidades diferentes (atraso de Bordeaux, avanço de Lille, de Estrasburgo). Imperceptivelmente, a cultura se insere em práticas um pouco mais de gestão. Como o Estado, as cidades constroem sua administração cultural e, lenta mas decididamente, os organogramas começam a se expandir. O exercício do poder político deixa entrever, em nível local, uma predominância da influência dos prefeitos. Poder classificado "de autocrático"[100] por Louis Pradel, obviamente muito pessoal em Bordeaux, ele ainda é assim em Estrasburgo, mesmo os assessores tendo um papel mais afirmativo, bem como em Marselha. Os eleitos de estatura nacional interessaram-se em graus diversos pela cultura, muito alto em Bordeaux e Estrasburgo, muito menor em Marselha. O papel dos indivíduos e de sua personalidade também influiu. A cultura também aparece como um terreno de apostas políticas fortes no plano local (Lyon, Toulouse). Por isso as filiações políticas contribuíram, às vezes, para frear as veleidades ministeriais (Marselha, Toulouse para as casas de cultura). Sem ser exclusivo, o rótulo político dos eleitos deve ser levado em consideração. Mas poderiam ter sido esperadas relações Pradel/Malraux bem melhores; a filiação política, portanto, não determina sistematicamente a natureza das relações entre cidades e ministério. No geral, toda uma série de freios tanto no plano local quanto no nível central não autorizou um desabrochar completo das orientações ministeriais. Apesar de tudo, estas contribuíram para favorecer a emergência de políticas culturais municipais.

[100] Sylvie Biarez, *Le Pouvoir local* (Paris: Economica, 1989).

PARTE II
O TEMPO DA INSTITUCIONALIZAÇÃO E DA PARCERIA COM O ESTADO

A década de 1970 traz os estigmas de 1968 e inscreve-se no que pode ser chamado de "entre-dois-maios",[1] delimitada que está entre os acontecimentos de maio de 1968 e a alternância do poder em maio de 1981. Ela desenvolve os efeitos de Maio de 1968 através dos conteúdos artísticos, das maneiras de pensar. A cultura tornou-se um local de contestação. As municipalidades e o ministério têm de se adaptar a "esse novo espírito do tempo".[2] Do desenvolvimento cultural na versão de Jacques Duhamel (ministro de Assuntos Culturais de 1971-1973) à "primavera cultural" de Michel Guy (secretário de Estado da Cultura entre 1974 e 1976), o liberalismo avança durante essa década, entrecortado por uma fase de glaciação entre ministério e meios artísticos, por ocasião da passagem de Maurice Druon (1973-1974) pela rua de Valois. O clima do pós-1968 provoca uma novamente um questionamento sobre a intervenção do Estado. Este procura expressar-se em uma versão marxista althusseriana, contestando "os aparelhos ideológicos do Estado", ou numa versão liberal antiestatal, por intermédio do poeta Pierre Emmanuel, presidente da Comissão de Assuntos Culturais do VI Plano. Ele critica "um aparelho burocrático que vive como parasita de um projeto social que ele está encarregado de fazer funcionar e de controlar".[3] Florescem vigorosamente os escritos sobre excesso de Estado. Em 1970, o sociólogo Michel Crozier publica sua *Société bloquée*,[4] seu colega Pierre Birnbaum completa a análise com *Les Sommets de l'État* em 1977.[5] No intervalo, o diagnóstico é feito pelo americano Stanley Hoffmann, que se pergunta, no final de *Essais sur la France*: "O Estado, para qual sociedade?".[6] Como corolário dessas análises, a reflexão

---

[1] A expressão é emprestada de Pascal Ory, *L'Entre-Deux-Mai. Histoire culturelle de la France Mai 1968-Mai 1981* (Paris: Seuil, 1983).

[2] Edgar Morin, *L'Esprit du temps* (Paris: Grasset, 1962).

[3] Anexo ao relatório da Comissão de Assuntos Culturais do VI Plano apud Philippe Poirrier, "Politique culturelle nationale/ politiques locales". In: Emmanuel de Waresquiel, *Dictionnaire des politiques culturelles de la France depuis 1959* (Paris: CNRS Larousse, 2001).

[4] Michel Crozier, *La Société bloquée* (Paris: Seuil, 1970).

[5] Pierre Birnbaum, *Les Sommets de l'État. Essai sur l'élite du pouvoir en France* (Paris: Seuil, 1977).

[6] Stanley Hoffmann, *Essais sur la France. Déclin ou renouveau?* (Paris: Seuil, 1974), p. 484.

também se volta para um novo questionamento da tradição jacobina. Para Michel Crozier,

> [...] nós chegamos, efetivamente, ao limite da centralização, a ponto de estarmos agora completamente imobilizados em um sistema que não conseguimos mais reformar. O problema que agora se coloca é o dos investimentos institucionais que a sociedade francesa aceitaria fazer através de seu governo e de sua administração para experimentar, em nível territorial, sistemas de relacionamentos mais abertos, cujos modos de funcionar sejam favoráveis à tomada de responsabilidade e à inovação.[7]

O ministro Duhamel, deputado e prefeito de Dole, parece ser receptivo a essas análises. Ele começa a desconcentração do ministério e pretende pôr em funcionamento, com as cidades, uma política de "verdadeiros contratos". Essa parceria irá nascer no septenato giscardiano com a Secretaria de Estado de Michel Guy e as cartas culturais.

Quanto à cultura, ela sai mais politizada de maio de 1968, e a esquerda reage integrando a temática cultural em seus programas eleitorais. Logo depois dos comunistas que, desde o comitê central de Argenteuil de 1966, fizeram da cultura uma prioridade, o recém-fundado Partido Socialista, saído do congresso de Épinay-sur-Seine (11 a 13 de junho de 1971), elabora um projeto cultural. Ele cria uma secretaria nacional da ação cultural e empreende uma reflexão sobre o papel das comunas. As eleições municipais de 1977, nas quais a união da esquerda abre uma nítida brecha, vão inscrever a cultura, de modo mais legítimo e ainda mais frequente, na agenda política local. Será conveniente verificar se essa data é uma virada na evolução das políticas culturais das metrópoles regionais.

A década de 1970 se distingue, ao mesmo tempo, pela intensificação do desenvolvimento das políticas culturais municipais (as despesas se multiplicam por dezoito entre 1963 e 1978, e as comunas tornam-se o principal financiador público[8]) e por novas relações entre cidades e Estado em relação à parceria.

[7] Michel Crozier, op. cit., pp. 217-8.
[8] *Développement Culturel*, abr. 1983.

3. DESENVOLVIMENTO E INSTITUCIONALIZAÇÃO DAS POLÍTICAS CULTURAIS MUNICIPAIS

3.1 UM ESFORÇO CONTÍNUO OU "O JOGO DO CATÁLOGO"

a) As cidades gastadoras

Apesar da estagnação do crescimento em 1973 e da instauração de uma longa crise econômica, as cidades entram em uma fase de equipamentos culturais sem precedentes, envolvendo-se em despesas bem pesadas. As cartas culturais concluídas a partir de 1974 as incentivam a isso. Dispomos de dados numéricos precisos sobre as despesas culturais das cidades a partir de 1978, graças às pesquisas do SER. As cidades com mais de 150 mil habitantes são as que gastam mais, e esse esforço está constantemente em alta. Em média, elas dedicam 9,7% de seu orçamento em 1978 e 10,4% em 1981. Entre as comunas com mais de 150 mil habitantes, nossas seis cidades, as mais populosas do país, ultrapassam, sem exceção, as médias nacionais.

	1978	1981
Bordeaux (1)	15,2	10,7 (8,5)
Lille (2)	16,8	15,7 (12,5)
Lyon (3)	14,4	19,5 (15,5)
Marselha	4,7	5,6
Estrasburgo (4)	21,9	20,3 (16,1)

| Toulouse | 8,6 | 10,8 |
| Média | 9,7 | 10,4 |

Tabela 5: As despesas culturais em porcentagem do orçamento.[1]
(1) a (4) — Presença de uma comunidade urbana: a integração, no orçamento da cidade, de sua participação na comunidade urbana leva à diminuição da porcentagem do orçamento dedicada à cultura.

Duas cidades são exceções, Marselha e Toulouse, abaixo da média nacional em 1978. Em seguida, elas progridem, sempre com um atraso por parte de Marselha. Percebe-se, por um lado, o destaque de Estrasburgo, a posição de Lyon, que é reforçada, e, por outro, a diminuição da velocidade de Lille e de Bordeaux.

As despesas em franco por habitante fornecem uma medida mais acurada.

Bordeaux	625,1
Lille	381,8
Lyon	261,4
Marselha	122,5
Estrasburgo	342,5
Toulouse	240,8
Média das comunas com mais de 150 mil habitantes	237,4

Tabela 6: Despesas culturais em franco por habitante em 1978 (valores sem correção).[2]

Deve-se ser notado o montante da despesa em Bordeaux, mais do que o dobro da despesa média. A ação de Lille é igualmente notável na década de 1970, pois ultrapassa a das outras metrópoles mais populosas, chegando à frente de Lyon e de Estrasburgo. O historiador Philippe Marchand insiste nesses anos decisivos em que a cultura se torna, em Lille, "uma aposta política". Desde a primeira vez que o prefeito socialista Pierre Mauroy tomou a palavra perante a Assembleia Municipal em 8 de abril de 1973, a cultura é mencionada como um dos dossiês prioritários. Na outra extremidade, Marselha acusa um certo atraso, a cidade está abaixo da média nacional das cidades com mais de 150 mil habitantes. Diversas hipóteses podem ser

[1] Catherine Lephay-Merlin, *Les Dépenses culturelles des communes. Analyse et évolution, 1978-1987* (Paris: La Documentation Française, 1991), p. 219.
[2] Ibid., p. 218.

aventadas para explicar esse fenômeno, que não deixa de surpreender. Já foi vista, no momento da Reconstrução, a tarefa sem fim a ser realizada. Sem dúvida, as dificuldades acumuladas ainda exercem pressão, sem contar a saúde econômica ruim da cidade. Entretanto, está para acontecer um terremoto. Uma comparação com os números de 1981 permite mais do que entrevê-lo.

Bordeaux	749
Lille	535,6
Lyon	569,7
Marselha	223,7
Estrasburgo	549,5
Toulouse	522,9
Média das comunas com mais de 150 mil habitantes	406,6

Tabela 7: Despesas culturais em franco por habitante em 1981 (valores sem correção).[3]

Os números do começo dos anos 1980 mostram um esforço constante em Estrasburgo e Toulouse, bem como em Lyon, que ganha o segundo lugar. Marselha conhece um aumento, mas a cidade de Gaston Defferre continua decididamente retardatária.

As despesas de capital trazem alguns detalhes suplementares. Nas cidades com mais de 150 mil habitantes, elas seguem uma curva ascendente, pois representam 5,9% das despesas totais em 1978 e 6,7% em 1981.[4] Fato raro, em 1975, as despesas com investimentos ultrapassam, em Lyon, as de funcionamento, para atingir 56% das despesas culturais totais.[5] A evolução das despesas de capital em franco por habitante mostra as nuances da hierarquia até então esboçada.

	1978	1981
Bordeaux	253,9	112,6
Lille	50,1	42
Lyon	29,8	70,8
Marselha	21,2	73,4

[3] Ibid.
[4] Ibid.
[5] *Choisir la culture. Livre blanc sur la situation culturelle lyonnaise*, dez. 1977. Obra realizada a pedido do senador e prefeito de Lyon, Francisque Collomb.

	36,3	38,9
Estrasburgo	36,3	38,9
Toulouse	14	78,03
Média das comunas com mais de 150 mil habitantes	42,7	75

Tabela 8: Despesas culturais de capital em franco por habitante (valores sem correção).[6]

Três cidades registram uma alta significativa em suas despesas de investimentos culturais entre 1978 e 1981, Lyon, Marselha e Toulouse. Nesta, elas foram multiplicadas por mais de cinco, em Marselha, elas mais do que triplicam. Elas baixam à metade em Bordeaux, mas permanecem no nível mais alto.

Quanto às despesas de funcionamento por habitante, a hierarquia corresponde visivelmente à das despesas culturais globais. Elas assinalam um grau mais elevado nos equipamentos em algumas cidades, como Estrasburgo e Lyon, ou então, talvez, despesas excessivas, como em Bordeaux (quase duas vezes mais do que a média), enquanto, pelo contrário, elas acusam um atraso em matéria de infraestrutura cultural em Marselha (duas vezes menos em 1981).

	1978	1981
Bordeaux	371,2	636,4
Lille	331,7	493,6
Lyon	231,6	498,9
Marselha	101,3	150,3
Estrasburgo	306,2	510,6
Toulouse	226,8	444,6
Média das comunas com mais de 150 mil habitantes	194,7	331,6

Tabela 9: Despesas culturais correntes em franco por habitante (valores sem correção).[7]

Pode-se então esboçar algumas conclusões. Em primeiro lugar, manifesta-se uma fase geral de crescimento das despesas e, em particular, do investimento cultural. Ela significa um despertar geral das metrópoles, inclusive daquelas que demoraram até aquele momento em se converter ao imperativo cultural (Marselha). Nota-se também a existência de cidades onde não se trata mais de uma conquista, mas, a partir de então, de um ganho (Estrasburgo, Lyon).

[6] Catherine Lephay-Merlin, op. cit., p. 218.
[7] Ibid.

Um raciocínio por setor, agora, indica o peso irredutível da música, da arte lírica e da dança (40% em 1981). O custo de óperas e orquestras alimenta, com justiça, inúmeras discussões, provocando reformas e estratégias variadas. Os encargos de funcionamento são colossais. O teatro de ópera de Marselha emprega quatrocentas pessoas e o de Lyon, trezentas. Além disso, as cidades se entregam às reformas de sua cena lírica (Toulouse, Marselha) ou constroem novos equipamentos (Estrasburgo, Lyon). Seguem-se, em ordem decrescente, os setores de animação polivalente, as artes plásticas, as bibliotecas públicas, o patrimônio... A distância entre eles tende a diminuir. Esse reequilíbrio e essa diversificação da oferta cultural são o sinal de um reconhecimento, de um ganho de legitimidade para os mais variados setores.

Em termos de funções, as cidades sempre orientam a parcela maior de seu orçamento para a produção artística (Lyon 42,1%,[8] Bordeaux 52,2%[9]) e para a conservação/difusão (Lyon 31,5%, Bordeaux 26,9%). A animação polivalente continua sendo marginal (respectivamente 5,5% e 1,6%); por seu lado, a formação avança.

b) *Febre de equipamentos e o "concreto cultural" nas aglomerações em expansão*

Alguns legisladores estão convencidos de que a posição de capital regional implica, para sua cidade, um equipamento cultural diversificado e de envergadura. "Os equipamentos" — segundo Guy Saez — "(tornam-se) assim apostas no debate político local e, no âmbito de equipamentos de uma comuna, o índice absoluto de seu esforço de modernização."[10]

O documento publicado pela prefeitura de Lyon em plena conjuntura eleitoral (eleições municipais de março de 1977), "Louis Pradel, 20 ans, pour Lyon un homme, une équipe" [Louis Pradel, 20 anos, para Lyon um homem, uma equipe],[11] é, sob esse aspecto, um exemplo típico. É com um tom ditirâmbico e expressões excessivas ("um esforço prodigioso da cidade", "nenhuma cidade gasta tanto" para a cultura), que é apresentada

---

[8] Dados sobre a vida cultural de Lyon entre 1978 e 1981, ANF 870 300/18.

[9] Françoise Taliano-des Garets, *La Vie culturelle à Bordeaux: les lettres et les arts 1945-1975* (tese de doutorado da Université Bordeaux III, 1991).

[10] Guy Saez, "Les Politiques de la culture". In: Madeleine Grawitz e Jean Leca, *Les Politiques publiques, 4* (Paris: PUF, 1985), p. 409.

[11] "Louis Pradel, 20 ans, pour Lyon un homme, une équipe", primeiro trimestre de 1977.

uma longa lista de realizações. Em seis anos, 145.598.000F foram investidos em equipamentos culturais. Dentre as instalações mais notáveis, o museu da civilização greco-romana almejado por Édouard Herriot. Sua construção foi confiada a Bernard Zehrfuss, e ele é inaugurado em 1976 pela sra. Giscard d'Estaing (os equipamentos cênicos dos dois anfiteatros foram refeitos).[12] A administração Pradel também conta em seu ativo com o auditório Maurice Ravel no centro de Part-Dieu, com capacidade para 3 mil lugares ou, ainda, o novo conservatório, transferido para o antigo seminário dos jesuítas em Fourvière (as despesas de capital para a música foram multiplicadas por 28 entre 1970 e 1977).[13] A Biblioteca de Part-Dieu (4.500 m^2), que "atinge o segundo lugar do mundo, depois de Nova York, pela quantidade de volumes ofertados e pela área", é construída durante o mandato de Pradel. Também foram abertos anexos nos bairros. A isso se acrescenta o Espaço Lionês de Arte Contemporânea (Elac), instalado em 1976 no último andar do terminal ferroviário de Perrache;[14] o Museu do Automóvel, adquirido pela cidade; a abertura de um museu do cinema e de uma fundação nacional da fotografia... A lista é longa e é justificada pela vontade de construir "os necessários equipamentos culturais de uma capital internacional digna desse nome...". A diversificação do "catálogo" lionês, para retomar a expressão forjada por Erhard Friedberg e Philippe Urfalino,[15] é patente; setores inéditos vêm enriquecê-lo, como a fotografia, a arte contemporânea, o cinema, que até então tinham chamado pouca atenção da municipalidade lionesa. A dimensão dos equipamentos se afirma como garantia de uma política de sucesso. Mas não está forçosamente ao gosto de todos, e Régis Neyret,[16] diretor da revista *Résonances*, personalidade investida na defesa do patrimônio lionês, critica violentamente "o concreto cultural" de um prefeito "perito em seguros automobilísticos, amante do concreto e das estradas".[17]

---

[12] O Museu Galo-Romano de Lyon é uma das realizações museográficas mais importantes do VI Plano. A participação financeira do Estado começa em 1969 e alcança 40%. Ver *L'Humanité*, 22 jan. 1976.

[13] *Choisir la culture. Livre blanc sur la situation culturelle lyonnaise*, dez. 1977.

[14] Finalmente Louis Pradel dá uma satisfação aos críticos de arte de Lyon, que pediam uma sala de exposição para a arte contemporânea.

[15] Erhard Friedberg e Philippe Urfalino, *Le Jeu du catalogue: les contraintes de l'action culturelle dans les villes* (Paris: La Documentation Française, 1991).

[16] Representante da cultura no Conselho Econômico e Social da Região Rhône-Alpes, ele ocupa nos anos 1990 diversas presidências, entre elas: a do Patrimônio Rhonalpino e do Colégio Regional do Patrimônio e Locais Tombados de Rhône-Alpes. Ele é um dos instigadores da classificação de Lyon como patrimônio mundial da humanidade pela Unesco em dezembro de 1999.

[17] Régs Neyret, "Un Demi-siècle de vie culturelle à Lyon (1950-2000)". In: Bernard Poche e Jean Tournon (orgs.), *Le Rayonnement (mortel?) des capitales culturelles* (Programme Rhône-Alpes de Recherche en Sciences Humaines, 1996). Louis Pradel era fundador e diretor de uma sociedade de perícias automobilísticas.

Isso também não deixa de causar problemas de financiamento. A Secretaria de Estado da Cultura, que deseja estabelecer cartas culturais com as metrópoles, faz inicialmente um levantamento para cada uma delas. Entre as conclusões sobre Lyon, menciona-se que a antiga capital da Gália "subestimou o custo de seu auditório"[18] e que o Estado participou apenas com 11,84% da despesa. Por isso, periodicamente a cidade pede um complemento. As negociações parecem ser igualmente delicadas na questão da transferência do conservatório. Um acordo de base foi concluído, pelo qual o Estado se compromete com a metade na aquisição de edificações, o que representa um aporte de 3 milhões de francos, mas a cidade "volta atrás quanto ao acordo, exige do Estado pelo menos 6,5 milhões de francos para as obras".[19]

Essa febre de construir, além da questão financeira, impõe outros problemas. Ela significa certa contradição com a política de proteção do patrimônio. Se Lyon pode se orgulhar por ter tido o primeiro setor protegido da França, esse setor está "entre aqueles cuja realização ficou mais atrasada". "Nenhuma área de proteção foi registrada" em relação ao centro histórico. "Construiu-se muito sem respeitar o patrimônio dos monumentos".[20] O patrimônio ocupa, na carta lionesa, um bom lugar, de modo a compensar o atraso.

O mesmo movimento, menos espetacular, pode ser notado em Bordeaux. A cidade de Jacques Chaban-Delmas se lança na restauração do Entrepôt Lainé, para fazer desse armazém do século XIX que servia para o comércio de especiarias, um centro cultural polivalente. Bordeaux inicia a construção de um novo conservatório no bairro recuperado de Sainte--Croix. A transferência do Museu da Aquitânia para a antiga faculdade de letras na avenida Pasteur é decidida pela carta cultural, de modo a criar, ali, um grande museu regional.

Em Estrasburgo, a grande questão reside na construção do Palácio dos Congressos e da Música, terminado em 1975. Inicialmente concebido por Le Corbusier conforme a vontade de Pierre Pflimlin, no final é o arquiteto chefe da cidade, Franois Sauer, que o assina depois do desaparecimento do inspirador da Carta de Atenas. A acústica foi particularmente cuidada nessa sala de 2 mil lugares, cuja destinação é multidisciplinar. Ela deve substituir o palácio dos festivais, considerado insuficiente para as necessidades de uma capital europeia. Quanto às bibliotecas, Estrasburgo segue o movimento do conjunto.

[18] *État des problèmes culturels à Lyon*, 24 set. 1975, ANF 870 648/10.
[19] Ibid.
[20] Ibid.

Os anos 1970 marcam, na França, um ponto de virada, o número de construções de bibliotecas é cerca de sete vezes maior do que o da década anterior (tanto em número de estabelecimentos quanto em área).[21] O fenômeno mais significativo é o desenvolvimento dos anexos de bairro, observável nas diversas metrópoles regionais. Esse movimento corresponde a uma tomada de consciência nacional iniciada em 1966 pelo "tudo está por fazer" do primeiro-ministro Georges Pompidou, preocupado com o atraso das bibliotecas.[22] Isso resulta, dois anos mais tarde, na redação de um relatório sobre as bibliotecas da França e na inclusão das bibliotecas na agenda das prioridades dos VI e VII Planos.[23] É nesse contexto que Estrasburgo, em 1975, ganha a primeira biblioteca informatizada da França.[24] É empreendida uma política para equipar os bairros com bibliotecas, que é também o caso, na mesma época, de Marselha, onde é inaugurada a biblioteca de Merlan nos bairros do norte (1977).

Com efeito, as metrópoles regionais reagem ao crescimento urbano e equipam com estabelecimentos culturais os novos bairros, até mesmo as novas cidades. Assim, entre os subúrbios de Cronenbourge de Koenigshoffen na aglomeração estrasburguense, no local onde foi projetada, no começo da década, a construção de 8 mil moradias, uma sala de espetáculos vai ser integrada a esse conjunto. Pierre Pflimlin propõe chamá-la de Le Maillon [O Elo], como uma referência à planta elaborada pelo arquiteto Pierre Vivien. Sob a direção de Bernard Jenny, o Maillon, administrado diretamente pelo Estado, o que é raro para um Centro de Ação Cultural, se apresenta como "um minicentro Beaubourg local". Suas atividades são voltadas tanto para o teatro, as variedades, quanto para a poesia e o cinema, com uma convenção que o liga à cinemateca francesa. Em 1977, a renovação imobiliária do bairro de Krutenau acarreta a transformação de um cinema abandonado em uma sala de espetáculos com quinhentos lugares. Ela é entregue ao TJP — Théâtre Jeune Public [Teatro Jovem Público] dirigido por André Pomarat. A política de descentralização cultural foi, assim, traduzida pela criação de vinte centros socioculturais.

Em Marselha, investimentos favorecem o teatro, pois começa em 1976 a transformação do antigo mercado de peixes em duas salas de espetáculo

---

[21] Jacqueline Gascuel, "Les Bâtiments". In: Martine Poulain (org.), *Histoire des bibliothèques françaises. Les bibliothèques au XXe siècle, 1914-1990* (Paris: Promodis/ Cercle da la Librairie, 1992).

[22] Entrevista dada ao *Figaro*, 1º set. 1966.

[23] Anne-Marie Bertrand, *Les Villes et leurs bibliothèques: légitimer et décider, 1945-1985* (Paris: Cercle de la Librairie, 1999), pp. 89-97.

[24] Bernard Rolling, "Bibliothèque municipale de Strasbourg. Automatisation de la gestion", *Bulletin des Bibliothèques de France*, n. 12, dez. 1977.

para acolher a companhia de Marcel Maréchal. Além disso, em 1970, é empreendida a recuperação do vasto conjunto arquitetônico da Vieille Charité. Essa construção do século XVII, situada no bairro popular do Panier, foi tombada em 1950 como monumento histórico. Ela comporta uma capela barroca, obra do arquiteto marselhês Pierre Puget. A restauração prossegue durante dezesseis anos. Mas o dinamismo musical marselhês ainda não verá a construção de um auditório.[25] Esse pesar manifestado por Robert Verheuge, agente direto do despertar dos anos 1970, é compartilhado por Bordeaux: a orquestra é obrigada a se apresentar no Palácio dos Esportes por falta de lugar no Grand-Théâtre, e o rinque de patinação de Mériadeck vai funcionar até os dias de hoje como sala de concertos de variedades.

Em compensação, em Toulouse, a municipalidade Baudis encontra uma solução. Obras de segurança fizeram com que o Capitole perdesse grande parte de sua capacidade, foi decidido, então, utilizar e equipar o mercado de grãos, cujas condições acústicas se revelaram excelentes. Deixando de lado o problema da falta de um auditório, em Marselha também existe o da extensão geográfica da comuna (24 mil hectares), dado fundamental e incontornável para quem quer gerir o espaço público da "cidade das cem aldeias",[26] cuja população é fruto de sucessivas vagas migratórias. Portanto, a diversidade se junta à extensão. Em Marselha, um inspetor do teatro constata que, nessa cidade de mais de 1 milhão de habitantes, 400 mil pessoas não falam francês. O crescimento da periferia marselhesa em detrimento do centro histórico também não lhe escapa e, ante o desenvolvimento da grande Marselha em torno do complexo de Fos-Istres-Martigues-Saint Marcel-La Penne Aubagne, ele sugere: "Marselha deveria ser atacada pela periferia longínqua, antes de implantá-la no subúrbio".[27]

A população de Marignane foi multiplicada por cinco entre 1954 e 1975, a de Aix-en-Provence, por dois. Quanto a Marselha, sua população diminui desde meados dos anos 1970.[28]

c) Compensar os atrasos

De fato, pode-se notar um triplo movimento nesse período de desenvolvimento cultural. O leque de ofertas culturais se amplia em paralelo a sua

[25] Robert Veheuge, *Gérer l'Utopie. L'action culturelle dans la cité* (Aix-en-Provence: Edisud, 1988), p. 101.

[26] Ver as obras de Marcel Roncayolo, *Les Grammaires d'une ville* (Paris: EHESS, 1996) e *Marseille: les territoires du temps* (Paris: Éditions Locales de France, 1996).

[27] Relatório de inspeção de 20 a 26 jan. 1972, ANF 910 242/41.

[28] Marselha perde mais de 100 mil habitantes de 1975 a 1990.

abertura para as periferias, ao mesmo tempo que assume uma dimensão sociocultural. É a resposta ao crescimento urbano e à diversificação da população. Enfim, as cidades avaliam e começam a preencher suas lacunas em certos setores tradicionais. Isso acontece especialmente com os atrasos em matéria de teatro, de museus e de formação artística.

Marselha, por muito tempo à margem da descentralização teatral, decola graças à obstinação de Antoine Bourseiller, antes encarregado do Centro Dramático do Sudeste em Aix-en-Provence. Ele se instala, a partir de 1969, no Théâtre du Gymnase. Mas não será ele que vai colher os benefícios de uma implantação marselhesa. Bourseiller, em Marselha, manifesta a vontade de defender "um teatro popular" e chama Andonis Voyoucas, que organiza matinês para crianças e até atividades de pesquisa. Além disso, convida várias vezes o diretor Jerzy Grotowski para tratar do tema dos teatros. O polonês, cujo trabalho foi influenciado por Antonin Artaud, começa a se tornar conhecido na França a partir de 1963. Membro do júri do II Festival Universitário de Nancy, seu Teatro-Laboratório de Wroclaw deixa uma forte impressão quando de sua passagem pelo Odéon, em 1966. Há com que surpreender os espectadores marselheses do Teatro do Gymnase, local onde ainda ecoam as vozes de Maurice Chevalier e Mistinguett, entre outros. Uma estrutura de ensino permanente é criada por Andonis Voyoucas, ele mesmo adepto de um teatro experimental. Grotowski e Peter Brook vêm ensinar ali. Em janeiro de 1970, Bourseiller cria um *Ricardo II* em uma montagem de Patrice Chéreau, que ele leva, no mês seguinte, ao Odéon: "muito belo espetáculo recebido como provocador por muitos (ainda mais nesse lugar sensível); afronta aos shakespearianos...",[29] relata Raymonde Temkine, "Une bataille d'Hernani".

O ministério, atento ao trabalho de Bourseiller, propõe a ele, em novembro de 1972, um contrato para descentralização dramática, em que ele fica encarregado de garantir a descentralização em Marselha e nos departamentos do Sudeste. Mas a experiência tem curta duração. Embora Bourseiller à frente do Nouveau Gymnase seja "bem-visto por Gaston Defferre, pelo secretário-geral da prefeitura Poggioli, pelo assessor Pelegrino", também existe "a atitude mais reservada da prefeitura e do assessor de belas-artes Goudareau".[30] Por outro lado, o teatro é velho, as acomodações muito exíguas, e a temporada muito limitada por sua interrupção no verão, para que se possa levar ali um trabalho satisfatório de

[29] Raymonde Temkine, *Le théâtre en l'ÉtatLe Théâtre en l'État* (Paris: Éditions Théâtrales, 1992).
[30] Relatório de inspeção de 20 a 26 jan. 1972, ANF 910 242/41.

animação. Uma nota dirigida ao diretor de gabinete de Jacques Duhamel, Jacques Rigaud, lamenta "o subequipamento cênico da segunda cidade da França".[31] De qualquer modo, o enxerto local demora a pegar: "[...] a ação cultural: um *gadget* que nos custa caro", escreve a *Provence Magazine*.[32] Apesar de um ligeiro aumento das subvenções públicas, faltam recursos, e, a partir de 1972, o Centro Dramático do Sudeste é forçado a baixar o salário do pessoal, a dinâmica geral de suas atividades se ressente disso e a ação regional se torna cada vez mais difícil.

O contrato de Antoine Bourseiller expira em junho de 1976, e não é renovado. Bourseiller pede que Gaston Defferre interceda uma última vez a seu favor junto à Secretaria de Estado de Michel Guy, a fim de conseguir o apoio necessário para sua instalação em Paris, no teatro Récamier. Marcel Maréchal, que foi escolhido pelo prefeito de Marselha para ser seu sucessor, deixa o teatro do Huitième. Em Lyon, ele não apresentou nenhum demérito, mas suas relações com a cidade jamais foram fáceis. Além disso, ele deixa atrás de si uma aglomeração, onde era preciso contar com Roger Planchon em Villeurbanne. Marcel Maréchal aceita a proposta de Gaston Defferre de implantar um grande centro dramático regional. Ele espera realizar um teatro nacional do mesmo tipo que o de Estrasburgo, tanto mais que o Estado e a cidade estão dispostos a concordar com um aumento de subvenção e a incluir a construção de um novo teatro na carta cultural em preparação.[33] Assim, em 1973, Antoine Bourseiller recebia do Estado 1,7 milhão de francos, Marcel Maréchal em 1977, 3.687.500F. A cidade entregava ao primeiro 255 mil francos e, ao segundo, 1 milhão de francos. É verdade que, desde que chegou a Marselha, Marcel Maréchal assinalou o estado alarmante dos locais e do material que ele descobre no Nouveau Gymnase: "velhice, insalubridade, subequipamento em material do Estado". Ele entra, diz ele, "no centro menos bem dotado da França", onde as instalações ficam a cargo da companhia. Ele aproveita a ocasião para mencionar "que deixa o CDN de Lyon equipado com uma sala de ensaios que ele comprou".[34] Maréchal saberá se fazer ouvir, tanto em Marselha quanto em Paris. Sua companhia adota o nome de Novo Teatro Nacional de Marselha, mas sem que tenha o status jurídico para isso. A cidade se une à corte dos CDN mais em vista graças ao encontro de um homem enérgico de teatro com um prefeito convencido do impacto midiático da cultura.

---

[31] Nota sem data, ANF 910 242/41.
[32] *Provence Magazine*, n. 348, 26 jun. a 8 jul. 1972.
[33] Nota, Preparação da carta cultural com Marselha, ANF 910 242/41.
[34] Carta de Marcel Maréchal a Guy Brajot, 14 mar. 1975, ANF 910 242/41.

Os anos 1970 também são os da chegada a Marselha de uma outra personalidade conhecida nos meios da dança, Roland Petit. Marselha não parte do zero, pois José Lazzini e uma bailarina de reputação mundial, Rosella Hightower, já haviam tomado as rédeas do corpo de baile. Gaston Defferre parece, então, estar convencido de que é útil separar o balé da ópera, à qual ele estava vinculado até então. Roland Petit não é uma pessoa qualquer, tendo, em seu ativo, a criação, com Boris Kochno, dos balés de Champs-Élysées e dos balés de Paris. Suas coreografias lhe garantem reconhecimento mundial, pois ele dirigiu os mais importantes, Fred Astaire, Leslie Caron, Margot Fonteyn, Rudolf Noureev... Gaston Defferre lhe dá carta branca para montar uma companhia autônoma, cuja grande qualidade iria elevar o prestígio da cidade na França e no mundo. A primeira apresentação, em 5 de maio de 1972, na Sala Valier, é um sucesso. O preço das entradas é bem módico. "Defferre quis que fosse assim, para provar ao público marselhês que a dança não é um divertimento reservado unicamente à elite, mas um espetáculo popular, aberto a todos."[35] Com menos de um ano e treze apresentações, os balés Roland Petit atraem 24 mil pessoas. O septenato de Valéry Giscard d'Estaing termina com a atribuição do título de balé nacional à *troupe* de Roland Petit. A aposta parece ter sido ganha por Marselha, que é admitida na corte das metrópoles culturais a partir da década de 1970. Essa admissão é feita à procura de prestígio, como em Bordeaux, mas o discurso se baseia no tema da democratização cultural.

O teatro também é o principal interesse dos legisladores de Lille. Mas a legibilidade de sua política parece mais confusa do que em Marselha. A trupe de Cyril Robichez, o TPF, consegue um aumento de sua subvenção e a outorga de uma ajuda excepcional em período de dificuldades (foi o caso em 1969). A municipalidade também se empenha em fazer as obras de reforma da sala Salengro para aumentar sua capacidade de receber espectadores depois que o TPF foi reconhecido como Centro Dramático do Norte em 1979. Entretanto, o TPF não irá resistir à concorrência do CDN Théâtre de la Salamandre em Tourcoing, dirigido, a partir de 1971, por Jacques Rosner, depois por Gildas Bourdet. Este oferece seus serviços para a administração Mauroy, em 1978, que o autoriza a utilizar a sala Roger-Salengro, revezando com Robichez.[36] "A guerra dos teatros de Lille" começou, conforme título do *Nord Matin*.[37] O TPF não conseguirá

---

[35] Roger Colombani e Charles-Émile Loo, *"C'était Marseille d'abord". Les années Defferre* (Paris: Robert Laffont, 1992), p. 250.
[36] *Nord Éclair*, 1º nov. 1978.
[37] *Nord Matin*, 22 abr. 1978.

se reerguer. A concorrência também é atiçada pela multiplicação de companhias teatrais, às quais a cidade de Lille, em busca de uma maior diversificação de ofertas, responde favoravelmente.

"Essa preocupação com a diversificação das atividades culturais no plano local faz par com a vontade de ver Lille alcançar uma dimensão nacional, até mesmo internacional [...] Nesse contexto, o regional, que é Cyril Robichez, aparece como homem do passado. O destino do TPF está, agora, selado."[38] Na verdade, Lille se interessa muito pelo teatro, mas as exigências em termos de difusão de influência são também muito fortes. O paciente trabalho de Cyril Robichez desde a década de 1950 não bastou para justificar, aos olhos dos legisladores, seu prosseguimento além de 1981. O aumento da importância da política cultural e a diversificação do catálogo de Lille lhe terão sido fatais.

O atraso dos museus chamou a atenção especialmente da municipalidade de Estrasburgo. As políticas nacionais o provocam, por intermédio da carta cultural assinada pelo ministério e pela lei programática sobre os museus de 11 de julho de 1978, que prevê uma ajuda aos museus classificados e controlados, tanto para obras no equipamento quanto de arquitetura. Essa inflexão governamental na direção dos museus e do patrimônio foi efetuada, segundo Emmanuelle Loyer, à custa do espetáculo ao vivo:

> As atribuições orçamentárias expressam claramente as escolhas governamentais da época, cristalizadas na promoção do passado: em 1978, de um orçamento total de 2,2 bilhões dedicado à cultura, 206,6 milhões iam para os museus (contra 131 milhões em 1977) e 314,9 milhões, aos monumentos históricos (contra 231 milhões no ano anterior), a criação de espetáculos ao vivo, por outro lado, vê suas subvenções aniquiladas.[39]

A Alsácia é uma região que o ministério considera em atraso do ponto de vista dos museus. "Três cidades apresentam grandes problemas, Estrasburgo, Colmar, Mulhouse", pode-se ler em uma nota feita na preparação da visita do primeiro-ministro à Alsácia.[40] "Em Estrasburgo, é o conjunto do programa de museus municipais que convém repensar por ocasião da eventual transferência do Museu Histórico para a

---

[38] Philippe Marchand, "Enseignement, culture, sociabilité ao XXe siècle". In: Louis Trenard e Yves-Marie Hilaire, *Histoire de Lille du XIXe siècle au seuil du XXIe siècle* (Paris: Perrin, 1999), p. 343.

[39] Emmanuelle Loyer, "Michel Guy, 'Le printemps culturel'", *Culture et Société, Cahiers Français*, n. 260, pp. 36-8, mar.-abr. 1993.

[40] Nota visando a preparação da viagem do primeiro-ministro para Lorena e Alsácia, set. 1972, ANF 920 627/113.

Commanderie Saint-Jean, que atualmente serve de prisão e deve ser liberada em 1975."[41]

Assim, o patrimônio, incluindo os museus, ocupa um lugar de destaque nas cartas culturais concluídas entre o Estado e a região da Alsácia, sendo que a primeira é assinada em 30 de junho de 1976.[42] Isso também é levado em conta na carta cultural de 12 de junho de 1975 entre a cidade de Estrasburgo e a Secretaria de Estado de Michel Guy.[43] Com exceção da Ancienne Douane e do museu arqueológico classificado, é indispensável uma reforma completa. Em 1972, foram feitas duas inspeções para definir os problemas. A carta cultural de Estrasburgo de junho de 1975 permite abordar um vasto programa de reformas, incidindo sobre o imóvel da praça do Château, n. 5, o Museu Alsaciano e o Palais Rohan. Quanto ao imóvel da praça do Château, já em 1976 ele é alocado aos museus de Estrasburgo para permitir uma reorganização do conjunto dos museus. Em 1978, o Palais Rohan é modificado e dotado de equipamentos museográficos. Esta última operação, a única prevista para Estrasburgo a título de créditos da lei programática dos museus, é concluída em 1979. A carta prevê o financiamento de 40% das obras relativas aos museus, que se divide conforme segue:

	Cidade	Estado
Imóvel da praça do Château	1,02 milhão	680 mil
Museu Alsaciano	162 mil	108 mil
Palais Rohan	780 mil	520 mil

Tabela 10: Verbas previstas pela carta cultural de 12 de junho de 1975 para os museus de Estrasburgo (valores em franco).[44]

Além disso, o curador-chefe dos museus estrasburguenses, Jean Favières (1975-1985), empreende a reorganização geral deles.[45] Embora as obras das reformas sejam feitas com o apoio do Estado, a política de aquisições se faz sem ele. Isso não impede que a verba para aquisição de obras de arte triplique entre 1975 e 1980, sendo dada prioridade ao Museu

---

[41] Ibid.
[42] O mesmo acontece com a segunda carta com a região da Alsácia, firmada em 20 fev. 1981.
[43] O mesmo acontece com a segunda carta de Estrasburgo, de 22 jul. 1988.
[44] Carta cultural entre a cidade de Estrasburgo e o Estado, ANF 920 627/113.
[45] Esse cargo aparece em 1974.

de Arte Moderna, de modo a elevá-lo a nível internacional.[46] Voluntarismo municipal e voluntarismo ministerial conjugaram-se, em Estrasburgo, para dar partida a uma dinâmica museal.

A carta cultural de Toulouse (30 de julho de 1975) começa pelos museus e exposições, o que coloca esse setor à frente nas prioridades. As obras tão aguardadas no Museus dos Augustins vão, de fato, poder começar. Trata-se de restaurar as edificações tombadas e de reorganizar totalmente as coleções durante os anos de 1975 e 1976.

Em Bordeaux, a tônica é posta em três museus: a extensão do Museu de Artes Decorativas para o Palais Lalande, a transferência do Museu da Aquitânia para as instalações da antiga faculdade de letras (estimada em 12 milhões de francos) e a ampliação do Museu de Belas-Artes para a ala do jardim da prefeitura, liberada para as coleções regionais. Existe o projeto de ligar as duas alas desse museu por uma galeria subterrânea, que jamais será feita. Como Estrasburgo e Toulouse, Bordeaux espera uma participação do Estado da ordem de 40%.

Por seu lado, a carta marselhesa prevê a construção de um museu histórico da cidade, desde suas origens. Ele seria construído em torno do jardim arqueológico feito no local dos vestígios do antigo porto. Em comparação, chama a atenção o lugar pouco importante ocupado pelos museus na carta de Lyon. Eles são mencionados apenas no artigo IX, com a instalação do museu do cinema e da Fundação Nacional da Fotografia no Château Lumière. Este, posto à disposição pela cidade, deve abrigar as coleções cinematográficas de Paulo Génard (adquiridas em partes iguais pela cidade e pelo Estado) e ser inaugurado em 1977. No primeiro ano, fica acordado que o orçamento para o funcionamento da Fundação Nacional da Fotografia fique a cargo do Estado, que, a seguir, irá prover os 70%.

Em Lille, nada de carta cultural. Mas uma profissionalização do pessoal dos museus é esboçada com a partida do curador Pierre Maurois em 1962. O Museu de Belas-Artes, então, é confiado apenas a curadores do Estado, que formam equipes em torno deles. Lille também reestrutura seus estabelecimentos e se preocupa com as instalações do Museu Comtesse. A decisão de fazer um museu no lugar do antigo asilo Comtesse vem desde 1942. A abertura do museu acontece em 1963, mas os últimos serviços do asilo só se mudam em 1970. A vocação do museu tem dificuldades para ser definida entre o curador e a cidade, a questão é a "de saber em que

---

[46] Jean-Marc Bonino, *La Politique culturelle de la ville de Strasbourg* (dissertação de mestrado em Administração das Coletividades Locais. Estrasburgo: IEP de Estrasburgo, 1980-1981).

medida é preferível fazer um museu de arte e de tradições populares de vocação regional a fazer um de história das técnicas".[47] A lei programática de julho de 1978 sobre os museus[48] vai permitir pensar em obras de instalação e de ampliação, feitas entre 1979 e 1983.[49] Da mesma forma, o Museu de Belas-Artes se beneficia de um plano de reformas a partir de 1977, com a ajuda do Fundo de Intervenção Cultural (FIC), para realizar operações em parceria com a Educação Nacional. O FIC, estrutura para inovações e acordos, que funcionou de 1971 a 1984, serviu para montar cerca de 2 mil operações e contribuiu para facilitar a parceria entre coletividades públicas.

Outra função cultural, a formação, começa a afirmar-se, apesar de sua lentidão tradicional e lamentável. O impulso do número de alunos e o impacto de 1968 ainda se fazem sentir nas escolas de arte. É esse o caso de Lyon, onde o ministério deseja uma mudança do diretor para levar a bom termo as reformas.[50]

Em Bordeaux, o prefeito aposta suas esperanças no pintor René Bouilly para conseguir fazer com a que a escola saia da letargia. Jacques Chaban-Delmas recebe, durante quatro dias, em janeiro de 1974, um inspetor geral e dois inspetores principais. Estes constatam que as instalações de Bordeaux são de concepção obsoleta, que às vezes os alunos fazem o trabalho de professores e que a escola está "fora da vida contemporânea". Apesar de tudo, o prefeito se dedica a provar-lhes que a cidade tem potencial. Ele faz com que eles visitem o Entrepôt Lainé, onde Jean-Louis Froment, depois de ter sido professor na referida escola e de ter animado a galeria do Fleuve,[51] monta as primeiras exposições oficiais de arte contemporânea. O "Duque de Aquitânia" também faz com que eles descubram a nova escola de arquitetura, que saiu do bairro de Sainte-Croix, onde ela compartilhava as instalações com a escola de belas-artes. Em 1972, ela se muda para a região de Raba, em Talence, bem perto do campus universitário. Não há nenhuma dúvida de que essa visita serviu como argumento para que o prefeito convencesse Paris a incluir a escola de belas-artes na categoria de prioridade na futura carta de 23 de maio de 1975. O Estado se compromete a contribuir para as obras de reestruturação do local, bem como a aumentar sua participação nas despesas de funcionamento, mas inclui uma condição explícita: "O Estado poderá participar mais amplamente do funcionamento

[47] Ata da reunião sobre a região Nord-Pas-de-Calais, DAG, 23 out. 1978, ANF 920 627/99.
[48] O Estado prevê garantir 40% da despesa incorrida pelas cidades.
[49] ANF 920 627/99.
[50] Relatório de inspeção de 4 jun. 1974, ANF 870 592/3.
[51] Françoise Taliano-des Garets, op. cit.

da Escola quando a reforma do ensino de Artes Plásticas estiver sendo efetivamente aplicada e com a condição de que as modalidades pedagógicas tenham como finalidade essa reforma".[52]

A reforma de 1956 tinha determinado, nas escolas nacionais, uma duração de cinco anos para os estudos, instituído oito setores artísticos e criado o Diploma Nacional de Belas-Artes (DNBA). Entre 1970 e 1973, é instaurado um ciclo de iniciação de dois anos, seguido por um ciclo de especialização de três anos. Um decreto de 9 de novembro de 1973 firmado pelo ministro Maurice Druon aborda uma reforma do ciclo de especialização, concentrado em três departamentos: Arte, Comunicação, Meio Ambiente.[53] É essa reforma que a carta quer ver entrar em vigor em Bordeaux. Ela é introduzida em Lyon em 1976, onde a cidade financia sua escola em 98%. As dificuldades continuam, apesar de tudo, o que leva o jornal *Le Monde* em 1978 a fazer o seguinte balanço: "uma batalha de influências opõe as cidades ao Estado: o Estado decide a reforma, as cidades têm de pagá-la. As cidades bem que gostariam de ter poder de decisão quando elas financiam".[54]

O Estado se empenha em manter o pleno controle sobre o ensino, ao mesmo tempo que limita sua participação financeira. O período está mais para as veleidades reformistas do que para um real voluntarismo, e o ensino das artes plásticas evolui bem pouco.

3.2 ESTRUTURAÇÃO DAS POLÍTICAS CULTURAIS DAS METRÓPOLES REGIONAIS

a) Um polo cultural municipal cada vez mais elaborado

Enquanto campo de intervenção legítima, a cultura acarreta o desenvolvimento de um sistema de decisão e de administração cada vez mais elaborado. Esse fenômeno da institucionalização, bem analisado por Philippe Urfalino,[55] pode ser observado nas seis cidades a partir de três níveis distintos. No topo, os prefeitos continuam sendo os atores principais

[52] Carta cultural entre a cidade de Bordeaux e a Secretaria de Estado da Cultura, 23 maio 1975.
[53] Gérard Monnier, *L'Art et ses institutions en France. De la Révolution à nos jours* (Paris: Gallimard, 1995).
[54] Geneviève Breerette e Frédéric Edelmann, *Le Monde*, 15 jun. 1978.
[55] Philippe Urfalino, *L'Invention de la politique culturelle* (Paris: Comité d'Histoire/ La Documentation Française, 1996).

(Tabela 2). Alguns exercem vários mandatos de longa duração (Chaban--Delmas, Defferre, Pflimlin), em outros lugares assiste-se a uma renovação do pessoal político, em Lyon com Francisque Collomb depois da morte de Louis Pradel em 1976; em Lille com a chegada de Pierre Mauroy em 1973; e em Toulouse com a de Pierre Baudis eleito em 1971. A continuidade política prevalece apesar da mudança dos homens em Lyon. À política de arregimentação de centro-direita de Louis Pradel, segue-se o "centrismo" de Francisque Collomb, pendendo cada vez mais à direita.[56] Lille também conhece a continuidade com a manutenção de uma maioria socialista. A ruptura é aparentemente mais marcante em Toulouse, onde Pierre Baudis põe fim a cerca de meio século de dominação socialista na prefeitura. Deve-se notar, entretanto, que este já era assessor na municipalidade do socialista Louis Bazerque. A estabilidade logo volta a prevalecer, pois o nome de Baudis está associado ao de uma dinastia municipal que dura até 2001. Em algumas cidades, o círculo mais próximo do prefeito também parece ter um papel de destaque, é especialmente a influência exercida por suas esposas que chama a atenção em Bordeaux e Marselha.

A afirmação de um polo cultural municipal é um elemento importante no período entre os dois Maios. Esse polo é estruturado em torno dos assessores constrangidos a agir de acordo com o prefeito ou, mesmo, com a mulher deste. Novas personalidades se encarregam dessas delegações municipais. O polo cultural funciona também graças a comissões especializadas que reúnem assessores e eleitos municipais. A institucionalização das políticas culturais em nível local é também acompanhada pela criação de uma administração específica, o "serviço cultural". Tendo isso em vista, devemos determinar como se tomam as decisões nos anos 1970, qual é o grau de flexibilidade do poder do prefeito em relação às obrigações locais e nacionais, e se há diferenças ou semelhanças entre as cidades, duas são socialistas (Lille e Marselha), quatro de direita ou tendendo à direita, em um período em que a bipolarização da vida política tende a se acentuar.

Cultura e "monarquia municipal"

A estatura do prefeito, tão importante nas décadas precedentes, mantém-se central na década de 1970. O fenômeno da "monarquia

---

[56] A lista de Collomb conta com dezenove da UDF, seis da RPR, 24 de diversas direitas eleitas em 1977, 25 da UDF, 25 da RPR, onze de diversas direitas, uma da CNIP em 1983. Ver Sylvie Biarez, *Le Pouvoir local* (Paris: Economica, 1989).

municipal à francesa"[57] não é desmentido, apesar de algumas nuances geográficas. Essa situação, que data do século XIX, ligada ao modo de votação, foi reforçada pelo acúmulo dos mandatos. Por toda parte, a identificação do prefeito com sua cidade funciona tanto melhor quanto maior sua longevidade política. Sem dúvida, o fenômeno da personalização do poder é mais pronunciado em Bordeaux e em Marselha, onde os eleitos estão respectivamente em seu quinto e quarto mandato, e já têm, atrás deles, uma carreira nacional. Jacques Chaban-Delmas é primeiro-ministro de 1969 a 1972. Por outro lado, os dois homens não deram fim a suas ambições nacionais, estão apenas no meio do caminho de uma carreira de múltiplos desdobramentos. Embora sua etiqueta partidária seja divergente, eles têm em comum certo carisma que lhes dá a possibilidade de arregimentar localmente, além de seu próprio campo. Um opositor de Jacques Chaban-Delmas, o socialista Gilles Savary, escreve sobre o inamovível bordalês:

> Rápido em dissecar as personalidades e em sondar as consciências com um breve olhar, Chaban sempre se mostrou incomparável na arte de bajular os vaidosos, de desinteressar os venais, de atrair os ambiciosos, de notabilizar os pouco importantes, de subjugar os poderosos e de manipular os fracos. Temível disposição pessoal, que ele usa com um deleite controlado, faz mais de cinquenta anos, no segredo gratificante de seu escritório municipal. Essa arte política, servida por uma personalidade de imensa sedução, também é uma disciplina.[58]

Em Bordeaux, como em Marselha, foram estabelecidas relações diretas entre os agentes culturais mais importantes e o prefeito ou sua esposa. O papel da esposa, que à primeira vista pode parecer anedótico ou de outros tempos, revela, entretanto, um fenômeno não democrático na gestão da cultura. É em 1971 que Jacques Chaban-Delmas casa, em segundas núpcias, com Micheline Chavelet, e Gaston Defferre, com Edmonde Charles-Roux, em 1973. Chavelet tem uma personalidade forte e muita influência sobre o prefeito de Bordeaux. Enquanto seus gostos a levam para as artes plásticas, Bach e o cinema,[59] ela descobre uma paixão pela arte contemporânea; também Micheline Chaban-Delmas tem muito a ver na ênfase posta pela municipalidade, a partir de meados da década, na arte contemporânea e

---

[57] Expressão emprestada de Albert Mabileau: "De la Monarchie municipale à la française", *Pouvoirs*, n. 73, 1995.

[58] Gilles Savary, *Chaban maire de Bordeaux. Anatomie d'une féodalité républicaine* (Bordeaux: Aubéron, 1995), p. 57.

[59] Patrick Chastenet e Philippe Chastenet, *Chaban* (Paris: Seuil, 1991), p. 400.

na rápida expansão do CAPC. Charles-Roux, jornalista da *Elle* e redatora da *Vogue*, faz parte de uma família da grande burguesia marselhesa. Ganhadora do prêmio Goncourt de 1966, essa mulher instruída frequenta a *intelligentsia* de esquerda, conta entre seus amigos com intelectuais comunistas, como Aragon. Em sua obra sobre os anos Defferre, Gilbert Rochu estima que o casamento do prefeito de Marselha com Edmonde Charles-Roux "coincide com o começo de uma era decididamente cultural em Marselha".[60] De fato, ela está muito presente no terreno local, a tal ponto que o assessor para a cultura, Marcel Paoli, só tem um espaço de ação limitado. A influência dela foi exercida na questão do balé Roland Petit, do teatro e também dos museus.[61] Os anos 1980 irão confirmar o papel das duas esposas como "conselheira cultural", tanto em Bordeaux quanto em Marselha.

As relações do casal Defferre muitas vezes trazem proveito à comuna de Marselha. Prova disso é, nos anos 1970, a intervenção de dois mecenas, um no campo do teatro, outro no dos museus. O primeiro, Armand Hammer, milionário e proprietário da Occidental-Petroleum, financiou as obras de restauração da sala do Gymnase.[62] O segundo, Gustav Rau, médico e rico colecionador alemão, tem a intenção, em 1971, de doar à cidade de Marselha uma notável coleção de pinturas. Para abrigá-la, a cidade fornece um terreno no vale de Bonneveine, de frente para o mar, onde o mecenas financia 80 milhões de francos em obras. No final, Gustav Rau mudará de ideia; ao escolher uma causa humanitária, ele desistirá de doar sua coleção. Os marselheses, entretanto, ficarão com um novo local de difusão e a fundação do dr. Rau aceitará emprestar suas obras para serem expostas.

Assessores e administração da cultura

Marcel Paoli,[63] assessor para assuntos culturais de 1971 a 1989, é, então, constrangido a admitir a presença de uma esposa "conselheira do príncipe". Esse advogado latinista de gostos muito clássicos, está encarregado das bibliotecas, do teatro e da música. Ele corresponde perfeitamente ao perfil feito por Philippe Urfalino de "o assessor amador instruído", mas com tênue margem de manobra.

[60] Gilbert Rochu, *Marseille, les années Defferre* (Marselha: Alain Moreau, 1983).
[61] Entrevista com Marcel Paoli, 7 fev. 1998.
[62] Marcel Paoli assinala o papel desempenhado por Edmonde Charles-Roux nessa operação.
[63] Ele é membro do MGR — Mouvement des Radicaux de Gauche [Movimento dos Radicais de Esquerda].

Em Lyon, Francisque Collomb parece querer inaugurar métodos um pouco diferentes dos de Pradel: "Rompendo em um ponto com a tradição de todos os seus predecessores, o prefeito de Lyon se esforçou para constituir uma verdadeira equipe municipal e para praticar uma ampla delegação de poderes".[64] Assessores competentes no campo cultural o cercam, como Joannès Ambre, André Mure, Robert Proton de la Chapelle. Uma comissão para os museus funciona faz tempo, à qual se junta, em 1978, uma comissão dedicada à arqueologia.[65]

Na metrópole alsaciana, assessores de peso assumem um papel tangível na gestão da cultura. A separação entre setor cultural e sociocultural, que aconteceu em meados dos anos 1960, pode ser vista parcialmente nas atribuições dos assessores. François Georges Dreyfus, encarregado dos assuntos culturais, é um acadêmico, diretor do colégio franco-alemão e do Instituto de Altos Estudos Europeus. Ele é membro do partido gaullista. Seu serviço, o mais estruturado,[66] cobre os arquivos, os museus, a biblioteca, o conservatório, a escola de artes decorativas. Ele parece mais conservador em suas escolhas do que Germain Muller, assessor para música e teatro desde 1959.[67] Este, sem filiação partidária, também se ocupa da animação cultural popular, da MJC , do Maillon, bem como do Théâtre Jeune Public. Além disso, ele preside o Palácio da Música e dos Congressos. Pierre Pflimlin, na última homenagem prestada a esse assessor na catedral de Estrasburgo, reconhece que ele teve um papel decisivo na criação da Opéra du Rhin e do centro cultural de Maillon.[68] Germain Muller, porém, recusa um serviço administrativo muito estruturado, e nem chega a ocupar um escritório municipal. Reservando para ele mesmo o contato com os responsáveis artísticos, ele deixa para o diretor de seu serviço administrativo as relações com as associações. Uma diferença tão marcante entre François Georges Dreyfus e Germain Muller pode deixar supor que existiam discordâncias entre eles que obrigariam o prefeito a fazer o papel de árbitro. A pesquisa feita por Mario d'Angelo,[69] embora posterior, mas com os mesmos encarregados da cultura, mostra, afinal, que a coabitação deles não trouxe dificuldades.

---

[64] Jacques Prévosto, "D'Édouard Herriot à Michel Noir". In: Françoise Bayard e Pierre Cayez, *Histoire de Lyon du XVIe à nos jours* (Paris: Horvath, 1990), p. 439.

[65] ANF 920 627/118.

[66] Catherine Coulin, *La Politique culturelle de la municipalité de Strasbourg 1983-1989* (tese defendida no IEP de Estrasburgo, em jun. 1989).

[67] Os dois irão permanecer nessas funções até 1989.

[68] Pierre Pflimlin, discurso pronunciado nos funerais de Germain Muller na catedral de Estrasburgo, em 19 out. 1994, *Objectif Alsace*, n. 97, nov. 1994.

[69] Mario d'Angelo, *Douze villes et le changement culturel, les effets de l'action du ministère de la culture et de la communication au plan local depuis 1981* (Cafi-SER/ Ministère de la Culture, 1984).

As atividades socioculturais, enfim, dependem para o essencial de uma terceira delegação distinta. A especialização das tarefas, portanto, não é total em Estrasburgo, algumas competências podem encavalar-se parcialmente. Essa situação, a que falta racionalidade, também é resultado das personalidades que as exercem ou, talvez, das arbitragens políticas locais.

Uma administração municipal se desenha de modo muito interessante em Marselha com o surgimento, em 1976, de um Office Municipal de la Culture et des Loisirs [Agência Municipal da Cultura e do Lazer), destinado a garantir as intervenções nos bairros. Ele agrupa eleitos, administradores, responsáveis por associações e alguns criadores — poucos. Robert Verheuge, um dos pilares — ele irá assumir a direção do Office nos anos 1980 — responsável pela federação Léo Lagrange, lamenta os poucos representantes dos criadores: "Para os últimos, nenhum sistema satisfatório de representação foi achado. É que a criação implica, muitas vezes, processos muito individualizados e, com exceção de reivindicações ao mesmo tempo precisas e coletivas, os artistas raramente se agrupam".[70]

Durante dois anos, o Office tem, como missão principal, realizar a manifestação Marselha em Festa, concebida com as associações presentes no local (Léo Lagrange, o Mini-Théâtre, o CPMA);[71] Marselha em Festa consegue aliar dimensão popular e qualidade. A experiência se transforma em cinco ou seis festivais de bairro. O diretor da agência, René Murat, trabalha em simbiose com o assessor Marcel Paoli. Essa estrutura leve lança as bases duradouras que servirão de apoio para a efervescência cultural da década seguinte. A configuração geográfica e sociológica de Marselha, o dinamismo das associações, provocaram, portanto, o surgimento de uma agência da cultura cujos objetivos são democratizar o acesso à cultura. Contudo, ela continua sendo um instrumento nas mãos do assessor.

Uma agência da cultura é criada em Lyon em 1978, garantindo a ligação entre as associações e a comissão de concertação para assuntos culturais. Um polo cultural municipal está sendo estruturado. Também pode ser visto um esforço de racionalização em outras cidades. Lyon, por exemplo, a pedido do prefeito Francisque Collomb, faz redigir, em 1977, o *Livre blanc sur la situation culturelle lyonnaise* [Livro branco sobre a situação cultural lionesa].[72] A obra faz uma revisão de todas as atividades culturais; não exclui as críticas à municipalidade; e põe a tônica na "falta de consultas e

---

[70] Robert Verheuge, *Gérer l'Utopie. L'action culturelle dans la cité* (Aix-en-Provence: Edisud, 1988).

[71] O CPMA — Centre Provençal Musique Animation [Centro Provençal Música Animação] faz um trabalho de descentralização do conservatório para os bairros.

[72] *Choisir la culture. Livre blanc sur la situation culturelle lyonnaise*, dez. 1977.

de acordos, na falta de uma verdadeira política de ação cultural, de equipamentos pesados caros, na insuficiência de equipamentos e de atividades culturais em nível de bairro".

O livro branco de 1977 é o sinal de que uma mudança se esboça, que uma vontade se manifesta, a de sair do estágio de improvisação desordenada, a de dar maior coerência à ação. A partir de então, os eleitos levam bastante a sério a cultura para exigir pessoal experiente; eles também sabem que as despesas têm de ser justificadas junto aos eleitores. Assim, pessoas especializadas, essencialmente professores universitários, são chamadas para contribuir com a municipalidade de Lyon, prática que irá ser confirmada, nas décadas seguintes, em outras coletividades locais francesas.

No total, o polo cultural se estrutura progressivamente, se especializa, se reforça nas seis cidades em torno de personalidades diversas. Mas, seja como for, o prefeito, por sua grande legitimidade, por seu poder simbólico, tem papel decisivo em matéria de tomada de decisão. A cultura é também chamada a contribuir para reforçar essa posição de mando.

> A imagem de marca, o estilo pessoal e de ação constituem recursos essenciais para os responsáveis locais. A dimensão simbólica das elites locais tornou-se predominante em uma sociedade local, antes marcada pela estabilidade, que é, hoje, conquistada pela ideologia da mudança. Em nível municipal, a identificação do prefeito com sua cidade e com os símbolos de sua renovação consagra a realização pessoal do primeiro mandatário.[73]

No que se refere à "identificação com os símbolos da renovação" cultural de Lyon, Louis Pradel ilustra perfeitamente essa estratégia. Jacques Chaban-Delmas também toca no mesmo registro. Gaston Defferre converteu-se a ele. Pierre Mauroy veste a roupa de primeiro dos moradores de Lille preocupado com a renovação de sua cidade, mesmo que só sendo de Lille por adoção,[74] pois o prefeito, dentre os representantes locais, é quem encarna os interesses de sua cidade e os defende. O discurso sobre cultura confirma, sob muitos aspectos, esse fenômeno.

---

[73] Albert Mabileau, "Les Élites politiques locales". In: Maryvonne Bonnard. Les Collectivités locales en France (Paris: La documentation Française, 1996), p. 120.
[74] Pierre Mauroy, Parole de Lillois (Paris: Lieu Commun, 1994).

b) Democracia cultural e "cultura global"

Da democracia cultural

As municipalidades expressam muito mais sobre a cultura. O discurso local parece quase uma justificativa excessiva da ação política, portanto, da despesa com a cultura. Alguns temas principais a alimentam, o que é interessante confrontar com a argumentação do ministério. O discurso do período Malraux sobre "a ação cultural" foi seguido pelo de Jacques Duhamel sobre "o desenvolvimento cultural". Desde então, "o desenvolvimento cultural não é apenas a democratização da alta cultura".[75] A filosofia de Jacques Duhamel, conforme ele a apresenta à Assembleia Nacional em abril de 1971, pretende ser, de fato, mais liberal:

> É preciso que, nos dias de hoje, essa possibilidade de conhecimento, de percepção, de reação, de diálogo e de fruição possa ser oferecida ao maior número possível; o que já impõe o problema dos mecanismos de transmissão, de educação, de difusão da cultura [...] Se não quisermos uma política estática, uniforme e esclerosada, devemos, repito, aceitar que aconteçam divergências, dissonâncias nas formas de arte, de expressão, e saber provar, nesse campo mais ainda do que em qualquer outro, que a tolerância é um risco, mas uma virtude da democracia.

A lição de Maio de 1968 foi em parte aprendida por um governo que tenta uma abertura para "a nova sociedade" e exalta, antes, a tolerância intelectual e um Estado menos tutelar. É certo que o acesso de todos às obras continua sendo uma prioridade, mas "a cultura não se impõe, de cima para baixo, por uma vontade política, ela não se decreta por prescrições administrativas, ela se mantém em um fluxo constante de trocas entre criadores e público".[76]

Além disso, o tema da descentralização continua firme e forte. Um começo de poder regional é instaurado pela lei que cria os estabelecimentos públicos regionais (EPR) em 5 de julho de 1972, e a desconcentração do Estado é iniciada com os decretos de 1964 e 1970, conferindo maiores poderes aos prefeitos dos departamentos. O VI Plano e sua comissão

---

[75] Comissariado Geral do Plano, VI Plano, Comissão de Assuntos Culturais, *Rapport du groupe de travail Long terme*, mar. 1971.

[76] Jacques Duhamel, *Discours et Écrits* (Paris: Comitê d'Histoire/ Ministère de la Culture et de la Francophonie/ La Documentation Française, 1993).

cultural presidida por Pierre Emmanuel atribuem um lugar maior para as coletividades locais, ainda mais que as primeiras pesquisas do SER enfatizaram a contribuição das cidades para o financiamento da cultura.[77]

"Descentralizar", "desconcentrar", são termos que se tornam mais comuns no vocabulário político da época e trazem alguns avanços concretos, ao menos no que se refere ao segundo, como a criação das primeiras Dracs. Quanto à tendência mais liberal do discurso, ela pode ser ilustrada com a Secretaria de Estado de Michel Guy. "Sua primavera cultural"[78] no plano das relações com as coletividades locais chega até as cartas. Essas temáticas ministeriais serão visíveis em nível periférico?

O caso das cidades de direita revela um discurso em geral consensual contra as políticas nacionais, não é de espantar. Uma conversão ao desenvolvimento cultural pode ser identificada especialmente em Estrasburgo, onde se faz um esforço na direção dos bairros periféricos em matéria de animação. O prefeito está convencido de "que há públicos em Estrasburgo: um público para a ópera, um público para o concerto da filarmônica, para o Barabli,[79] para o teatro alsaciano, para o Maillon".[80] A evidência da proposta em nada diminui a abertura da mente do prefeito estrasburguense. A tolerância ante a diversidade de formas e de conteúdos em matéria de arte e de cultura é igualmente um dos credos do prefeito católico "da cidade da França que está mais aberta para a Europa do Oeste e do Leste e, mesmo além, para o mundo". De acordo com ele, também é preciso "praticar a abertura em relação a novas formas de expressão, mesmo correndo o risco de ser ludibriado".[81]

Outra municipalidade na maioria, Lyon leva em consideração, sob Louis Pradel, depois sob o prefeito Francisque Collomb, as mutações sociológicas que se seguem ao crescimento urbano. Assim, é preciso conceber a construção, em um novo bairro da aglomeração, do Théâtre du Huitième para instalar, ali, a companhia do Cothurne. É um bairro popular, e essa construção está voltada explicitamente — são as palavras de um inspetor do teatro em 1970 — "para os assalariados e para a juventude".[82] Esse esforço na direção dos públicos mais populares, porém, parece bem modesto aos olhos dos redatores do livro branco de 1977, pois "[...] em uma cidade como

---

[77] Pierre Moulinier, "Jacques Duhamel ou l'aube des politiques culturelles locales". In: Augustin Girard e Geneviève Gentil (orgs.). *Les Affaires culturelles au temps de Jacques Duhamel, 1971-1973* (Atas das jornadas de estudo em 7 e 8 dez. 1993. Paris: Comité d'Hitoire du Ministère de la Culture/ La Documentation Française, 1995).

[78] Emmanuelle Loyer, op. cit.

[79] Um cabaré. (N.T.)

[80] Jean-Louis English e Daniel Riot, op. cit.

[81] Ibid.

[82] Relatório de inspeção, maio 1970, ANF 910 242/41.

Lyon, a situação das MJC continua sendo relativamente marginal, tanto no plano dos recursos quanto da difusão".[83]

Em Bordeaux, o setor sociocultural não é o que o prefeito reivindica com mais frequência quando evoca sua política cultural. É verdade que a municipalidade concede subvenções para a associação Foyers des Jeunes [Lar dos Jovens] e para Centros de Animação, mas ela se empenha em conservar qualquer iniciativa nesse campo. A associação em questão, aliás, não está filiada à Federação das MJC. A pesquisa sobre o fenômeno cultural em Bordeaux, feita sob a direção do sociólogo François Chazel e publicada em 1982, chega a uma conclusão categórica: "Recusa municipal muito nítida de desenvolver em Bordeaux uma ação cultural a partir dos equipamentos socioculturais".[84]

Pode parecer que os gêneros não se misturam em Bordeaux. O tema da participação, embora evocado por Jacques Chaban-Delmas em suas memórias, sobre o assunto do Maio Musical — "o Maio de Bordeaux tornou-se uma grande festa da qual participava toda a cidade" —, tem pouco a ver com a realidade dos fatos. O Maio jamais foi uma manifestação popular, e Chaban resume sua verdadeira vocação algumas linhas mais adiante: "O Maio era levado por uma dupla ambição. De um lado, ele dava para a cidade um cartão de visita internacional. Do outro, ele sensibilizava quem decide as atividades artísticas, ao mesmo tempo que criava, durante os concertos, novos vínculos entre os lugares centrais da cidade e os castelos da região".[85]

O prefeito, entretanto, está aberto às formas inovadoras de arte[86] e põe em prática, em sua cidade, alguns dos princípios enunciados na *Revue des Deux Mondes* em janeiro de 1971: "[...] a Administração deve se precaver contra qualquer imperialismo e qualquer rigidez: sempre alerta, atenta para provocar iniciativas, aberta para as ideias e os homens, cabe a ela formular orientações gerais e dar a necessária contribuição aos esforços de uns e de outros".[87]

O *fait du prince*, característica do governo de Jacques Chaban-Delmas sobre a cultura, não exclui um liberalismo muito dinamizador que beneficia alguns projetos e agentes culturais da cidade girondina.[88]

---

[83] *Choisir la culture. Livre blanc sur la situation culturelle lyonnaise*, dez. 1977.

[84] Jean-Paul Callède e Maryline Felonneau, sob a direção de François Chazel. *Le Phénomène culturel à Bordeaux* (Relatório sintético da pesquisa multidisciplinar. Talence: MSHA, 1982), p. 100.

[85] Jacques Chaban-Delmas, op. cit.

[86] Bordeaux terá um dos primeiros centros de artes plásticas contemporâneas.

[87] Jacques Chaban-Delmas, "Jalons vers une nouvelle société", *Revue des Deux Mondes*, jan. 1971.

[88] Françoise Taliano-des Garets, "Un grand Maire et la culture: le chabanisme culturel", *Vingtième Siècle. Revue d'Histoire*, n. 61, jan.-mar. 1999.

Sob certos aspectos, a conversão para o desenvolvimento cultural está presente nas municipalidades de direita, onde se vê mais tolerância e certa preocupação com as periferias no espaço local. O pluralismo cultural é uma resposta ideológica à crise de Maio de 1968. De qualquer jeito, o discurso permanece bastante fluido e a rota traçada, ainda muito orientada para os organismos tradicionais de difusão.

Lille e Marselha ou a politização da cultura

As metrópoles administradas por prefeitos socialistas, Lille e Marselha, procedem a uma reativação original de seu discurso sobre a cultura em um contexto político onde a esquerda progride (legislaturas de 1973 e 1978) e ganha em muitas cidades nas eleições municipais de 1977. Esta data, muitas vezes considerada como ponto de virada na história das políticas culturais municipais, é muito menos significativa nas metrópoles, pois ela não perturbou a coloração política delas. Ali, a maioria ainda está solidamente implantada em Bordeaux, Lyon, Estrasburgo e Toulouse. O ano de 1977 se dilui, com efeito, em uma fase mais ampla, que representa uma mobilização do Partido Socialista (PS) em torno da cultura, e é evidentemente o impacto da orientação adotada pelo partido que repercute nas metrópoles onde a esquerda predomina. Para um PS que declara querer "mudar a vida", a cultura ocupa um lugar maior. Nisso, ele se une ao parceiro do programa comum de governo (1972), o Partido Comunista. Para avançar nessa questão, o PS cria uma Secretaria de Ação Cultural (1973), animada pelo economista Dominique Taddéi, que reúne inúmeros intelectuais e experts.

Em 1974, a secretaria faz conhecer sua "orientação geral de uma política de ação cultural": "A cultura global que queremos desenvolver deve ser uma cultura para todos, a serviço de todos. Mas também é preciso que seja uma cultura por todos". Ao preconizar a democracia cultural, o PS assume uma concepção antropológica da cultura e adere ao discurso sociocultural. Não existe cultura, a não ser a alta cultura.

A Federação Nacional dos eleitos socialistas e republicanos serve, a seguir, como posto de difusão junto aos eleitos locais próximos ou membros do PS, organizando "jornadas culturais" a partir de 1975. Até que ponto as metrópoles regionais socialistas se ressentiram dessas mudanças? O conselho municipal marselhês dá o tom em 1975:

[...] em face do nascimento de Fos, da expansão da cidade de Marselha, o esforço sociocultural deve seguir a progressão geral, satisfazer coletividades cada vez mais diversificadas, cada vez mais numerosas. Portanto não se trata mais de falar de atividades culturais sob o ângulo em que elas, por vezes demais, foram encaradas em nível governamental e no âmbito da centralização parisiense, a saber, uma atividade sociocultural nascida e financiada com a finalidade de obter prestígio ou para mascarar as falhas em outros campos.[89]

A dimensão local, de proximidade, salta aos olhos, de tal forma é evidente o contraste com os discursos nacionais. Os eleitos tomaram consciência das mutações em curso no território de Marselha, quer se trate de extensão espacial, quer da diversificação étnica.

Uma concepção sociocultural se opõe à política tradicional das belas-artes que satisfaz, antes de mais nada, as elites. Estas são um alvo preferencial: "as elites de antes, dos negócios, deixaram para a cidade apenas o Museu Cantini e o Château Borély".[90] A recusa patente de prestígio, bem como a denúncia da centralização, completam a argumentação. Mais adiante, o tema da igualdade de acesso à cultura é explicitado. As despesas com cultura estão ali "não para satisfazer o gosto de uma elite, mas, sim, o gosto de um vasto público popular. Entre outras finalidades, elas têm a de elevar o nível cultural da população e de atenuar as taras de um 'sistema' que limita homens e mulheres aos imperativos do consumo".[91] Como pano de fundo, a sociedade capitalista é condenada e as políticas culturais nacionais explicitamente atacadas: "a carência governamental é evidente", "a centralização cultural em demasia: museus, teatros, bibliotecas do interior da França estão abandonados à própria sorte".

A politização do discurso sobre a cultura não deixa, aqui, nenhuma dúvida, ela corresponde a uma virada ao mesmo tempo nacional e local. O "sistema Defferre" está se convertendo em união da esquerda, e, assim, um acordo eleitoral é concluído em 1977; a participação dos comunistas no poder irá acontecer em 1983.[92]

---

[89] Prestação de contas da cidade de Marselha, 1975.
[90] Ibid. A mansão Montgrand foi legada para a cidade de Marselha pelo colecionador Jules Cantini, junto com suas coleções de porcelanas e cristais. O Château Borély foi cedido por um negociante de Alexandria, de quem ele conservou o nome.
[91] Ibid.
[92] François Baraize e Emmanuel Négrier, *L'Invention politique de l'agglomération* (Paris: L'Harmattan, 2001), p. 45.

Em Lille, outra cidade da oposição, a cultura está no centro das preocupações desde o primeiro conselho municipal de Pierre Mauroy, em que este adere de imediato ao "jogo do catálogo": "A cultura é muito vasta, e, sem dúvida, a responsabilidade de todos aqueles que têm autoridade nesse campo é fazer com que possa haver atividades cada vez mais variadas".[93] Além disso, a concepção de Lille da política cultural não parece estar limitada às belas-artes, "a cultura é muito vasta". Ainda não se está no "todo cultural" do ministério Lang, mas se está perto: "a grande questão é facilitar a criação cultural e a participação do público em uma política de meios adaptados".[94]

Auxílio aos artistas, participação de todos, essas declarações de Lille ultrapassam as da Secretaria Nacional da Ação Cultural do PS. Pierre Mauroy, secretário nacional do PS, agente direto da renovação doutrinária de seu partido, não espera a oficialização do discurso de 1974 para difundi-lo junto aos habitantes de Lille.

Uma etapa suplementar é franqueada em 1977. Depois de sua vitória nas eleições municipais contra Norbert Segard, candidato da maioria presidencial, Pierre Mauroy, cercado por uma equipe rejuvenescida e feminilizada, é solidamente instalado na prefeitura. Monique Bouchez, sua assessora para assuntos culturais, presidente da Comissão de Ação Cultural, prepara um relatório de orientação, que enuncia os seguintes objetivos: privilegiar a criação dos artistas profissionais; desenvolver a qualidade das atividades culturais, organizando manifestações adequadas; democratizar as atividades culturais através de uma política tarifária; estimular as necessidades culturais junto a todos os habitantes pela animação e um justo equilíbrio entre atividades culturais populares e atividades culturais de "ponta", tipo festivais.[95]

A procura de uma síntese entre cultura e sociocultural não poderia ser mais bem enunciada. As manifestações de alta qualidade correspondem, por outro lado, ao programa do candidato Mauroy em março de 1977, que, dentro do contexto do "novo contrato *lillois*", propõe-se a continuar a construção de uma imagem atraente de sua cidade, submergida pela crise industrial. A orquestra de Lille e o festival, aquela confiada a Jean-Claude Casadesus, este a Maurice Fleuret, têm essa vocação. O festival multidisciplinar oferece uma abundância de eventos dispersos em vários locais da cidade, tanto nos mais institucionais, a ópera, como na rua ou no Palácio

---

[93] Câmara Municipal, 8 abr. 1973.
[94] Declaração de Pierre Mauroy em 5 out. 1973 apud Philippe Marchand, op. cit., p. 321.
[95] ANF 890 533/5.

dos Esportes. O objetivo é atingir todos os públicos, e a programação também se volta para o que se chamou na época de "as artes étnicas", hoje transformadas em "músicas do mundo".[96] Essa proliferação, anunciando o que seria a festa da música, resume bem a política de ação cultural da municipalidade de Lille.

Existem semelhanças inegáveis entre Marselha e Lille, ambas passam por uma delicada mudança de atividade, ambas têm um despertar cultural mais lento e, enfim, consideram a cultura, na década de 1970, como carta a ser jogada. Outro ponto comum reside na convicção de que a difusão só pode vir da qualidade, ao solicitar instrumentos clássicos de difusão. Mas a ideologia socialista e os imperativos sociais dessas aglomerações também levam a desenvolver, em paralelo, uma política sociocultural descentralizada. A noção de cultura se amplia ante as exigências do terreno. Sob esse aspecto, Lille e Marselha já são laboratórios para o pós-1981. Uma municipalização das políticas culturais está sendo formada no conjunto das seis metrópoles, que tomam nas mãos seu destino, ao mesmo tempo que assimilam, do ambiente, os discursos sobre cultura.

c) *Objetivos: despertar, "desprovincializar", internacionalizar as capitais regionais*

Vários objetivos podem ser distinguidos de maneira constante no discurso das municipalidades, principalmente três: o despertar cultural; a "desprovincialização" das capitais regionais; e o acesso a um nível internacional.

A temática do "despertar das belas adormecidas" está presente em toda parte, como um clichê obrigatório para as municipalidades que querem demonstrar seu voluntarismo. Escandida desde os anos 1950 em Bordeaux, ela pode ser ouvida em Lille ou em Marselha nas décadas seguintes. Mas o contexto não é completamente idêntico, mesmo que sempre se trate de tirar a cidade de uma letargia paralisante, de fazer com que ela supere seus atrasos. A Bordeaux dos *sixties* se agita, com efeito, em pleno crescimento, enquanto Lille e Marselha enfrentam o desafio do marasmo estrutural. Lille sofre a crise de seus setores tradicionais, têxtil, carvão, metalurgia, conhece uma baixa em sua demografia. Marselha, depois do final da era colonial, assiste ao declínio de seu porto, ao êxodo

---

[96] Anne Veitl e Noémi Duchemin, *Maurice Fleuret: une politique démocratique de la musique* (Paris: Comité d'Histoire/ Ministère de la Culture, 2000), pp. 56-60.

de atividades para o Étang de Berre, ao desenvolvimento do polo de Aix. As duas cidades se esforçam para restaurar sua imagem manchada pela crise.

A cultura é uma das alavancas do reerguimento. Pierre Mauroy explicita essa estratégia em sua obra *Parole de Lillois*:

> Em 1974, estávamos em plena crise econômica, nossas grandes indústrias oscilavam. Um outro Norte deveria fatalmente surgir. Eu tinha a certeza de que essa mutação devia ser acompanhada por um esforço cultural sem precedentes. Outros pensavam que havia coisa melhor a fazer do que investir em música ou teatro. Eu rejeitava essa ruptura entre econômico, social e cultural. Era um discurso novo. E, posso afirmar, sem vã pretensão, que eu fui o artesão, em Nord-Pas--de-Calais, de uma nova política a favor da cultura.[97]

Já no mandato de Augustin Laurent, emerge a ideia de dar novo aspecto ao centro histórico. Pierre Mauroy, na época primeiro assessor, vai defender "seu plano setor protegido" em Paris. "Um bairro histórico em Lille? Lille, 'cidade de arte'? Mas o que está pensando essa gente do Norte, que só serve para fazer funcionar as fábricas? Aquilo que serve muito bem para Rouen, Lyon, Reims e Paris, é certo, não valeria nada para Lille? Nós ficamos firmes, apesar das piadinhas parisienses."[98]

A capital de Flandres tem de conseguir romper com a imagem de cidade operária, de zona de fumaça das chaminés, deixar de ser complexada em relação ao poder central, convencer-se de que ela pode embelezar e tirar proveito de seu centro histórico. É claro que é preciso concordar com as despesas. A cidade já investiu na restauração do Hospice Comtesse, "com o Escritório da HLM[99] a municipalidade salva a praça Oignons, à borda da ruína", intervém pelos lados da rua Célestines, supervisiona os construtores. "Apesar de algumas derrapagens... a Velha Lille conhece uma nova era".[100]

Marselha, a populosa, a cosmopolita, a cidade mafiosa, não tem menos trabalho a realizar para conquistar uma respeitabilidade que a cultura poderia lhe dar. Redourar o brasão marselhês ante a elegante e burguesa cidade vizinha, Aix-en-Provence. É bem essa a aposta feita com a implantação de Roland Petit e de Marcel Maréchal em um primeiro momento, e o fenômeno vai ser amplificado na década seguinte. A missão que lhes é

[97] Declaração de Pierre Mauroy, op. cit., pp. 165-6.
[98] Ibid., pp. 185-6.
[99] Órgão como a CDHU. (N.T.)
[100] Declaração de Pierre Mauroy, op. cit., pp. 185-6

dada é tirar Marselha de seu deserto cultural, ali onde, conforme as palavras de Marcel Maréchal, "o sol e o jogo de bocha dão pouca chance às artes do espetáculo".[101]

A aposta da renovação também é tentada apoiando-se na arte lírica em Toulouse ou em Lille. "É uma verdadeira ressurreição do teatro do Capitole"[102] que acontece a partir do momento em que Michel Plasson se encarrega dele em 1968, com Jean-Claude Casadesus à frente da orquestra de Lille em 1975, depois da dissolução da orquestra da ORTF.[103][104]

"Desprovincializar" as capitais regionais, essa é uma outra ambição. "Não consigo suportar que se fale dela como de uma cidade interiorana", escreve Pierre Pflimlin sobre Estrasburgo em suas memórias.[105] De fato, essas cidades foram reconhecidas como metrópoles regionais; de fato, elas se sentem confusamente capitais por herança e também pelos serviços culturais que são capazes de assumir em sua região. Mas os preconceitos têm vida longa. Se só há excelência cultural em Paris, o que fazer senão fazer como Paris? Assim, nota-se, nas metrópoles, um "efeito Beaubourg". Em Estrasburgo, o paralelo é tentado através da imprensa local, com Le Maillon; em Bordeaux também, onde o Entrepôt Lainé procura sua vocação durante dez anos praticando a polivalência antes de se tornar CAPC-Museu. A referência a Paris está nos espíritos e nas palavras, tanto em Estrasburgo quanto em Bordeaux.

Para fazer tão bem como Paris, é preciso dispor de profissionais da cultura de renome nacional ou internacional. As cidades se dedicam a atrai-los e sistematicamente exibem o percurso de excelência de seus recrutas. Roland Petit, Marcel Maréchal em Marselha, Alain Lombard na direção da orquestra de Estrasburgo, Michel Plasson encarregando-se da orquestra do Capitole, ou Jean-Claude Casadesus da de Lille. Este claramente recebe, em fins de 1977, a incumbência de fazer a operação de salvamento das instituições musicais de Lille.[106] Os legisladores examinam os currículos, como em 1979, quando se trata da nomeação do novo diretor do Théâtre du Huitième. O assessor do prefeito Joannès Ambre, em nome da municipalidade, e depois do exame detalhado das candidaturas, manifesta reservas sobre um deles, que "até hoje não se firmou como animador, nem como diretor", "nunca

---

[101] Entrevista com Marcel Maréchal, Le Point, 18 jun. 1994.

[102] Ata da reunião da RTLMF, 3 jul. 1975, ANF 890 533/2.

[103] Raphaël Laurent, L'Orchestre national de Lille (1974-1996) (dissertação de mestrado. Lille: Universidade Charles de Gaulle Lille III, 1996-1997).

[104] Emissora de televisão. (N.T.)

[105] Pierre Pflimlin, Mémoires d'un européen de la IVe à la Ve République, op. cit.

[106] Carta de Pierre Host, representante regional da música, ao diretor da arte lírica e da dança, 13 out. 1977, ANF 890 533/5. Ver também Raphaël Laurent, op. cit.

dirigiu uma companhia ou um teatro" e, acima de tudo, sua "notoriedade é modesta".[107]

As cidades, portanto, procuram qualidade e renome, e a elite artística que passou nas provas em outros lugares as tranquiliza. Muitas vezes, para elas, a celebridade é a melhor das garantias. Mas não se deve esquecer que a Ópera de Lyon deve seu brilhante relançamento, "a Ópera Nova", a partir de 1969, a Louis Erlo, sobrinho do diretor anterior da Ópera de Lyon, Paul Camerlo. Da mesma forma, o Festival Sigma é criado por Roger Lafosse, de Bordeaux, até então desconhecido.[108] Embora as capitais regionais queiram "desprovincializar-se", isso não significa que elas estejam completamente cegas em face do potencial local. As pretensões são nacionais, fazer tão bem como Paris, e o jogo das comparações também é feito entre as cidades. Lyon é referência em matéria de biblioteca central e em matéria de auditório. Os festivais rivalizam em busca de excelência (Festival Berlioz em Lyon a partir de 1979,[109] Maio Musical em Bordeaux) e da novidade na programação (Festival Sigma, Festival de Lille inaugurado em 1976).

As pretensões chegam mesmo a ser internacionais em Estrasburgo, Lille e Lyon. Na Alsácia, isso se justifica pela estatura internacional de uma cidade que concentra instituições europeias e se situa, igual Lille, na proximidade da fronteira. Quanto a Lyon, seu peso demográfico e econômico a leva a reivindicar em todos os registros o lugar de segunda cidade da França, a cultura não sendo exceção.

Tendo um mesmo impulso de se equipar e de estruturar sua política cultural, as metrópoles atribuem à cultura virtudes e uma legitimidade que parecem consensuais, mesmo em período de crise. Esse acesso ao reconhecimento das políticas culturais é generalizado nas metrópoles, tanto que algumas delas estão firmemente decididas a recuperar o atraso. Mas podem ser assinaladas diferenças entre as municipalidades em função da filiação política. A politização do discurso é clara nas municipalidades de esquerda, no seio das quais a cultura é vista como portadora de mudança social. Ficamos, por outro lado, com uma concepção mais liberal do pluralismo cultural.

---

[107] Carta de Joannès Ambre a Guy Brajot, 16 mar. 1979, ANF 910 242/40.

[108] Ver Françoise Taliano-des Garets, "Le festival Sigma de Bordeaux (1965-1990)", *Vingtième Siècle. Revue d'Histoire*, out.-dez. 1992.

[109] Élisabeth Renau, *L'Enjeu identitaire et culturel du festival. L'exemple du festival Berlioz* (dissertação de mestrado sobre a Direção de Projetos Culturais. Grenoble: Université de Sciences Sociales de Grenoble/ IEP de Grenoble, 1999).

4. O TEMPO DA PARCERIA COM O ESTADO

4.1 O TEMPO DAS CARTAS

a) Parceria ou tutela?

A década de 1970 vê "mudarem" — escreve Guy Saez — "as relações que as cidades e o Estado mantinham no campo cultural e afirmar-se o que se poderia chamar de ponto de virada territorial das políticas públicas. Ela inaugura, através de suas rupturas, o sistema que é o nosso".[1]

O contexto se presta a isso, pois a ideia de descentralização ganha terreno nesse intervalo que vai do fracasso do referendo sobre a regionalização de 1969 às leis Defferre de 1982 e 1983. A ideia de participação como antídoto contra as crispações da sociedade, a torna inevitável aos olhos do primeiro-ministro Jacques Chaban-Delmas: "É pela descentralização, com efeito, que o maior número de decisões será tomado pelo maior número de homens afetados por elas. Esse é um progresso qualitativo incontestável no sentido da responsabilidade democrática".[2]

A comuna é vista como um território pertinente: "[...] só ela é limitada bastante para permitir a participação direta, sem intermediários, de todos aqueles que querem ter um papel ativo na vida pública. Portanto, não é espantoso nem retrógrado que o Estado dê prioridade à modernização das comunas. É a democracia ao alcance das mãos".[3]

O campo da cultura não é deixado à margem, pelo contrário. Na Assembleia Nacional, o ministro Duhamel declara que "a política cultural

---

[1] Guy Saez, "Les Progrès du partenariat: les villes entrent dans le jeu". In: Robert Abirached, *La Décentralisation théâtrale. Les années Malraux, 1959-1968* (Arles: Actes Sud-Papiers, 1993), p. 46.

[2] Jacques Chaban-Delmas, "Jalons vers une nouvelle société", *Revue des Deux Mondes*, jan. 1971.

[3] Ibid.

não pode ser um feito apenas do Estado, e um papel capital cabe às coletividades locais". Ele consegue obter, do primeiro-ministro, a criação, em 1970, do Fundo de Intervenção Cultural (FIC), que facilita as relações interministeriais e o financiamento de projetos inovadores. A Datar — Délégation Interministérielle à l'Aménagement du Territoire et à l'Attractivité Régionale [Delegação Interministerial para o Planejamento Territorial e a Atratividade Regional] existe desde 1963, e o planejamento territorial está na ordem do dia. Jacques Duhamel lança a ideia de "contratos" que poderiam ser celebrados entre as comunas e o ministério. Em seguida, as metrópoles cada vez mais ativas no campo da cultura irão responder favoravelmente à política de contratos que a Secretaria de Estado de Michel Guy lhes sugere. Por seu lado, a administração pública deve adaptar-se a essa nova abordagem da política cultural. Assim, uma Divisão de Ação Regional é criada dentro da Direção da Administração Central. Ela é encarregada de entrar em contato com os eleitos, de chegar rapidamente às assinaturas e de facilitar a cooperação entre as direções centrais.[4]

As metrópoles estão na linha de frente, pois são parceiros que já demonstraram voluntarismo e com os quais a negociação não é nova. Assim, elas fazem parte da primeira leva de assinaturas durante o ano de 1975: Bordeaux em 23 de maio; Estrasburgo em 12 de junho; Marselha em 18 de julho; Toulouse em 30 de julho; e Lyon em 14 de novembro. A cidade de Lille fica à margem. Uma hipótese parece provável para explicar a falta de uma carta de Lille: a apreensão e o tratamento de questões culturais em escala regional. Por outro lado, um acordo é concluído entre a região Nord-Pas-de-Calais e a Secretaria de Estado em julho de 1975 no que se refere aos centros dramáticos, à orquestra regional, à agência cultural regional cuja criação foi decidida pelas maiores cidades da região.[5]

As cartas são um tipo de programação no tempo (três a cinco anos) das políticas culturais das metrópoles. Elas estabelecem uma parceria com o Estado sobre as diversas operações programadas. Antes de mais nada, elas dão lugar a um levantamento do zero, uma espécie de auditoria cultural, regurgitando índices sobre a situação cultural das cidades em meados dos anos 1970. Além disso, são fixadas prioridades, fruto do acordo entre os dois parceiros. Comparando as cartas, as semelhanças deixam entrever o voluntarismo do Estado, cujas orientações são definidas. Elas também permitem definir os pontos de união entre as políticas culturais das seis cidades. É claro que as diferenças de uma carta para a outra mostram as

[4] Philippe Poirrier, *L'État et la culture en France au XXe siècle* (Paris: Le Livre de Poche, 2000), p. 153.
[5] Georges Sueur, "Le Nord a préféré 'l'Accord' à la charte", *Le Monde*, 2 jul. 1975.

especificidades locais, os atrasos ou avanços, as escolhas dos eleitos, mas também a consideração que a Secretaria de Estado tem pelas metrópoles. Enfim, a elaboração das cartas indica que os dois parceiros estão também à procura de outros apoios capazes de vir dos departamentos ou dos Estabelecimentos Públicos Regionais (EPR).

E pode-se ler em algumas frases introdutórias das cartas de Bordeaux e de Toulouse: "Essa concentração de recursos não exclui de modo algum o apoio que poderá ser dado a outras coletividades locais (departamento e região)". O fato de todas as coletividades públicas serem levadas em consideração prenuncia a descentralização dos anos 1980. Além disso, deve-se lembrar que uma primeira carta regional foi firmada em 30 de junho de 1976, com a Alsácia.

A dimensão financeira é o elemento marcante da negociação. Por exemplo, o anteprojeto da carta lionesa compreende um quadro que recapitula "o estado dos problemas culturais em Lyon", feito pouco menos de dois meses antes da assinatura da carta, informando sobre o teor das negociações.[6] A cidade pede uma ajuda suplementar do Estado para um determinado número de objetivos. Assim, ela se aproveita da negociação para solicitar subvenções do Estado para equipamentos até então não subvencionados, como o Teatro Célestins. A resposta dada pela Secretaria de Estado é a seguinte: "Nenhum compromisso a princípio", mas "um esforço será feito".[7] Da mesma forma, a cidade "reivindica periodicamente um complemento" para o auditório de Part-Dieu, cujo custo ela subestimou e para o qual a participação do Estado foi de 11,84%. Este recusa-se a ir mais longe. Quanto à transferência do conservatório, a cidade volta atrás em relação ao acordo que previa que o Estado assumiria a metade dos custos de aquisição e deixaria a cargo da cidade as instalações internas. A cidade "exige do Estado ao menos 6,5 milhões de francos para as obras". Dessa vez não haverá uma recusa. Está previsto "concordar com um aporte suplementar", por exemplo, de 5 milhões de francos em 1976, dos quais 2 milhões viriam do Fiat — Fonds Interministériel d'Aménagement du Territoire [Fundo Interministerial de Reorganização do Território].[8] Além disso, um pedido de participação seria formulado junto à região. O mesmo recurso é previsto no que se refere ao balé de Lyon, cuja situação financeira é muito preocupante. O objetivo do Estado é prover 33% do déficit e solicitar a ajuda da Região. É certo que o interesse dessas tratativas é informar sobre a natureza das

[6] ANF 870 648/10.
[7] Ibid.
[8] Ibid.

relações cidades/Estado. Fica claro que as cidades não ocupam uma posição de autonomia, elas ficam à espera da boa vontade do Estado. Convém, portanto, não idealizar demais a formalização dessa parceria.

Alguns pontos de atrito aparecem a propósito dos florões da política de descentralização artística, do CDN e da orquestra sinfônica. A Secretaria de Estado deseja um aumento da participação de Lyon no funcionamento do CDN e vê, com péssimos olhos, o controle que a cidade "quer exercer sobre a orquestra sinfônica, que, entretanto, é subvencionada". E pode-se ler que "a orquestra deveria ter uma gestão autônoma e ser formada pela região, enquanto é quase que exclusivamente lionesa".[9] Nesse estágio, a descentralização teatral e musical promovida por Paris não é sinônimo, no espírito dos funcionários da rua de Valois, de descentralização administrativa.

Por outro lado, como na década precedente, persiste um comportamento semelhante a uma tutela sobre os conteúdos artísticos. Enquanto Lyon pede, ao Estado, uma participação financeira para o Festival de Fourvière, até então recusada, o representante regional da música da região Rhône-Alpes o critica pela falta de originalidade, por se contentar em continuar, ao ar livre, com as atividades da ópera, da orquestra ou dos teatros já subvencionados.[10] A resposta do ministério para a negociação da carta é pedir que o festival baseie sua programação em uma temática precisa.

Enfim, não é raro encontrar, ao sabor dos textos preparatórios das cartas e nas próprias cartas, um pedido de justificativa sobre a gestão de certos equipamentos: "O Estado pede que a cidade de Lyon lhe forneça um dossiê detalhado referente à orquestra, compreendendo especialmente um orçamento preciso".[11] Ou, sobre a reforma do local da escola de belas-artes de Toulouse: "A cidade irá fornecer, para esse fim, um dossiê detalhado especificando o montante total das obras projetadas, as etapas previstas, bem como o programa pedagógico que foi usado no estudo do projeto".[12] Assim, as cartas comprovam, a rua de Valois conserva uma posição "de Estado influente, se não forte, tutor das coletividades locais e das instituições 'credenciadas'".[13]

---

[9] Ibid.

[10] Do representante regional da música da região Rhône-Alpes ao sr. Montassier, chefe de gabinete do secretário de Estado da Cultura. Elementos de base referentes à atividade musical de Lyon, ANF 870 648/10.

[11] Anteprojeto da carta com Lyon, 13 out. 1975.

[12] Carta cultural entre a cidade de Toulouse e o Estado, 30 jul. 1975.

[13] A expressão é de Pierre Moulinier, "Jacques Duhamel ou l'aube des politiques culturelles locales". In: Augustin Girard e Geneviève Gentil (orgs.). Les Affaires culturelles au temps de Jacques Duhamel, 1971-1973 (Atas das jornadas de estudo em 7 e 8 dez. 1993. Paris: Comité d'Hitoire/ Ministère de la Culture/ La Documentation Française, 1995), p. 173.

b) Prioridades e apostas

Embora todas as cartas comecem com a fórmula "A cidade de... e o Estado consideram que o desenvolvimento cultural constitui um dos principais componentes do progresso", o que se segue difere de um texto para outro. A de Lyon se destaca, na segunda frase, por um comentário elogioso sobre a capital dos gauleses: "O papel histórico de Lyon, encruzilhada de culturas de séculos, bem como de sua difusão atual, pede uma política exemplar".

Mesmo procedimento para Estrasburgo, onde a cidade e o Estado "constatam, além disso, que Estrasburgo tem uma missão cultural regional, nacional e europeia que pede uma política exemplar"; também para Marselha, "cuja influência, além da região, estende-se ao mundo mediterrâneo e pede uma política exemplar".

Toulouse e Bordeaux não têm direito a esse pequeno preâmbulo enfático sobre "a política exemplar". Bordeaux, entretanto, no final da introdução, é classificada como "cidade da arte". Mas nenhum comentário é feito sobre Toulouse. A julgar por essas expressões, Lyon, Marselha e Estrasburgo ocupariam, para a rua de Valois, um lugar excepcional. Ora, Bordeaux atribui, para a cultura, uma parte de seu orçamento municipal (15,2%),[14] maior do que Lyon (14,4%), e a verba por habitante é maior na metrópole da Aquitânia (625,1F) do que nas capitais da Alsácia (342,5F) ou na região Rhône-Alpes (261,4F).

É verdade que Estrasburgo tem o orçamento cultural mais alto (21,9% de seu orçamento comunal), mas a importância que o Estado atribui à cidade alsaciana devido a seu peso na Europa é um trunfo contra o qual Bordeaux não pode lutar. Decididamente, Estrasburgo é sempre um caso à parte. Quanto a Lyon, outras hipóteses devem ser apresentadas, a começar por sua demografia, pois, com 456.716 habitantes na cidade central e 1.220.763 na aglomeração, conforme o recenseamento de 1975, ela é a terceira cidade da França.[15] Ela também é a capital da segunda região da França. Além disso, está bem provida de instituições artísticas descentralizadas e de equipamentos de ponta, biblioteca de Part-Dieu, auditório Maurice Ravel.

Marselha é a segunda cidade da França por sua demografia (908.600 habitantes *intra muros*). O Estado também leva em consideração a identidade de uma cidade que, culturalmente, é cabeça de ponte para o mundo mediterrâneo e simboliza a abertura internacional.

[14] Os números são da pesquisa de 1978.
[15] Insee (Institut National de la Statistique et des Études Économiques), recenseamento de 1975.

A carta de Lyon é a mais longa e a mais detalhada, mas não permite adivinhar os pontos delicados da negociação. O Estado tem ganho de causa sobre a questão do aumento da participação financeira da cidade nas despesas de funcionamento do CDN. Por outro lado, ele toma nota da vontade que a cidade tem de que ele se envolva nos custos de funcionamento do Teatro Célestins. Ele concorda em fazer uma dotação para o Festival de Fourvière; em contrapartida, a cidade concorda que ele esteja representado no conselho de administração do festival e que participe da escolha da programação.

Aparecem lógicas diferentes. Assim, parece que Toulouse quis passar em revista todos os setores culturais que lhe interessam (dez rubricas). Marselha, por outro lado, estreitou a abordagem (seis), bem como Estrasburgo (cinco). Projetos nevrálgicos para as cidades estão no começo do texto, com o título I sendo dedicado, em Bordeaux, ao Entrepôt Lainé; em Toulouse, ao Museu dos Augustins; à restauração do patrimônio em Estrasburgo e Marselha (Vieille Charité). Por todo lado, a diversidade da oferta cultural e sua ampliação são evidentes (arte contemporânea, fotografia, cinema...), da mesma forma que a preocupação mais acentuada com o patrimônio através das rubricas museus, monumentos históricos, sítios, arquitetura, escavações arqueológicas e inventários. Já foi enfatizada a lentidão, até então, do investimento nos museus. Todas as cartas se interessam, exceto a de Lyon, que, é verdade, acaba de abrir seu museu arqueológico em Fourvière. Mas ainda há muito a ser feito no Museu de Belas-Artes, onde se torna necessária uma reforma completa, e no Museu Guimet, "fechado por falta de pessoal".[16] Diante da situação deplorável deste último museu, onde falta um curador qualificado e espera-se um inventário e uma restauração, o chefe da Inspeção Geral dos Museus classificados e controlados previne o assessor do prefeito: "Eu vou ficar na impossibilidade moral de defender que sejam mantidos em Lyon os depósitos do Museu Guimet de Paris".[17]

Será preciso esperar, de fato, a década seguinte. O setor do patrimônio também fica à espera, mas o atraso lionês não é exceção. Em 1970, entre uns quarenta setores protegidos na França, somente treze pequenas ilhas foram tratadas, ou seja, 24 hectares. Em Lyon, três projetos de restauração se sucedem, em 1967, 1969, 1972, que não recebem nem a anuência do "Renascimento da velha Lyon", nem o do ministério. A carta lionesa enfatiza a necessidade de acelerar o Programa dos Monumentos Históricos e faz a

[16] *Choisir la culture. Livre blanc sur la situation culturelle lyonnaise*, dez. 1977.
[17] Carta de Dominique Ponnau a Robert Proton de la Chapelle, 16 maio 1973, ANF 920 627/118.

lista do que é urgente. Ela é evasiva quanto ao setor protegido, para o qual se prevê uma cláusula adicional. Em matéria de escavações, a cidade não foi muito escrupulosa na primeira etapa das obras do metrô entre Perrache e Terreaux, a maior parte dos vestígios desenterrados foram destruídos. Em 1975, dois canteiros de obras na colina de Fourvière provocam protestos locais.[18] A carta dá oportunidade ao Estado de sublinhar o interesse dos sítios de Choulans-Saint-Just e do santuário de Cybèle em Fourvière. Estes são objeto de um acordo de financiamento, e a cidade se compromete "em associar os Diretores de Antiguidades Históricas e Pré-Históricas na elaboração de planos e operações de urbanismo e de suas eventuais modificações".

O título I da carta de Estrasburgo é reservado para os sítios, monumentos e espaços protegidos. O Estado atribui uma ajuda anual de 500 mil francos em cinco anos ao setor protegido. Cinco monumentos serão restaurados em 1976 e 1977, outros cinco a partir de 1978.

Quanto a Marselha, cuja carta prevê um programa de 30 milhões de francos para a Vieille Charité, dos quais 12 milhões a cargo do Estado (ou seja, 40%), ela engloba no contrato a execução do jardim arqueológico da Bolsa, em paridade com a Secretaria de Estado. O texto termina com um compromisso dos dois parceiros de se consultarem no caso de escavações preventivas.

Em matéria de patrimônio, portanto, as cartas tentam ativar o processo de restauração e reafirmam a política de proteção do Estado ante a cidades como Lyon e Marselha que nem sempre compartilharam da mesma preocupação. Do mesmo modo, as cartas permitem reafirmar as orientações políticas nacionais em matéria de música e de formação artística. Especialmente em relação à ópera, a Secretaria de Estado volta atrás em uma de suas soluções usualmente preconizadas ante o custo da arte lírica. Ele encoraja sempre as coproduções. Assim, uma política de cooperação é mencionada entre a ópera do Reno e a de Lyon, entre o Capitole e o Grand-Théâtre de Bordeaux.

Em matéria de formação, como as coisas demoram a evoluir, o Estado insiste, pelo menos em três das cinco cartas, na reforma do ensino das artes plásticas, reforma que ele começou e quer ver aplicada nas metrópoles. Ele está disposto a concordar com um esforço financeiro para a questão do edifício se suas orientações pedagógicas forem aplicadas.[19]

---

[18] Jacques Bonnet, *Lyon et son agglomération*. (Notes et études documentaires. Paris: La Documentation Française, 1987), p. 108.
[19] Ver, em especial, as cartas de Bordeaux, Lyon, Toulouse.

Em prol do ensino musical, grandes obras nos equipamentos são projetadas em Bordeaux, com a construção de um novo conservatório; em Marselha, com a instalação de novas salas de aula nos edifícios da antiga escola de belas-artes; bem como uma ajuda para a mudança do conservatório de Lyon para o antigo seminário dos jesuítas em Fourvière.

Enfim, uma das ferramentas recentemente postas em funcionamento por Michel Guy é mencionada em duas cartas, o Onda — Office National de Diffusion Artistique [Agência Nacional de Difusão Artística] confiado a Philippe Titry, ex-diretor da casa de cultura de Amiens. A missão do Onda é favorecer a circulação dos espetáculos através da França. Ele é mencionado na carta de Bordeaux em relação às atividades do Entrepôt Lainé; quanto a Toulouse, "a cidade será parte interessada nas ações de difusão empreendidas pela Secretaria de Estado da Cultura no âmbito da Agência Nacional de Difusão Artística".

Pode-se notar, também, que as cartas esboçam um movimento de parceria na direção de outras coletividades locais, departamento e região, especialmente quanto à questão dos conservatórios de região (Lyon, Bordeaux), tímidas premissas do que a descentralização irá desencadear a partir das leis Defferre. Os cossignatários têm todo interesse nisso.

No total, as cartas formalizam uma negociação, fixam uma programação e reativam algumas das grandes orientações ministeriais. Elas têm a vantagem de englobar muitos setores na reflexão cidades/Estado e de desimpedir a abordagem. Assim, graças às cartas, a política cultural assume características cada vez mais territoriais e globais. A planificação a curto prazo é uma melhor garantia de sucesso, tanto que, como está escrito no final desses contratos, "a cada ano, as duas partes se reunirão para examinar a execução da presente carta e seus eventuais adendos".

c) Um ligeiro balanço

As cartas têm a seu crédito o fato de terem encorajado um determinado número de realizações nas metrópoles e terem contribuído para modificar a paisagem cultural delas. São muitos os equipamentos que se beneficiaram desse empurrão dado à decisão política e ao financiamento. Em Bordeaux, de oito projetos principais, cinco produziram efeitos: a transformação do Entrepôt Lainé, a construção do Conservatoire National de Région, a reforma total da escola de artes plásticas, o início da restauração da igreja Sainte-Croix e a mudança do Museu da Aquitânia para a antiga faculdade de letras. A criação de um CDN prevista na carta irá esperar, mas será feita a longo prazo. Em compensação, a de um centro eletroacústico confiado a Pierre Henry será abandonada.

O programa de reorganização e de reforma da capital alsaciana, caso se acredite em uma fonte ministerial, "foi executado integralmente".[20] Marselha também tirará proveito das conquistas da carta (Vieille Charité, Théâtre de la Criée) a partir dos anos 1980. Novas possibilidades foram dadas a Bordeaux na direção da animação — essa era a vocação inicial do Entrepôt Lainé — ou do patrimônio, e os museus em Estrasburgo provam, através da carta, seu interesse pela arte contemporânea. As consequências nem sempre são imediatas, às vezes é preciso esperar alguns anos para ver os efeitos. Então o que pensar das opiniões negativas sobre as cartas emitidas nos anos que se seguiram a elas? Em 1976, o grupo de cultura do VII Plano não está nada eufórico.

> O conteúdo das cartas firmadas em 1975 com sete grandes cidades revelou-se bem decepcionante [...] Embora elas tragam certo esclarecimento sobre as relações entre o Estado e a cidade cossignatária, em que fazem um balanço dos respectivos esforços financeiros, elas não parecem ter levado nem a uma transformação real das relações de parte a parte, nem à promoção de uma política global de desenvolvimento cultural e, *a fortiori*, de inovação.[21]

O avanço administrativo é admitido inteiramente, enquanto as ambições iniciais parecem desapontar. Essa constatação negativa, porém, tem o inconveniente de ser feita no calor da hora. Por outro lado, um Estado liberal pode pretender uma transformação mais profunda do campo cultural que, nem a ideologia ambiente, nem os recursos, deixam conceber? De fato, o pequeno volume do investimento estatal logo irá demonstrar essa impossibilidade.

A análise do custo financeiro é outra crítica feita às cartas. O Estado teria dado o impulso inicial e bem rápido teria se desligado, deixando as cidades sozinhas para suportar os encargos, em detrimento de suas finanças. Seria assim com Bordeaux. "A carta custou muito caro — mais de 142 milhões de francos em 1980 —, pesando grandemente no orçamento cultural, que, em 1977, ultrapassou a marca dos 10% para atingir 15% do orçamento da comuna em 1978."[22]

[20] Nota de 25 out. 1978, ANF 920 627/114.
[21] Relatório do grupo de cultura do VII Plano, Comissariado geral do Plano — Secretaria de Estado da Cultura, Paris, abr. 1976.
[22] Gilles Savary, "L'Incidence de la charte sur la politique culturelle de la commune de Bordeaux", *La Région dans la Décentralisation, les Chartes Culturelles, Correspondance Municipale*, Documents mensuels pour l'information et l'action locale, n. 223, dez. 1981, p. 26.

Gilles Savary observa que o Estado tinha se comprometido em garantir 40% do custo, mas a cidade cobriu, no total, mais de 85% das despesas e o Estado apenas uns 13%.[23]

	Franco em circulação em 1980	%
Municipalidade	121.088.576,30	85,11
Estado	18.928.306,34	13,30
Região	2.261.857,03	1,59
Custo total	142.278.739,67	100

Tabela 11: Recapitulação do financiamento da carta de Bordeaux.

Os atrasos no agendamento dos pagamentos e a inflação não melhoraram as coisas; além disso, os novos equipamentos têm custos para funcionar. Ora, o abandono das cartas deixou as cidades sozinhas diante dessas obrigações. O contexto orçamentário nacional sob o efeito da crise econômica e os drenos postos no orçamento da cultura não deixam muita margem de manobra para o Estado a favor das cidades. A cultura passa abaixo de 0,6% do orçamento nacional e, em 1981, cai para 0,47%.

Pode parecer, também, que as direções setoriais da rua de Valois executaram bem mal as práticas de desobstrução dessa política de contratos desativada pelos sucessores de Michel Guy.

> Enfim, deve-se ressaltar — escreve René Rizzardo — que, se a primeira negociação da carta cultural foi feita no nível do ministro ou de seu gabinete, garantindo de algum modo o envolvimento do ministro da Cultura, as discussões dos anos seguintes foram feitas no nível dos representantes das Direções, jamais no nível dos próprios diretores, e as orientações tomadas nessas regiões não foram objeto de uma confirmação real por parte 'dos políticos' do Ministério da Cultura; isso começou em 1977 e representa uma confirmação do abandono progressivo, bem rápido, considerando tudo, da política das cartas culturais.[24]

As cartas também foram criticadas por terem reforçado um pouco mais o centro das cidades em detrimento das periferias urbanas. Existem, entretanto, algumas exceções. A única rubrica dedicada à leitura nos

---

[23] Idem, "Éléments pour une réflexion sur la politique des chartes culturelles à la lumière du cas bordelais", *Revue d'Économie Régionale et Urbaine*, n. 2, 1981.

[24] René Rizzardo, "La Charte culturelle de Grenoble", *La Région dans la Décentralisation. Les Chartes Culturelles, Correspondance Municipales*, Documents mensuels pour l'information et l'action locale, n. 223, dez. 1981, p. 30.

cinco documentos encontra-se na carta de Lyon que trata dos anexos das bibliotecas nos bairros. Ainda em Lyon, uma tenda móvel é prevista para a difusão de espetáculos de teatro dentro da aglomeração, operação para a qual a Datar, o FIC e o conselho geral do Rhône são chamados a contribuir. Mas não é falso dizer que os equipamentos novos destinam-se, em sua maioria, à cidade-sede, da mesma forma que os créditos para restauração, que são orientados para as instituições tradicionais e os centros históricos.

A longo prazo, entretanto, é inegável a contribuição das cartas em equipamentos, em projetos para o futuro. Elas legitimam políticas culturais municipais e reconhecem uma dinâmica local. A inovação administrativa é, acima de tudo, promissora, pois a ideia da contratualização relativa à descentralização prevê bom tempo à frente.

Certamente convém não idealizar a parceria entre a cidade e o Estado. Houve bastante debates, discussões. As cidades puderam levar adiante operações de sua preferência que às vezes esperaram durante longo tempo por falta de impulso suficiente. Mas as cidades não negociam em pé de igualdade. O Estado é quem define as linhas gerais, imprime suas diretivas, financia seus apoios, exige contrapartidas em termos de conteúdo. Além disso, a década de 1970 termina com uma impressão enganadora: à falta de recursos financeiros, o Estado teria posto em andamento uma dinâmica e, depois, abandonado as cidades. Os esforços de reconhecimento do local — que se lembre da descentralização lírica — aparecem, mais uma vez, como negativos financeiramente. A última palavra é do *Livre blanc sur la situation culturelle lyonnaise*: "Na realidade, as relações entre a cidade e o Estado não aparecem como relações contratuais, mas como relações de dependência. É a cidade que executa o esforço essencial".[25]

O Estado se reserva as "atividades de criação, cujo controle ele conserva, deixando as tarefas mais obscuras e mais pesadas (formação, conservação, difusão) para as coletividades locais; parece, portanto, indispensável que sejam estabelecidas, entre o Estado e as grandes cidades da região — especialmente Lyon —, relações novas e adultas".[26]

4.2 A DESCENTRALIZAÇÃO ARTÍSTICA

Sob o signo do desligamento do Estado, a descentralização artística, tema recorrente desde a Libertação, vai prosseguir e aumentar. O

---

[25] *Choisir la culture. Livre blanc sur la situation culturelle lyonnaise*, dez. 1977.
[26] Ibid.

orçamento do Ministério da Cultura, que atinge 0,38% do orçamento do Estado em 1960, progrediu ligeiramente durante a época Malraux, para se elevar a 0,43% em 1968. Em seguida, 1974 marca um pico (0,61%), seguido por um decréscimo (0,47%) na véspera da alternância do poder em 1981. Mesmo que o orçamento cultural do Estado recue em franco, o das comunas aumenta de maneira significativa. A dança dos homens à frente da rua de Valois e das disposições legais — Secretaria de Estado, ministério associado ao Meio Ambiente, à Comunicação — torna o septenato de Valéry Giscard d'Estaing um período de relativa incerteza. O Estado está à procura de parceiros, as coletividades locais, mas também começa-se a falar em mecenato. A associação para o desenvolvimento do mecenato industrial e comercial (Admical) é criada bem no fim dos anos 1970. Nesse contexto, prossegue a descentralização artística, especialmente nos campos da música, das orquestras e óperas, bem como do teatro.

a) O plano Landowski e as metrópoles regionais

Marcel Landowski, compositor e inspetor geral do ensino musical, assume a Direção da Música, órgão recém-criado por Malraux, em 1966. Três anos depois, a arte lírica e a dança são vinculadas a esse serviço, que, em 1971, torna-se uma direção de pleno direito. Marcel Landowski preside os destinos da Direção da Música, da Arte Lírica e da Dança (DMALD) até 1974. Já em 1969, ele divulga seu *Plano de dez anos para a organização das estruturas musicais francesas*. O ministério Duhamel está decidido a "dar toda amplitude ao plano decenal da música",[27] que fica mais importante de 1971 em diante. Os créditos atribuídos à DMALD gozaram de uma progressão de 168% entre 1966 e 1973, a ênfase tendo sido colocada, principalmente, na difusão musical.

O plano Landowski define alguns objetivos principais a serem alcançados em dez anos, figurando, em primeiro lugar, a descentralização musical. Para a criação de regiões musicais, o plano é uma verdadeira obra de organização do território. A qualidade é o segundo eixo, não menos central, no espírito do compositor. Estimular a criação, ao mesmo tempo

---

[27] Discurso feito por Jacques Duhamel perante a Assembleia Nacional no outono de 1971 apud Emelie de Jong, "La Montée en puissance du 'Plan Landowski' et la naissance d'une vraie vie musicale en France" In: Augustin Girard e Geneviève Gentil (orgs.). *Les Affaires culturelles au temps de Jacques Duhamel, 1971-1973* (Atas das jornadas de estudo em 7 e 8 dez. 1993. Paris: Comité d'Hitoire du Ministère de la Culture/ La Documentation Française, 1995), p. 384.

que se democratiza o acesso às obras, é a missão atribuída à descentralização musical. Esse empreendimento de organização musical do território prevê, para cada região, uma orquestra, uma companhia de ópera, um conservatório e um animador regional. Considerando o longo tempo de uso de seus equipamentos, todas as metrópoles regionais são convocadas a pôr em prática os objetivos da descentralização.

As orquestras, pedra angular do plano

"A ferramenta básica de toda vida musical é a orquestra sinfônica", são "as estruturas eficazes mínimas para uma difusão musical de qualidade em todas as camadas da sociedade."[28]

Ora, a França acumulou atrasos nesse campo quando comparada a seus vizinhos europeus. Em 1966, a maioria deles possui uma orquestra permanente para cada 500 mil habitantes, a França tem apenas uma para cada 3 milhões, e, na grande maioria, não são permanentes. Landowski, portanto, quis preencher essas lacunas. A organização em pirâmide definida por seu plano distingue três categorias de orquestras, A, B e C, em função do número de músicos e do tamanho da cidade. As metrópoles de equilíbrio entram na categoria A, comportando mais de 65 músicos, na maioria das vezes, uma centena. Os efetivos das cinco formações aumentaram em meados dos anos 1960, depois da supressão das orquestras da RTF. De comum acordo, as cidades e o Estado decidiram empregar determinados músicos da RTF nas orquestras municipais.[29] Por ordem cronológica de promoção à categoria de orquestra regional, Lyon dá o passo em 6 de novembro de 1969; Estrasburgo em 25 de junho de 1972; Bordeaux em 1º de outubro de 1973; Toulouse em 23 de maio de 1974; e Lille em 3 de janeiro de 1976.[30] A missão em escala regional é tripla: sinfônica, lírica e de animação. A ajuda do Estado deverá elevar-se a 33% do déficit.

Lyon, portanto, é a primeira cidade contemplada, acreditando Marcel Landowski que, na cidade dos Witkowski,[31] as condições seriam particularmente favoráveis: "[...] os Assuntos Culturais estavam confiados a um homem de grande valor, assessor do prefeito. Esse industrial, músico e

---

[28] Plano de dez anos para a organização das estruturas musicais francesas, ibid.

[29] As cidades sendo Lille, Lyon, Marselha, Toulouse, Estrasburgo, bem como Nice. Ver ANF 800 368/128.

[30] *Annuaire Statistique de la Culture, données 1970 à 1974* (Paris: La Documentation Française, 1978).

[31] Georges-Martin Witkowski e seu filho Jean, ambos regentes de orquestra (o primeiro, também compositor), estão na origem da criação, em Lyon, da Schola Cantorum, da orquestra de Grands Concerts e da construção da sala Rameau.

compositor, Robert Proton de la Chapelle, tinha conseguido manter, ali, uma interessante vida musical".[32]

Estrasburgo chega em segunda posição, e também ali é a qualidade inicial da orquestra que decide o diretor da música, "esta já era uma belíssima formação".[33]

Seguem-se Bordeaux e Toulouse, e outras cidades, estimuladas pelo exemplo, entram na competição",[34] entre elas Lille e Marselha. Esta última iria, afinal, abster-se. A principal explicação — a que dá Marcel Paoli, assessor marselhês para a cultura — baseia-se, sem dúvida, na pluralidade da rede de difusão da região Provence-Alpes-Côte d'Azur, com polos como Avignon, Cannes, Nice, e na dificuldade de se estabelecer um entendimento comum entre as cidades.[35] Landowski se felicita pelas excelentes relações que ele pôde ter com as coletividades locais quando da criação das orquestras regionais, e viaja com frequência para o interior para a inauguração delas. Ele afirma que "Os prefeitos e os assessores de todas essas cidades se mostraram, sem exceção, maravilhosamente cooperativos e assumiram suas responsabilidades com tenacidade, o que nem sempre foi fácil".[36]

De fato, os prefeitos são confrontados com um determinado número de dificuldades. Assim, o Plano Landowski impõe uma seleção dos músicos através de concursos, de maneira a garantir a qualidade das orquestras.

> Eu tinha estabelecido, como princípio de base para o recrutamento dessas orquestras regionais, que todos os seus músicos (salvo se, antes, eles tivessem passado em um concurso nacional, especialmente os professores de conservatório) deveriam submeter-se a uma audição para que pudessem ser admitidos na nova orquestra.[37]

Pode-se imaginar as reações negativas provocadas no seio das orquestras e os protestos, que não tiveram efeito algum. O recrutamento endureceu, mas os salários aumentam e o número de músicos cresce. Em Toulouse, o número de efetivos passa de 76, em 1965, para 88; ele chega a 95 em Bordeaux. Landowski tem plena consciência dos problemas financeiros:

> É claro que o Estado lhes trazia dinheiro. Mas, ao fazer isso, ele as obrigava a gastar ainda mais: salários aumentados, número maior de

---

[32] Marcel Landowski, *Batailles pour la musique* (Paris: Seuil, 1979), pp. 125-35.
[33] Ibid.
[34] Ibid.
[35] Entrevista com Marcel Paoli, 7 fev.1998.
[36] Marcel Landowski, op. cit.
[37] Ibid.

músicos. Embora elas não tenham feito economia. Evidentemente, como contrapartida, cada cidade podia orgulhar-se de possuir uma formação de qualidade, contribuindo para seu prestígio, mas números são números e os orçamentos, sempre apertados.[38]

Além das despesas com pessoal, muitas vezes é preciso resolver o problema do local, e ali as despesas ocasionadas são ainda mais pesadas. Que se pense no auditório Maurice Ravel em Lyon, na Halle aux Grains em Toulouse. Não é de espantar, portanto, que a parcela da música continue preponderante no orçamento cultural das metrópoles (ela absorve a metade em Lyon[39] e 61,9% em Bordeaux[40]).

De acordo com o plano, o financiamento das orquestras baseia-se na tripla participação, da cidade, do Estado e da região, já que essas orquestras têm vocação regional, cada uma das coletividades sendo encarregada, em teoria, de um terço dos encargos. A subvenção do Estado para a orquestra do Capitole eleva-se a 900 mil francos para a temporada 1974/1975, passa para 2,19 milhões em 1975/1976, e alcança 13.269.019F em 1980/1981. Embora isso represente um aumento, em valores correntes, de 6,7%, as despesas da orquestra, no mesmo período, aumentam em 34%.[41] As regiões, por sua vez, levam algum tempo para desempenhar suas obrigações. A região Midi-Pyrénées "chega até a diminuir sua contribuição de um exercício para outro, o que é uma preocupação permanente para o diretor da orquestra, Michel Plasson, e provoca um protesto, a princípio, do prefeito".[42] É preciso esperar 1986 para que a região Midi-Pyrénées dobre seus subsídios, porém limitados às despesas com investimentos. Aqui a lentidão se explica pela diferente coloração política até 1986 entre Toulouse e a região Midi-Pyrénées.

A orquestra sinfônica de Estrasburgo não recebe verbas da região, mas do departamento Bas-Rhin.[43] Em Lyon, no começo dos anos 1980, ainda se está em presença "de uma orquestra regional que não é sustentada pela região até 1984, que é nacional e que, definitivamente, está sob a direção municipal, sendo levada à frente com grande esforço pela cidade de Lyon, com a ajuda mínima, mas regular, do departamento do Rhône e do ministério equivalente a 25%".[44] Lille se destaca porque a sua orquestra

---

[38] Ibid.

[39] Número de 1977. In: *Choisir la culture. Livre blanc sur la situation culturelle lyonnaise*, dez. 1977.

[40] Número de 1978, Ministère de la Culture et de la Communication, SER.

[41] Serviço financeiro do Teatro do Capitole.

[42] Relatório de inspeção de André Le Rolland, mar. 1985, ANF 870 300/18.

[43] Relatório de inspeção de André Le Rolland, 1984, ANF 870 300/18.

[44] Relatório de inspeção de Claude Menard, 22 a 23 out. 1984, ANF 870 300/18.

deixa de ser municipal a partir de janeiro de 1976. Ela foi criada devido à dissolução da orquestra da ORTF em 1974 e da orquestra de Lille. Desse modo, ela passa a ser assumida pelo Estado e pela região, com estatuto de associação, enquanto as outras orquestras estão sob a direção municipal. Entretanto, não tendo uma sala própria, ela aluga locais para os ensaios, mas apresenta-se sem despesas de locação no Grand-Théâtre e no Théâtre Sébastopol.[45]

	Data de criação da orquestra regional	Situação jurídica	Número de músicos	Diretor artístico
Lyon	1969	direção do município	110	Serge Baudo
Estrasburgo	1972	direção do município	105	Alain Lombard
Toulouse	1974	direção do município	104	Michel Plasson
Bordeaux	1973	direção do município	95	Roberto Benzi
Lille	1976	associação lei 1901	100	Jean-Claude Casadesus

Tabela 12: Situação das orquestras permanentes subvencionadas em janeiro de 1981.[46]

Essas orquestras, seja qual for seu estatuto, rapidamente veem-se vítimas de obstáculos financeiros: "Na impossibilidade de se autofinanciar, o que, aliás, não é próprio da França, a taxa de crescimento dos salários é, de todo modo, superior ao aumento dos recursos financeiros dados pelo Estado".[47] Assim, cabe às cidades incumbir-se essencialmente do encargo, o que uma nota ministerial do começo dos anos 1980 não desmente:

> Todos os nossos parceiros requerem, antes de qualquer discussão, que o Estado honre seus compromissos. O destino das orquestras permanentes, cujo número recuperou, em catorze anos, mais da metade do atraso apontado em relação a outros países mais bem dotados musicalmente, está ligado à outorga de créditos suplementares.[48]

Além disso, as metrópoles contratam regentes de prestígio para elevar o nível musical (ver Tabela 12). Todos eles têm uma bagagem suficientemente pesada para atiçar as esperanças dos prefeitos e as de seus administrados. Quando eles chegam, muitas vezes a situação é delicada, como no exemplo

[45] Em 1985, ela aluga o auditório aberto no centro de Lille.
[46] Ibid.
[47] Nota para o senhor ministro, 26 jan. 1981, ANF 870 300/18.S.
[48] Ibid.

de Michel Plasson, que entra no Capitole no momento em que o público está em baixa. Esse parisiense de origem, revelado no concurso internacional de Besançon, que ganhou fama do lado de lá do Atlântico e no teatro de Metz, torna-se o inventor da vida sinfônica de Toulouse. Ele relança a orquestra do Capitole. Em 1969, ela só atraía 1.890 assinantes para suas óperas, em 1975, 4.920. A remuneração não negligenciável desses regentes de orquestra vai juntar-se às despesas correntes, elas mesmas em alta.

As orquestras desempenharam a missão de descentralização musical ao fertilizarem o espaço da região? A julgar pelos relatórios de inspeção que foram consultados, essa missão, na maioria dos casos, foi desempenhada imperfeitamente. A orquestra de Estrasburgo, no melhor dos casos, circula no departamento do Bas-Rhin. Michel Plasson e Roberto Benzi estão diante das duas das mais vastas regiões francesas, cuja macrocefalia urbana torna o empreendimento de descentralizar tão indispensável quanto difícil. A onipotência da metrópole regional tem como corolário a falta de salas grandes o bastante em outras partes da região. Portanto, é preciso criar formações de orquestras mais reduzidas, o que Michel Plasson faz em Midi-Pyrénées. Por sua vez, os músicos de Roberto Benzi reclamam de ter que se deslocar de Bordeaux para tocar perante públicos escassos.

Os inspetores lamentam não poder exercer um controle mais estrito sobre essas orquestras. Não são raras as observações sobre a falta de transparência (contas que se emaranham entre a orquestra do Capitole e a ópera), sobre a pobreza da documentação contábil apresentada, o não respeito às normas: "A Direção da Música elaborou, em 1976, um modelo de convenção sobre o funcionamento de uma orquestra regional, as direções da orquestra ignoram esse documento. Segue-se que muitas das disposições desse documento são letra morta: recrutamento de um assistente, contratação de um jovem solista, 1% para incentivar a criação musical".[49]

A regionalização das orquestras, porém, faz com que elas progridam para uma gestão mais racional de sua orquestra. Assim, os arquivos comparados das contabilidades de Bordeaux e de Toulouse dão a vantagem a Toulouse. A gestão e a conservação dos balanços de utilização e dos relatórios das atividades permitem remontar até 1969. Não se pode dizer o mesmo em relação a Bordeaux, onde reina a mais completa confusão sobre o destino de seus arquivos antes do anos 1980. É bem verdade que as exigências ministeriais nesse setor tornam-se mais insistentes a partir dessa década. O controle da prefeitura sobre a orquestra é, aliás, mais ou menos antigo: ele remonta a

---

[49] Jean Paulme, inspetor-geral da administração, abr. 1985, ANF 870 300/18.

1950 na cidade rosa, onde um administrador contábil foi imposto ao diretor administrativo, enquanto, em Bordeaux, essa função só é estável a partir de 1976. Seja como for, a maior complexidade da gestão que acompanha o movimento de regionalização torna esse cargo indispensável.

A descentralização artística operando no setor musical permitiu uma melhora na qualidade das orquestras e de sua gestão. Elas ampliaram sua influência, tanto em escala regional quanto nacional, fizeram-se conhecer até mesmo além das fronteiras do país, e se deslocaram. Política discográfica e exibições na TV reforçam sua notoriedade. Do ponto de vista da qualidade, que melhorou, e da audiência, a aposta de Marcel Landowski é certamente ganhadora. Do ponto de vista financeiro, em compensação, o balanço no final da década é menos brilhante. Os novos encargos foram suportados grandemente pelas cidades, com o ministério não assumindo o terço das despesas que lhe cabe. Os documentos ministeriais falam de "crise" a propósito dessas formações. A seguir, uma tabela feita em janeiro de 1981, que indica uma situação mais ou menos alarmante conforme a metrópole:

Orquestra em dificuldade por ordem de gravidade	Parceria faltante do Estado em 1980	Parceria faltante do Estado em 1981
Toulouse	1,9 milhão	2,1 milhões
Lyon	800 mil	900 mil
Lille	200 mil	700 mil
Estrasburgo	1,3 milhão	1,4 milhão
Bordeaux	200 mil	800 mil

Tabela 13: Situação financeira das orquestras sinfônicas, 1980 e 1981 (valores em franco).[50]

Os teatros líricos

Os teatros líricos também estão no centro da reforma Landowski. Eles têm ainda mais necessidade, já que a crise é, ali, endêmica, apesar das tentativas de dinamização já mencionadas. "Essas caixinhas de música que custam caro", segundo o dito espirituoso atribuído a Édouard Herriot, estão, de fato, sujeitas à lei de Baumol,[51] com os custos aumentando mais rápido do que as receitas. O plano Landowski classifica os teatros líricos

[50] Nota para o senhor ministro, 26 jan. 1981, ANF 870 300/18.S.
[51] Economista americano cuja teoria constata que os salários dos setores artísticos aumentam não por um ganho de produtividade, como em outros setores da economia, mas porque os salários desses outros setores aumentaram por terem elevado a sua produtividade. (N.T.)

das metrópoles de equilíbrio na categoria A, que corresponde à estrutura já existente. A categoria A engloba principalmente os teatros que aderem à Reunião dos Teatros Líricos Municipais da França (RTLMF). Desde 1972, a política em relação aos teatros líricos encoraja uma redução no número de obras encenadas, e o ministério pede às cidades que cada obra seja apresentada ao menos sete vezes. Ele quer estimular a competição, instituindo um sistema de prêmios para recompensar o melhor nível geral, a melhor reprise e a melhor criação.[52] Alguns recebem uma nota particularmente baixa, como a Ópera de Lille, onde um inspetor que veio assistir ao *Trovador* de Giuseppe Verdi em 1972 não é nada indulgente:

> Não é nem um pouco concebível que uma cidade na fronteira possa impunemente transgredir as leis mais elementares da decência, deixando que suas mazelas sejam vistas e ouvidas pelos países vizinhos, [...] tenho, hoje, de constatar uma situação totalmente anormal, [...] a caridade me impede de falar do cenário.[53]

A crise é manifestamente grave em Lille. A RTLMF em uma de suas reuniões "condena unanimemente o teatro de Lille, tanto pela falta de política artística a curto, médio ou longo prazo, quanto pela indigência das montagens e a mediocridade dos coros e do elenco".[54]

Em face do déficit de sua ópera e da degradação dos espetáculos, a municipalidade decide reformar os teatros municipais. A fim de sair da crise, uma solução intercomunal é imaginada entre as cidades de Lille, Roubaix e Tourcoing, as três socialistas. Mais uma vez o prefeito de Lille procura soluções fora do perímetro da comuna, na direção de outras coletividades locais. Ele declara já em 1975: "Os equipamentos que são irradiadores, que são equipamentos de prestígio, como os teatros, as Belas-Artes e os museus, não devem ser financiados apenas pelos contribuintes de Lille".[55]

Lille continuará com suas atividades líricas no Grand-Théâtre no que se refere à ópera e no Sébastopol com as operetas, Tourcoing acolherá o ateliê lírico, e Roubaix, os balés do Norte. Em 1979, sob a direção de Elie Delfosse, o início da Opéra du Nord parece muito promissor. O caminho tinha sido traçado pela Opéra du Rhin, fundada em 1972 por iniciativa de Germain

---

[52] Anne Veitl e Noémi Duchemin, *Maurice Fleuret: une politique démocratique de la musique* (Paris: Comité d'Histoire/ Ministère de la Culture, 2000), p. 118.

[53] Relatório de inspeção, 13 jan. 1972, ANF 890 533/2.

[54] Ata da RTLMF, reunião de 3 jul. 1975, ANF 890 533/2.

[55] Declaração feita em 3 mar. 1975 apud Philippe Marchand, "Enseignement, culture, sociabilité ao XXe siècle". In: Louis Trenard e Yves-Marie Hilaire, *Histoire de Lille du XIXe siècle au seuil du XXIe siècle* (Paris: Perrin, 1999).

Muller, associando Estrasburgo, Colmar e Mulhouse. A Opéra du Rhin é um órgão público autônomo, ligado por convenções ao Estado e às cidades que são seus membros. Os diferentes serviços estão repartidos entre as três cidades, o ateliê lírico está em Colmar, o corpo de balé em Mulhouse, a direção, a trupe, os coros em Estrasburgo. A Opéra du Rhin dispõe das orquestras de Estrasburgo e de Mulhouse. Estrasburgo é um dos principais financiadores e se beneficia disso em termos de imagem. As grandes criações são programadas inicialmente ali, sobretudo no Palácio da Música e dos Congressos, prova de que as capitais regionais sustentam sua importância graças a seus equipamentos. Em janeiro de 1976, a associação intercomunal firma uma convenção com o ministério, pela qual o Estado se obriga a participar da cobertura do déficit de funcionamento com 33%, em troca a Opéra du Rhin lhe comunica todos os elementos de sua gestão artística e administrativa.[56] Apesar dessas disposições, a Opéra du Rhin, assim como a Opéra du Nord, não vai conseguir se desembaraçar das dificuldades.

As cartas culturais, enfim, estabelecem um contrato segundo o qual o Estado deve cobrir 33% dos déficits, "por razões orçamentárias, ele não é aplicado".[57] Nada consegue segurar a diminuição do público e o agravamento do passivo. Marselha, com um déficit que passa de 21.240.000F em 1979, queixa-se da disparidade das subvenções estatais entre as cidades. O deputado de Bouches-du-Rhône, Jean-Claude Gaudin, interpela o ministro Jean-Philippe Lecat, na Assembleia Nacional, durante a reunião da Comissão de Assuntos Culturais, apontando que Marselha recebe, para sua ópera, bem menos do que Lyon.[58] O que é confirmado pela tabela a seguir.

	Toulouse	Opéra du Rhin	Bordeaux	Lyon	Marselha
Efetivos	269	209	*	235	407
Orçamento de 1979	35.461.331	28.927.000	25.726.101	28.070.790	37.927.060
Cidade	28.200.331	14.970.000	19.340.101	18.048.000	30.471.910
Estado	3.358.000	8.975.000	3.358.000	6.115.000	1.872.000
Receitas	3.903.000	4.982.000	3.028.000	3.907.790	5.613.150

Tabela 14: Tabela comparativa das condições de funcionamento das óperas, 1979.[59]
*Os efetivos não foram informados por Bordeaux.

[56] Nota do chefe de gabinete adjunto, de 8 fev. 1988, ANF 890 245/2.
[57] Nota do diretor da música Jacques Charpentier para o chefe de gabinete, 19 out. 1979, ANF 890 533/7.
[58] *Le Méridional*, 17 out. 1979.
[59] ANF 890 533/7.

Paradoxalmente, as óperas com o maior orçamento, Marselha e Toulouse, são as menos auxiliadas pelo Estado; o ministério garante para essas cidades 4,8% e 9,46% do orçamento, respectivamente. Quanto menos o Estado subvenciona — isso também é confirmado por Bordeaux —, mais as metrópoles financiam. Ao contrário, as óperas du Rhin e de Lyon, sustentadas pelo Estado em 31% e 21,78% de seus respectivos orçamentos, parecem privilegiadas. O ministério explica o caso marselhês pelas falhas artísticas da orquestra e dos coros: "Marselha é deixada para trás por Rouen, Nancy, Nantes [...]. Marselha é uma das óperas mais caras do interior [...] é bem verdade que, ao contrário das quatro grandes, ela não goza dos serviços de uma orquestra regional". O ministério também assinala problemas de gestão.[60]

Entre outras razões, pode ser visto que aumenta a distância entre as óperas integradas em uma carta cultural e aquelas que não o são, como Marselha e Lille. Mas, embora a crise afete todas as óperas, algumas se saem melhor do que outras, especialmente ao imaginar soluções interessantes de cooperação entre comunas. As relações com o Estado, por sua vez, revelam um tratamento desigual, baseado em uma seleção por mérito, conforme já foi observado em outros setores da intervenção.

A formação musical

O plano Landowski também pretende equilibrar geograficamente a rede de formação musical, unificando os ensinamentos, e classificar os estabelecimentos como conservatórios nacionais de região e escolas credenciadas. As metrópoles são dotadas de conservatórios nacionais de região. Seus diretores e professores são titulados por um certificado de aptidão (CA, comportando provas pedagógicas e musicais) concedido por um júri. Cria-se um diploma de segundo grau de música. Em 1979, Lyon é dotado de um Conservatório Nacional Superior, estabelecimento que, então, só existia em Paris. A reforma também permite que o modelo piramidal francês irrigue melhor o território. Sinal de sucesso, os números de alunos nos conservatórios de região aumentam, passando, entre 1971 e 1979, de 27.084 alunos para 36.233. Em Lille, o número de alunos dobra entre 1971 e 1977.[61] Embora também cresça em Bordeaux, Lyon e Toulouse, ele diminui em Estrasburgo e Marselha. Por toda parte, é urgente ampliar as

[60] Ficha técnica de 24 jul. 1979, ANF 890 533/7.
[61] ANF 900 055/7.

instalações. Em Bordeaux, 43% das despesas do setor musical referem-se à construção do novo conservatório. Seu funcionamento drena mais 11% das despesas musicais. Esse edifício comporta uma sala de concerto equipada com setecentos lugares, 47 estúdios para trabalho e 45 salas para ensino. Sua arquitetura moderna corta ao meio o centro artístico André Malraux, do qual faz parte e que reúne, próximo ao cais De la Garonne, a escola de belas-artes restaurada, a igreja Sainte-Croix, também ela sendo restaurada. As cartas culturais compreendem esses projetos de construção ou de extensão. As subvenções ministeriais estão em alta, no conservatório de Toulouse elas passam de 30 mil francos em 1965 para 406.642 em 1973.[62]

Os problemas persistem em Marselha. A municipalidade concorda em dar grandes subvenções, e a DMALD participa de modo crescente de seu funcionamento, mas elas atingem apenas 20% do orçamento do estabelecimento; "ali, como em outras partes, é muito pouco", pode-se ler em uma nota redigida em 1978 e endereçada a Jean Maheu.[63] Entretanto, nessa década, o conservatório marselhês é extremamente dinâmico. Três associações fazem dele um dos centros de formação mais inovadores, o GMEM (Grupo de Música Experimental de Marselha), o MIM, isto é, o laboratório de música digital, o Centro Provençal Música Animação (CPMA), sob a direção de Mireille Gourdeau. O CPMA agrupa várias associações em 1972, uma delas, a federação Léo Lagrange, a partir das quais ele empreende, em colaboração com o conservatório, uma descentralização musical. Ele está na origem da criação dos primeiros jardins musicais, e instala suas antenas em uma quinzena de bairros de Marselha.[64]

Os sucessores de Marcel Landowski herdam um determinado número de questões em suspenso. Além do problema da "democratização" do ensino musical, o da partilha de seu financiamento entre o Estado e as coletividades locais continua inteiro. O colóquio da Associação de Prefeitos da França, organizado em Avignon em 11 e 12 de março de 1981, permite observar que, embora os créditos do Estado na direção dos conservatórios e das escolas de música tenham dobrado, os 25% de ajuda do Estado continuam sendo um objetivo a ser alcançado rapidamente. A associação dos prefeitos não gostou nada de uma comissão ser enviada para as cidades pelo ministério, em 1980, sem acordo prévio. Contrários a esse tipo de "decisão unilateral",[65] os prefeitos julgam ser indispensável um esclare-

[62] Carta de Marcel Landowski a Pierre Baudis, s.d., ANF 870 603/38.
[63] Nota ao diretor da música, da arte lírica e da dança, Jean Maheu, 25 maio 1978, ANF 880 264/18.
[64] ANF 920 627/33.
[65] Colóquio da Associação dos Prefeitos da França sobre as escolas de belas-artes, os museus de história natural, 11 e 12 mar. 1981, ANF 870 300/24.

cimento das atribuições e das competências, bem como mais diálogos e acordos.

O setor musical sai transformado da década de 1970. Duas palavras resumem muito bem as relações entre metrópoles e Estado nesse campo: voluntarismo e tensão. O voluntarismo vem do Estado, as municipalidades entram no jogo, reagindo positivamente quando se trata de dar brilho em seu brasão (as orquestras regionais) ou quando se espera uma ajuda do Estado (óperas, conservatórios). Entretanto, assim como para as cartas culturais, os compromissos do Estado não são cumpridos (financiamento das orquestras regionais), e as cidades assumem novas despesas. Com os recursos do ministério não estando à altura de suas ambições, a rua de Valois só dispõe de 0,47% do orçamento do Estado em 1981, isso provoca certa tensão entre os dois parceiros. Algumas vezes as municipalidades recebem mal as diretivas de um Estado que pretende sempre controlar a qualidade artística das instituições que ele subvenciona, prosseguindo no trabalho de unificação artística do território (os conservatórios). Ante as dificuldades, as metrópoles não têm outra escolha a não ser experimentar soluções inovadoras, como as associações entre comunas, na esperança de salvar, por exemplo, seu teatro lírico.

b) A descentralização teatral

Em matéria de descentralização teatral, os contrastes no começo dos anos 1970 são a regra. Quatro metrópoles têm um centro dramático reconhecido pelo Estado: Estrasburgo, no topo da pirâmide, com seu teatro nacional; Lyon, Toulouse e Marselha com um centro dramático nacional. Lille e Bordeaux dispõem de uma trupe descentralizada que não tem o status de centro dramático. Embora essa situação seja reparada em Lille, onde o TPF alcança a referida categoria em 1979, a Companhia Dramática da Aquitânia (CDA) ainda espera. A grande novidade é a concretização, pelo decreto de 2 de outubro de 1972, de contratos trienais com os diretores dos centros dramáticos. Esse regime contratual com um homem de teatro, e não mais com uma companhia, estabelece o princípio de uma determinada subvenção durante três anos e define uma missão de criação, difusão e animação na região, com um número mínimo de espetáculos. Os contratos não têm garantia de renovação. Esses são anos de dificuldades para algumas trupes e de expansão para outras, especialmente em Marselha.

As dificuldades são sentidas em Lyon, no Théâtre du Cothurne. A trupe de Marcel Maréchal instalada no Théâtre du Huitième apresenta déficits que oscilam, conforme o ano, entre 300 mil e 400 mil francos.[66] Além disso, a equipe de Marcel Maréchal viu com maus olhos as transformações do teatro de Villeurbanne, que dispõe de um teatro novo, ultramoderno, e para onde é transferido o Théâtre National Populaire em março de 1972.[67] A concorrência não é menos acirrada, na aglomeração de Lille, entre o TPF que alcança a categoria de CDN em 1979, e o Théâtre du Lambrequin de Tourcoing, dirigido por Jacques Rosner (CDN desde 1971). O ministério alega a variação demográfica para justificar essas implantações. Por sua vez, a região Rhône-Alpes concentra quatro CDNs em 1974, Lyon, Villeurbanne, Saint-Étienne e Grenoble. Talvez essa densidade tenha ligação com a partida de Marcel Maréchal para Marselha. A renovação dos contratos em 1975 dá lugar a mudanças de nome: Nouveau Théâtre Nacional de Marselha, Théâtre de la Reprise em Lyon.

O reconhecimento de companhias de teatro para a juventude é outra novidade. Assim, são promovidos a Centro Dramático para a Infância e Juventude, em 1979, o Théâtre La Fontaine de René Pillot, em Lille, e o Théâtre des Jeunes Années de Maurice Yendt, em Lyon. Como em relação às orquestras ou às óperas, o Estado não dá a mesma ajuda a todas essas trupes.

	1972	1978
Lille	300 mil	1.204.900
Lyon	1,5 milhão	3.613.400
Marselha	1,7 milhão	4.609.400
Toulouse	1,6 milhão	3.249.000

Tabela 15: Subvenções do Estado às trupes da descentralização, 1972 e 1978 (valores em franco sem correção).[68]

A assinatura dos contratos em 1972 e em 1975 foi acompanhada por uma alta dos créditos do Estado a título de descentralização dramática.[69] Isso beneficia de modo muito nítido Marselha e Lyon. Toulouse segue

---

[66] Jean Sourbier, notas referentes à situação do CDN de Lyon antes da assinatura de um novo contrato com o Estado, 28 nov. 1974, ANF 910 242/39.

[67] A direção dele é entregue a Roger Planchon e Rober Gilbert, aos quais se junta a Patrice Chéreau.

[68] ANF 910 242/7.

[69] Guy Brajot, "D'un Ministre à l'autre, l'action de l'État". In: Robert Abirached, *La Décentralisation théâtrale. Les années Malraux, 1959-1968* (Arles: Actes Sud-Papiers, 1993), p. 29.

convenientemente o pelotão da frente, e Lille apresenta o atraso de uma trupe que ainda não tem a categoria de CDN. O TNS — que não joga na mesma categoria — recebe, em 1978, 11.501.416F, ou seja, quatro vezes menos do que a Comédie-Française.[70] Assim, pode-se ter uma estimativa mais completa da divisão desigual do maná estatal no território nacional.

A década de 1970 é muito criativa nas metrópoles regionais. Elas agora ocupam plenamente a cena das políticas culturais. A progressiva municipalização da cultura, a alta nas despesas das comunas, a vontade de se equipar de todas as maneiras, o interesse manifestado pelos mais numerosos setores de intervenção, não deixam margem para engano. As metrópoles não hesitam mais em inovar no espaço local, procurando outros apoios, além do Estado, como os das comunas vizinhas, dos departamentos ou das regiões. Ao tomarem mais o destino em suas mãos, elas demonstram sua categoria de metrópoles culturais. A partir de então, pretendem, com o primeiro mandatário com quem se identificam, alcançar uma influência nacional e internacional. É essa a direção que se vê indicada no mostrador de suas políticas culturais. Esses avanços são fruto de seu próprio voluntarismo conjugado com o do Estado, voluntarismo que foi perpetuado apesar das vicissitudes ministeriais. A rua de Valois foi ocupada por algumas personalidades bem marcantes, tanto na cúpula quanto encabeçando as principais direções para que a descentralização teatral prossiga e seja colocada nos trilhos uma descentralização musical tornada tangível nas metrópoles.

A prática mais sistemática de acordos, bem como a assinatura de contratos, ganhou muito terreno, quer se trate de contratos entre as cidades e o Estado, quer entre o Estado e os agentes culturais locais. Embora as relações pareçam fluir melhor entre os parceiros, as ligações metrópoles/Estado não são ideais, porque as cidades têm razão de se queixar. Marselha é das que mais reagem; Lyon, durante a era Pradel, não é das mais passivas. É verdade que o funcionamento do poder político local tira uma legitimidade maior dessa contestação do poder central. Mas existem causas objetivas para essas recriminações. Em primeiro lugar, é o financiamento prometido por um poder central que não chega, mas que, apesar de tudo, tem ambições não negligenciáveis. O ministério se dedica a reequilibrar o território, atribuindo um papel piloto às metrópoles regionais, mas ele também tem exigências quanto à qualidade. Em compensação, seus recursos estão em baixa no final do período. Ele chega até a utilizar certo "toma lá, dá cá" para que suas exigências sejam aceitas, conforme dão provas as cartas

[70] Ibid., p. 36.

culturais. Embora queira unificar o ensino das artes, ele visivelmente não está à altura de fornecer os recursos. As cidades continuam sendo as provedoras costumeiras desse setor retardatário. Enfim, tanto nas maneiras de proceder quanto nas representações do interior, as relações metrópoles/ Estado mostram a persistência de um espírito de tutela e de uma falta de autonomia das cidades.

As municipalidades de oposição se aferram a essas carências. Sob esse aspecto, pode-se bem ver, no terreno local, a politização da cultura que se desenvolve em escala nacional. Um deslocamento conceitual da noção de cultura também está acontecendo em Lille e Marselha, deslocamento que prenuncia plenamente o que será o pós-maio de 1981, e essas cidades constituem os primeiros laboratórios disso.

À pergunta inicial: "quem inventa a política cultural das metrópoles regionais?", pode-se então responder que é, ao mesmo tempo, o Estado e as cidades. Pode-se perceber, de fato, os limites do modelo ministerial, que, ao mesmo tempo, são financeiros, ideológicos — porque contestados, e pode-se ver ainda todas as nuances locais vinculadas à filiação política, aos homens, à identidade das cidades, a seu passado ou a sua vocação (Estrasburgo).

Também podem ser identificadas diferenças na consideração que o Estado demonstra pelas várias metrópoles. Ele reconhece e encoraja o dinamismo de Estrasburgo e Lyon. Para aquela, isso se inscreve em uma verdadeira continuidade, jamais desmentida, desde a Libertação. Para esta, a década de 1970 é a de um aumento inegável de capacidade de realização. A instalação dos dois primeiros Dracs na Alsácia e na região Rhône-Alpes, portanto, não se deve ao acaso. A arrancada de Marselha e Lille também são fenômenos significativos de uma vontade municipal de recuperação em um contexto de crise econômica e social. Por seu lado, Bordeaux continua a procura pela difusão cultural, como nos primeiros anos de Chaban no Palais Rohan. A aposta na animação ou na arte contemporânea situa Bordeaux muito bem na linha dos princípios da Nova Sociedade. Finalmente, a Toulouse de Pierre Baudis talvez apareça como a menos ativa das metrópoles; ela despertará mais tarde.

Parte III
CAPITAIS CULTURAIS DA EUROPA?

Na história das políticas culturais francesas, a alternância do poder central em maio de 1981 é uma cesura que não pode ser deixada de lado. A história das políticas locais segue a trama geral. Muitos prenúncios apareceram na década de 1970, que é uma espécie de década ponte. Os anos 1980 farão com que esses primeiros brotos amadureçam. Assim, a descentralização cultural não será mais apenas artística, mas também administrativa. É verdade que as transferências de competência consecutivas às leis de descentralização tiveram pouca importância no setor cultural, especialmente para as comunas. Mas as novas competências dos departamentos, com a transferência dos arquivos departamentais e das bibliotecas circulantes centrais, as políticas voluntaristas das regiões (criação de novos instrumentos como os Fracs, os CRL), mudam a situação das políticas culturais. As metrópoles, assim, dispõem de parceiros mais sólidos nas regiões. O ministério agora está presente no local, por intermédio dos Dracs, que conduzem a política nacional nas regiões. Seu papel é reforçado a partir de 1992, e as relações contratuais se generalizam através da assinatura de convenções de desenvolvimento cultural. De agora em diante, a ação pública cultural se organiza a partir de polos mais numerosos, que têm todo o interesse em cooperar em conjunto. É uma verdadeira revolução administrativa que acontece no mundo da cultura. O poder municipal, enfim, mostra por toda parte uma tendência à profissionalização, que leva à homogeneização do funcionamento municipal.

Para a política nacional, o ponto de virada em 1981 é, ao mesmo tempo, quantitativo e qualitativo. De fato, o orçamento da cultura dobra em 1982 e continua aumentando apesar da passagem para uma política de austeridade em 1983. De 0,47% do orçamento do Estado em 1981, ele alcança 0,93% em 1993, depois de ter resvalado no 1% simbólico, votado pelos parlamentares no momento da adoção do orçamento, depois revisto para baixo pela lei de finanças de junho de 1993. As despesas culturais das cidades, por sua vez, triplicaram entre 1978 e 1984, data em que equivaliam a 48,4% da despesa cultural pública nacional.[1] As cidades continuam com sua política de equipamentos, e suas despesas de funcionamento irão refletir, em seguida, os efeitos dessa política. As grandes obras parisienses que provocaram muitas controvérsias e marcaram de modo duradouro a paisagem parisiense também têm seu equivalente em algumas cidades do interior. Da mesma forma como houve um efeito Malraux, existe, sem dúvida, um efeito Lang, inclusive fora de Paris, sendo particularmente mensurável nas metrópoles. A progressão do orçamento cultural das comunas continua até 1993, quando elas gastam 31,6 bilhões; a seguir esboça-se uma baixa, sinal de que a cultura talvez esteja mudando de lugar na ordem das prioridades.

A mudança qualitativa também é formalizada pelo ministério Lang. A conversão para o "todo cultural", criticada por Alain Finkielkraut,[2] floresce em todo o país. Promovido pelo ministério, "o todo cultural" é assumido localmente por coletividades locais que participam, em graus diversos, da explosão cultural dos anos 1980.

Para essas cidades, batizadas desde os anos 1960 como metrópoles de equilíbrio, a cultura já partiu ligada com a procura de uma difusão externa; ela também é vista como um meio para atrair os capitais, para sair da crise, para recuperar a população. E, mais ainda, ela é, a partir de então, um acessório indispensável para os territórios urbanos que se afirmam e cuja área de influência está sujeita a um ambiente instável. De fato, as fronteiras se dilatam, o mundo se abre. A construção europeia que se tornou União Europeia põe essas cidades dentro de uma concorrência ampliada, muito mais temível. Encarar o desafio europeu ou o da globalização também passa pela cultura. As metrópoles francesas estão à altura? No final do século, a cultura serve para contribuir, de modo explícito, com o desenvolvimento econômico e social das cidades. Transformada em assunto para profissionais, a política cultural deve responder a exigências econômicas. O utilitarismo terá prevalecido sobre a utopia cultural? O que sobra, efetivamente, do que impulsionou até então a política da cultura? A legitimidade da ação cultural está sempre na difusão das obras capitais de humanidade para o maior número possível ou está na participação de todos na cultura?

---

[1] *Développement Culturel*, n. 65, mar. 1986.
[2] Alain Finkielkraut, *La Défaite de la pensée* (Paris: Gallimard, 1987).

5. A BONANÇA DOS ANOS 1980

5.1 A EUFORIA CULTURAL DAS CAPITAIS REGIONAIS

a) O "todo cultural"

Um esforço financeiro continuado

As metrópoles regionais se impregnam do ar de seu tempo, que é o do "todo cultural", diversificando ainda mais sua oferta, subvencionando setores deixados até então à margem do reconhecimento institucional. A hora é da promoção, pelos poderes públicos, de todas as formas de arte e práticas culturais. A generalização de uma abordagem cada vez mais antropológica da cultura é aplicada nas seis cidades, que ampliam sua gama de intervenções.

O poder público subvenciona tanto o rap quanto os concertos clássicos, isso graças a um aumento do esforço financeiro das cidades, mantido e continuado ao longo de toda a década de 1980. Em franco não corrigido, a despesa mais do que dobra em Bordeaux entre 1981 e 1987. Em outros lugares também, exceto em Toulouse, onde as despesas são multiplicadas apenas por 1,7. É em Lyon que se registram as maiores despesas culturais totais desde o começo dos anos 1980. Marselha é a seguinte. As cidades com menos habitantes (Lille e Estrasburgo), ao contrário, têm as despesas totais menos elevadas.[1] Em compensação, quando se examinam as despesas culturais como porcentagem do orçamento, Estrasburgo está à frente, com Lyon, enquanto Marselha permanece atrás.

---

[1] Ver tabela em Catherine Lephay-Merlin, *Les Dépenses culturelles des communes. Analyse et évolution, 1978-1987* (Paris: La Documentation Française, 1991), p. 219. E, para os dados numéricos dos anos 1990, ver *Développement Culturel*, jul. 1996.

	1981	1984	1987	1993
Bordeaux	10,5	15,2	15,7	25,7
Lille	15,7	15,2	15,7	10,8
Lyon	19,5	24	21,7	17,8
Marselha	5,6	4,6	5,9	8,5
Estrasburgo	20,3	21,2	23,7	19,3
Toulouse	10,8	11,2	12	13,8

Tabela 16: Despesas culturais em porcentagem do orçamento municipal.[2]

Desde 1984, Lyon vem diminuindo o ritmo, fato confirmado em 1993. Lille e Estrasburgo seguem a mesma evolução até essa data, enquanto as outras três cidades têm uma porcentagem que ainda aumenta. Bordeaux se entrega a um caminho dispendioso, enquanto Toulouse descobre que tem uma verdadeira vocação para a cultura. Marselha persiste nessa tendência, mas com a menor porcentagem.

As despesas por habitante fornecem alguns dados suplementares sobre o esforço feito por cada uma das cidades.

	1981	1984	1987	1993
Bordeaux	749	1449,9	1664	2757
Lille	535,6	758,7	1061,7	1247
Lyon	569,7	1059,1	1127,3	1640
Marselha	223,7	323,4	481,4	790
Estrasburgo	549,5	785	1077,3	1630
Toulouse	522,9	788,6	903,9	1418

Tabela 17: Despesas culturais em franco por habitante (valores sem correção).[3]

Entre 1981 e 1993, a despesa em franco não atualizado por habitante mais do que triplicou em Bordeaux e Marselha. Ela praticamente evoluiu do mesmo modo em Estrasburgo, Lyon e Toulouse. Em Lille, ela dobrou. Pode-se imaginar as repercussões fiscais do fenômeno. Nos dois extremos, a despesa de Bordeaux por habitante é três vezes maior do que a de Marselha (e até quatro vezes mais se se considerar o ano de 1984). Marselha, metrópole mais populosa (874.436 habitantes em 1982), realiza, durante os anos 1980, um esforço duas vezes menor do que Lille (168.424 habitantes). A participação da metrópole do Norte é também notável na mesma década,

[2] Catherine Lephay-Merlin, op. cit., p. 218; *Développement Culturel*, op. cit.
[3] Ibid.

166   As metrópoles regionais e a cultura

quando comparada a Toulouse (347.995 habitantes), que fica na frente em duas ocasiões.

O período entre 1981 e 1987 é de altas mais acentuadas nas despesas em relação ao intervalo de tempo de 1987 a 1993. Em Bordeaux, 122% contra 65,6%; em Marselha, 11% contra 64%; em Lille, 98,2% contra 17,42%; em Lyon, 97,8% contra 45,4%; em Estrasburgo, 96% contra 51,3%. A alternância do poder político nacional e a escolha de uma nova política da cultura, portanto, exercem um efeito desde o primeiro septenato de Mitterrand.

Conforme mostra a tabela a seguir, as despesas de funcionamento têm um peso preponderante.

	1981	1984	1987	1993
Bordeaux	despesas correntes 636,4 bens de capital 112,6	935,4 509,5	1.152,5 511,5	2.574 183
Lille	despesas correntes 493,6 bens de capital 42	670,5 88,2	825,3 236,4	864 383
Lyon	despesas correntes 498,9 bens de capital 70,8	974 85,1	977,3 150	1.080 559
Marselha	despesas correntes 150,3 bens de capital 73,4	260,3 63,1	410,5 70,9	643 147
Estrasburgo	despesas correntes 510,6 bens de capital 38,9	727,2 57,8	930,8 146,5	1.353 277
Toulouse	despesas correntes 444,6 bens de capital 78,3	720,2 68,4	866,7 37,2	1.161 257

Tabela 18: Despesas culturais correntes e de bens de capital em franco por habitante (valores não corrigidos).[4]

As despesas com investimentos por habitante seguem uma curva regularmente ascendente nas cidades de Lille, Lyon e Estrasburgo. As outras três metrópoles, Bordeaux, Marselha e Toulouse, têm curvas mais irregulares. Bordeaux registra um aumento de suas despesas em bens de capital até 1987, depois uma baixa em 1993. A cidade do Port de la Lune, tomando consciência do peso de suas despesas de funcionamento, pisa no freio em seus investimentos culturais. Essa política de austeridade deixa em suspenso alguns grandes projetos, como a execução de um museu de belas-artes na margem direita do Garonne.[5] Essas despesas de funcionamento se explicam em Bordeaux pelo peso da orquestra, do Grand-Théâtre,

[4] Ibid.
[5] Balanço das atividades de Drac Aquitânia, 1992.

do CAPC e dos festivais. Marselha e Toulouse, por seu turno, têm despesas em investimentos que diminuem entre 1981 e 1987. Em compensação, elas as retomam intensamente entre 1987 e 1993. A alta é espetacular em Toulouse. Esse segundo período também é mais faustoso para Lyon.

Quanto a despesas culturais por habitante, duas cidades se destacam pela originalidade, Bordeaux e Marselha. Marselha, em 1981, tem uma despesa por habitante (223,7F) inferior à de sua vizinha Toulon (265,8F), e isso se confirma em 1993 (790F contra 976F). Nessa data, suas despesas com a cultura a colocam bem longe, atrás das outras metrópoles. Além disso, suas despesas são menores do que as de comunas bem menos populosas, como Brest, Montreuil, Rennes, Villeurbanne.[6] Outra anomalia, inversa, é a de Bordeaux. Quinta cidade mais populosa, ela é decididamente a que mais gasta, e se distancia muito da suas homólogas no período de 1978 e 1993. Como consequência, o final do reinado de Jacques Chaban-Delmas é sinônimo de dificuldades financeiras, que repercutem nas instituições de maior prestígio do chabanismo. Em Bordeaux, gastou-se sem pensar.

As despesas dos anos 1980 favoreceram o surgimento de setores que, até então, estavam na sombra ou cujo reconhecimento institucional ainda era limitado.

Arte contemporânea, o *"aggiornamento"*

Assim, a arte contemporânea abre uma brecha excepcional graças à rápida expansão dos museus de arte contemporânea, que gozam, a partir de 1984, de grandes investimentos.

> Em 1987, cinco cidades estão na origem das despesas: Bordeaux (8 milhões para o CAPC), Saint-Étienne (38 milhões para o novo Museu de Arte Moderna), Lyon (6 milhões para a instalação do Museu de Arte Contemporânea dentro do Museu de Belas-Artes), Marselha (7,5 milhões para o Museu Cantini) e Nice (8 milhões no âmbito do projeto de um museu de arte contemporânea...).[7]

Bordeaux, Lyon e Marselha realmente apostam na arte contemporânea. Em todas essas cidades, o terreno local parece estar predisposto. O movimento emerge desde a segunda metade dos anos 1970 nas metrópoles da Aquitânia e de Rhône-Alpes. Grupos de apreciadores, de críticos que

---

[6] *Développement Culturel*, jul. 1996.
[7] Catherine Lephay-Merlin, op. cit., p. 159.

militam pela criação contemporânea, existem, de fato, de longa data em Lyon, em torno de uma personalidade como René Déroudille. Em 1974, este é eleito presidente da Associação de Críticos de Arte de Lyon (Acal), fundada novamente por André Mure,[8] assessor cultural de Francisque Collomb em 1977. A Acal, que não é mais do que um grupo de pressão a favor das artes plásticas, consegue, em 1974, com a curadora do Museu de Belas-Artes, Madeleine Rocher-Jauneau, organizar exposições de arte contemporânea. Membros da Acal são incluídos por Louis Pradel na comissão encarregada de escolher as esculturas do metrô lionês. Dois anos após o surgimento da Acal, René Déroudille, André Mure e Jean-Jacques Lerrant contribuem para a fundação do Espaço Lionês de Arte Contemporânea (Elac), que se instala, com a concordância da municipalidade Francisque Collomb, no último andar do centro de intercâmbio de Perrache.[9]

O terreno bordalês também se revela favorável por intermédio da galeria do Fleuve de Henriette Bounin. De fato, esta deixa um andar de sua galeria para Jean-Louis Froment e sua mulher, que vão fazer com que a arte contemporânea seja descoberta pelos moradores de Bordeaux, principalmente por Micheline e Jacques Chaban-Delmas. A primeira exposição oficial, confiada pelo prefeito de Bordeaux a Jean-Louis Froment no palácio da Bolsa em julho de 1973, acontece dentro do contexto mais clássico possível do Maio Musical. Decididamente, o primeiro mandatário bordalês tem gosto pelos contrastes. Será que ele já quer mostrar aos moradores de Bordeaux que essa arte, apresentada em uma moldura de prestígio — aqui, na arquitetura do século XVIII —, é uma arte de excelência, uma arte da distinção no sentido que Bourdieu dava ao termo? A arte contemporânea em Bordeaux não se prenuncia sob augúrios muito populares. Entretanto, tal como um antídoto, o Artbus posto em circulação em 1975 irá garantir a ligação entre o CAPC, criado um ano antes por Jean-Louis Froment, e as escolas da cidade.

> É necessário que as instituições inventem, sem parar, em relação à criação contemporânea, uma reflexão museográfica que não seja apenas o fato da constituição de um patrimônio (tantas vezes estabilizado e oculto por métodos tão passadistas quanto arrogantes), mas que também lance raízes na experiência da arte e dos artistas, desde suas transformações utópicas até suas negativas mais mordazes.[10]

[8] André Mure é crítico de arte da revista *Résonances* desde os anos 1960.
[9] "Dix ans de l'Elac: Espace lyonnais d'art contemporain", *Lyon Octobre des Arts*, 1986.
[10] *L'Artbus 1975-1980*, Bordeaux-Entrepôt Lainé, Bibliothèque du CAPC.

Esse viés de sempre recolocar em questão as alternativas manifestado pelo CAPC corresponde evidentemente a uma época bem específica. Os anos 1968-1970 viram o surgimento da reflexão internacional sobre o papel dos museus, conduzida pelos curadores das Kunsthalle alemãs e suíças ou dos museus de arte moderna holandeses, americanos, franceses. O projeto do Artbus não deixa de lembrar "a alfabetização plástica" desenvolvida por Pierre Gaudibert. Além disso, o museu vai ser concebido, de agora em diante, como um espaço de pesquisa, servindo de cenário para a "montagem" das obras pelo curador. Segundo as ideias difundidas pela ARC — Animation, Recherche, Confrontation [Animação, Pesquisa, Confrontação], dirigida por Pierre Gaudibert dentro do Museu de Arte Moderna da cidade de Paris, o museu se quer "museu-fórum", não mais "museu-templo".

De uma metrópole para outra, a gênese da arte contemporânea se reveste de algumas semelhanças. Em Marselha ou em Bordeaux, a escola de belas-artes é um centro que permite a difusão da arte contemporânea. Jean-Louis Froment ensina ali, antes de ser descoberto pelo prefeito. Em Marselha, o diretor da escola de belas-artes aproveita a reforma nacional de 1972 para incluir artistas no corpo docente, alguns deles chegaram a ser famosos: Claude Viallat em 1973, Joël Kermarrec no ano seguinte... Essa reforma introduz cursos de cultura geral, que o diretor confia ao artista Ben, a críticos de arte como Yves Michaud, Marcelin Pleynet, originários do grupo Support Surface. São organizadas exposições na cidade por alguns desses professores excepcionais, como Claude Viallat.[11] Em Marselha, a emulação partiu da escola de belas-artes. Em Estrasburgo, embora se sonhasse desde os anos 1960 com um museu consagrado à arte moderna e, talvez, também à arte contemporânea, é na década de 1980 que as coisas começam a ser postas em ordem. Aqui, a escola acolhe um artista de renome internacional, Sarkis, que dinamiza o departamento de arte[12] para fazer desabrochar jovens talentos. A partir daí surgem lugares alternativos que contribuem para a difusão da arte contemporânea. Mas em toda parte essas fontes de eclosão continuam restritas. Mas como e por que a decisão política encorajou o movimento até alcançar a consagração nos museus?

Embora pareça que em Bordeaux tenha de se levar em conta a intuição modernista do prefeito e a influência de sua mulher, não se deve deixar de lado principalmente o impacto das políticas nacionais. Estas, depois

---

[11] Angélique Schaller, *Les Arts plastiques dans la décentralisation culturelle 1982-1984: le cas marseillais* (tese apresentada na Université Aix-Marseille I, Université de Provence, 1998).

[12] Jean-Pierre Simon, *Les Écoles d'art et les politiques culturelles des villes, étude de cas sur trois villes: Nantes, Nancy, Strasbourg* (dissertação de mestrado, Direction de Projets Culturels, Université Pierre Mendès France, 1998-1999).

de 1981, inspiram-se no relatório Troche, que aconselha remediar a pouca consideração que a sociedade francesa tem pela criação plástica, "um dos parentes mais pobres da família cultural".[13] Assim, as palavras de desencanto de René Déroudille, um crítico lionês, que se seguiram ao não pagamento pelo Estado das subvenções do Elac, parecem menos surpreendentes. "Deixemos de falar em descentralização artística", ele escreve em 1977.[14]

A partir do primeiro ministério Lang, a criação vai chamar mais a atenção dos poderes públicos. Essa política leva à instalação de uma Delegação para Artes Plásticas (DAP) em maio de 1982, de um Centro Nacional de Artes Plásticas (CNAP) que gerencia as estruturas de apoio à criação, de um Fundo de Incremento à Criação (Fiacre), de um Fundo de Estímulo aos Ofícios de Arte (Fema) ou, ainda, de um Fundo de Apoio à Aquisição por Encomenda Pública. Acima de tudo, a generalização dos Fracs tem como objetivo desenvolver a arte contemporânea nas regiões, encorajando as encomendas públicas e a difusão das obras.[15]

Em Bordeaux, apesar das reticências veladas dos habitantes, a vocação polivalente do Entrepôt Lainé é interrompida em 1984, e o local é inteiramente dedicado à arte contemporânea. A reforma total do prédio é feita por Jean Pistre e Denis Valode; a decoração interna é confiada a Andrée Putman; os terraços do último andar são oferecidos à imaginação de Richard Long. Uma exposição de Buren (1995) chama muito a atenção, do mesmo modo que a de Jean-Pierre Raynaud (1993), nessa vasta nave perfeitamente adaptada para instalações em seu espaço. O CAPC-Museu focaliza todas as atenções em detrimento do Museu de Belas-Artes.

Em Marselha, é uma reestruturação geral dos museus que preside a entronização da arte contemporânea. Tudo começa com a nomeação, em 1984, do curador do Museu Nacional de Arte Moderna no Centro Pompidou, Germain Viatte, para a direção dos museus marselheses, cargo criado oficialmente por decisão do conselho municipal em 29 de abril de 1985. Gaston Defferre pede seu desligamento a Hubert Landais, diretor dos Museus da França.[16] Ao novo diretor competem os seguintes estabelecimentos: o Museu de Belas-Artes classificado (de que a sra. Viatte se ocupa durante três anos), os museus controlados (Museu de Arqueologia, Museu Cantini, Museu Grobet Labadie, Museu da História de Marselha, Museu da

---

[13] Relatório dirigido por Michel Troche, fev. 1982.

[14] René Déroudille, *Dernière Heure Lyonnaise*, 10 jan. 1977.

[15] Os Fracs tinham sido criados a título de experiência em 1978 por Bernard Anthonioz. Eles são generalizados pelo novo representante das artes plásticas, Claude Mollard, a partir de 1982.

[16] Carta de Gaston Defferre para Hubert Landais, 26 out. 1984, ANF 920 627/32. Germain Viatte ocupa esse cargo em Marselha até 1989.

Vieux-Marseille). Ele supervisiona a reorganização, que comporta, especialmente, a abertura de salas para exposições temporárias nas instalações da Vieille Charité, onde também está instalada a direção dos museus,[17] e a mudança das coleções de arqueologia do Château Borély, dedicado desde então apenas às artes decorativas...

Germain Viatte também é encarregado de uma política de aquisições e de reforçar, especialmente, a coleção do século XX do Museu Cantini (com obras de Max Ernst, de Masson, de Arp...). Para isso, ele tem o apoio do Fundo Regional de Aquisição dos Museus (Fram)[18] e do Estado. Entre 1982 e 1991, a ajuda do Estado para a aquisição de obras de arte pelas coletividades territoriais elevou-se a 348 milhões de francos[19] e trouxe benefícios a Marselha. Uma carta do ministro Jack Lang ao prefeito Robert Vigouroux anuncia o apoio do ministério à política de aquisições da cidade de Marselha, bem como à instalação de dez ateliês de artistas.[20] Germain Viatte também põe em marcha uma política ativa de comunicação. Seu sucessor, Bernard Blistène, curador do Museu de Arte Moderna do Centro Pompidou, professor na Escola do Louvre, continua o caminho traçado. O Museu Cantini e a Vieille Charité são os dois estabelecimentos escolhidos para a difusão da arte moderna e contemporânea. Em 1994, as galerias contemporâneas dos museus de Marselha (MAC) completam o plano de ação na antiga Fondation Rau em Bonneveine. O Museu Cantini é especializado no período que vai do começo do século XX aos anos 1960; as galerias contemporâneas, na criação posterior aos anos 1960. É portanto o voluntarismo municipal, associado ao auxílio do Estado, que permitiu a valorização dos museus marselheses e sua abertura para as formas de arte as mais contemporâneas.

Duas etapas se seguem à implantação do Elac em Lyon. Em um primeiro momento a restauração do Museu Saint-Pierre permite a abertura de salas de arte contemporânea em 1983, sempre graças ao apoio do assessor André Mure. Thierry Raspail torna-se o responsável autônomo pela arte contemporânea no Saint-Pierre, ao mesmo tempo que dirige o Elac. Por outro lado, o *Nouveau Musée* de Villeurbanne é reconhecido como Centro Internacional de Arte Contemporânea pela DAP. O espaço do auditório

---

[17] A primeira exposição é dedicada ao surrealismo e intitulada "La planète affolée" [O planeta desvairado], em abr. 1986. A Vieille Charité abriga estruturas de pesquisa: CNRS, INA, Imerec.

[18] Os Fundos Regionais de Aquisição dos Museus surgem em 1982. Sua missão é ajudar a enriquecer as coleções dos museus.

[19] Jean-François Chougnet, "Les Musées". In: Jacques Perret e Guy Saez, *Institutions et vie culturelles* (Paris: La Documentation Française, 1996).

[20] Carta de Jack Land a Robert Vigouroux, 1988 (sem data mais precisa), ANF 920 487/21.

(auditório Maurice Ravel) completa os planos ao abrigar exposições monográficas.

O chefe da inspeção geral dos museus classificados e controlados faz o seguinte balanço: "A fórmula leva em conta o 'atraso plástico' acumulado pela cidade nestes últimos anos [...] A cidade responde, assim, a uma cena local criativa, a uma reestruturação do mercado, uma diversidade de associações participando da promoção da arte contemporânea".[21]

O surgimento de um polo de arte contemporânea lionês é concretizado por uma manifestação anual, Outubro das Artes, organizada em Saint-Pierre de 1984 a 1988; depois, em 1991, Thierry Raspail encabeça a primeira Bienal de Arte Contemporânea de Lyon. O surgimento desse polo é favorecido, na opinião da inspeção geral, pelo caráter metropolitano de uma cidade que "é, além disso, a sede regional da descentralização. A proximidade do Frac, a presença permanente do conselheiro artístico, cristalizam os vínculos cidade-estado".[22] Já se tem aí uma síntese que esclarece plenamente a concentração de trunfos específicos das metrópoles regionais, que as tornam aptas a tirar o melhor partido da descentralização.

A última etapa para Lyon reside, enfim, na construção de um verdadeiro museu de arte contemporânea. "Trata-se, antes de mais nada", escreve André Mure a Olivier Chevrillon, diretor dos Museus da França,[23] "de entrar no circuito das grandes exposições internacionais, o que pode pretender, com toda a legitimidade, o museu da segunda cidade da França. Trata-se, em seguida, de retomar seu lugar no conjunto dos grandes museus europeus."[24] O prédio no centro da Cité Internationale é confiado aos bons cuidados do arquiteto Renzo Piano. Inaugurado em dezembro de 1995, ele combina patrimônio e modernidade, conserva a fachada dos anos 1930 do Palais de la Foire, e é composto por um volume novo de tijolos vermelhos.

Embora a arte contemporânea já seja uma realidade em Bordeaux, Lyon e Marselha como meio de firmar suas posições na Europa, e mesmo no mundo, Lille, Estrasburgo e Toulouse demoram mais para reagir. Pierre Pflimlin, embora confesse sua alergia a certas formas de arte contemporânea, empenha-se para que essa arte esteja presente no coração da cidade e em seus museus. Apesar de algumas resistências em 1981, ele tem ganho de causa ao impor o escultor Henry Moore para realizar

---

[21] Edouard Pommier, chefe da inspeção geral dos museus classificados e controlados, relatório de 29 jul. 1988, ANF 920 627/117.

[22] Ibid.

[23] Em 1986, ele substitui Hubert Landais.

[24] Carta de André Mure a Olivier Chevrillon, 22 dez. 1987, ANF 920 627/117.

a estátua do Palais de la Musique.[25] O conselho municipal de Toulouse decide, ele também, em meados dos anos 1980, criar um museu de arte contemporânea. O local da implantação demora para ser fixado, mas a cidade, com a ajuda do Frac, se empenha em uma política de aquisições (o orçamento para aquisições dobra em 1984).[26] As primeiras exposições de arte contemporânea dão a partida (o Museu deslocado, em 1983) apresentando obras de Debré, Soulages, Tapies... Além disso, a cidade rosa está bem à frente no que se refere à fotografia, graças à obstinação ferrenha de Jean Dieuzaide. Desde 1974, ele ocupa um lugar insólito, o Château d'Eau, onde defende uma arte que, então, tem dificuldade para obter o reconhecimento institucional.[27]

O *"aggiornamento"* dos museus em matéria de arte moderna e contemporânea, para retomar uma expressão de Raymonde Moulin,[28] está só começando; em Lille, Estrasburgo e Toulouse prossegue até o final do século.

Música contemporânea, o Festival Musica

A criação contemporânea participa assim da "desprovincialização" das metrópoles. A música também favorece novas concepções postas em execução pela alternância política. No final de 1981, um novo diretor é nomeado para a Direção da Música e da Dança, Maurice Fleuret,[29] que reorganiza o organograma ministerial. A Direção da Música e da Dança assume, como missão, "reduzir as desigualdades artísticas" e "as desigualdades geográficas e sociais".[30] A política a favor da criação e da pesquisa consegue um aumento orçamentário substancial[31] para "levar em conta a inserção mais do projeto de composição no local do que a criação em si".[32] Ela também encoraja o surgimento de festivais de música contemporânea nas regiões, como em Estrasburgo, com o Festival Musica. Graças a sua experiência em Lille, Maurice Fleuret deseja fazer com que o público conheça melhor as obras da segunda

---

[25] Jean-Yves Mariotte, "Un Maire bâtisseur et visionnaire", *Strasbourg Magazine*, n. 112, jul.-ago. 2000.

[26] ANF 920 627/56.

[27] *L'Express*, 21-27 dez. 1984.

[28] Ver, especialmente, Raymonde Moulin, *L'Artiste l'institution et le marché* (Paris: Flammarion, 1992).

[29] Ele vai ocupar esse cargo até 1986.

[30] Citado em Daniel Durney, "Politiques de la musique". In: Emmanuel de Waresquiel (org.), *Dictionnaire des politiques culturelles de la France depuis 1959* (Paris: CNRS Larousse, 2001), pp. 456-7.

[31] O orçamento "criação/pesquisa" é multiplicado por quatro entre 1981 e 1983.

[32] Daniel Durney, op. cit.

metade do século XX e estima que o festival de música contemporânea não deve ser uma manifestação elitista reservada apenas a um punhado de especialistas.

O ministério, portanto, empreende um trabalho de prospecção para determinar qual cidade vai oferecer as melhores condições. A escolha recai em Estrasburgo. A metrópole alsaciana dispõe, de fato, de equipamentos culturais satisfatórios, a prática musical lá está muito desenvolvida, seu festival de música clássica do mês de junho começa a se entorpecer, e um novo dispositivo será bem-vindo. A posição geográfica representa um trunfo suplementar para uma cidade onde a modernidade, desde os anos 1970, dá alguns sinais de agitação (Jean-Pierre Vincent assumiu a direção do TNS em 1975, as artes plásticas passam por uma renovação...). O público de Estrasburgo parece estar bastante aberto às formas de expressão as mais contemporâneas. Uma convenção, portanto, é assinada com a cidade alsaciana em setembro de 1982. O festival "deve permitir que os públicos estrasburguense e alsaciano se interessem mais pela diversidade das expressões sonoras contemporâneas, e deve incentivar os esforços já empreendidos nos planos local e regional no campo da criação".[33] Portanto, o jogo não está ganho antecipadamente, esse festival é como um enxerto estranho na cidade. Sua direção é confiada a Laurent Byle, administrador do Atelier Lyrique du Rhin em Colmar. Este relata: "o conservadorismo local, encarnado na classe política encarregada dos negócios, não deixou de ser enfatizado como um *handicap*".[34]

Maurice Fleuret se empenha, desde então, em manter total controle sobre esse festival. "Ele lembra a vontade de colaborar com o diretor em suas decisões, e nomeia seu comitê de programação."[35] De fato, os funcionários do ministério ocupam os cargos-chave do escritório da associação; o diretor regional dos Assuntos Culturais da Alsácia garante a presidência dele, enquanto as funções de tesoureiro e de secretário são atribuídas ao representante musical regional e ao inspetor principal da música para as regiões da Alsácia e Lorena.[36] "Com toda a evidência, os representantes da cidade e da região desconfiavam da administração central. O nascimento de Musica estava por um fio, mas um bom dinheiro do Estado não se recusa, inclusive a favor da música contemporânea."[37]

---

[33] Convenção entre o Ministério da Cultura e a cidade de Estrasburgo, 29 set. 1982.
[34] Laurent Bayle, "Naissance d'un festival", *In Harmoniques*, Paris, Ircam, n. 6, jun. 1990.
[35] Ibid.
[36] Delphine Sivignon, *L'Implantaton d'un festival en milieu local: l'exemple de Musica à Strasbourg* (tese de mestrado, IEP de Estrasburgo, Université Robert Schuman, 1997-1998).
[37] Laurent Bayle, op. cit.

Pierre Pflimlin, em final de mandato municipal, aceita, portanto, dar um toque mais modernista a sua política cultural. Convencido de que o festival de junho está velho, Musica representa uma nova oportunidade para jogar a carta internacional.[38] O prefeito é seguido pelos eleitos municipais tanto de direita como de esquerda.[39] A programação eclética se desenvolve, a partir de setembro de 1983, em locais convencionais ou insólitos, como as oficinas da SNCF de Bischeim, o Planetário, o Entrepôt Kronenburg, os banhos municipais, os apartamentos particulares... Formações instrumentais estrangeiras são convidadas. O jogo está ganho, o público conquistado. Em 1983, Musica registra 13 mil ingressos, quatro anos depois, 33 mil. Seu orçamento ilustra o impacto da descentralização cultural e o uso de financiamentos cruzados. Dos 6 milhões do orçamento de 1987, a cidade assume, a duras penas, mais de 10%:

Ministério	2,4 milhões
Região	1,4 milhão
Estrasburgo	700 mil
Departamento Bas-Rhin	240 mil
Mecenato	700 mil
Fundos próprios	560 mil

Tabela 19: O financiamento do Festival Musica, 1987.[40]

Musica é o arquétipo das transformações da política cultural dos anos 1980. No roteiro de sua criação, percebe-se uma desconfiança do poder central ante o poder local, em mãos, é verdade, da oposição. Ali se vê o voluntarismo do ministério em funcionamento, em sua determinação de despedaçar as desigualdades artísticas e geográficas, bem como, no final, a prática de uma política mais desconcentrada do que descentralizada. Ali pode-se reconhecer, enfim, a capacidade de uma metrópole de aproveitar as oportunidades para se modernizar.

Uma política de todas as músicas

A Direção da Música tem a ambição de estabelecer igual reconhecimento para todas as músicas. Ela agrupa, de maneira significativa, em uma

---

[38] L'Alsace du Dimanche, 25 set. 1983.
[39] Câmara Municipal de 25 out. 1982.
[40] Citado em Catherine Coulin, La Politique culturelle de la municipalité de Strasbourg 1983-1989 (tese defendida no IEP de Estrasburgo, em jun. 1989).

mesma divisão ministerial, a canção, as variedades, o rock, o jazz, as músicas tradicionais. Pois, para o inventor da Festa da Música, Maurice Fleuret, as músicas são "iguais em dignidade" e merecem atenção igual por parte dos poderes públicos. Essa concepção aberta da música provocou mudanças nas políticas das metrópoles.

A municipalidade de Bordeaux é, com efeito, obrigada a olhar com mais atenção o que acontece nos grupos de rock, que se multiplicam na aglomeração bordalesa. O sucesso do grupo Noir Désir estimula as vocações. Uma estrutura de animação sociocultural, o Théâtre Barbey, é posta à disposição de uma escola de rock. Um jovem animador, Éric Roux, especializado na organização de concertos de rock, leva adiante o projeto da Rock School e, em 1988, consegue que três estúdios fiquem a sua disposição na área de Barbey. Em Lille e Marselha, o rock também chama a atenção dos legisladores. Em 1989, o assessor para a cultura de Pierre Mauroy encarrega um animador cultural, organizador de concertos de rock, de fazer um projeto a partir de uma sala no centro da cidade, destinada a jovens artistas. O primeiro passo, aqui, é dado pela prefeitura. O Aéronef abre suas portas em 8 de setembro de 1989, com um concerto de Bashung. Em quatro meses, contam-se mais de 10 mil ingressos. A operação é mantida pela Drac, pelo conselho geral, pela municipalidade e pelo FNAC. Marselha, no final dos anos 1980 e no começo da década seguinte, exibe a imagem de um verdadeiro laboratório musical pela profusão de suas associações e dos locais de produção e difusão que são disponibilizados. "A cidade leva em consideração todas as músicas, os códigos, os rituais, os modos de desenvolvimento. Do rock ao lírico."[41]

Muitos lugares abrigam essas "músicas jovens", "rock, rap, reggae, acid music, technomusic...", praticadas por 150 mil jovens marselheses.[42] Os centros sociais desempenham um papel ao recebê-los: "Uns quinze grupos de rap ensaiam em centros sociais ou rádios locais, o que torna necessário levar em consideração fatores como subvenções concedidas aos locais e o fato de os jovens terem se encarregado, artística e socialmente, desses lugares".[43] A abertura das municipalidades às músicas jovens bem que parece ter passado, definitivamente, pela animação e pelo social.

A partir do segundo mandato de Robert Vigouroux (1989-1995), os locais da Seita (fábrica do ramo tabagista), convertidos em espaços

---

[41] Robert Verheuge, "La Musique à Marseille: un bilan". In: Mireille Guillet e Claude Galli (orgs.), *Marseille XXᵉ siècle. Un destin culturel* (Marselha: Via Valeriano, 1995).

[42] Ibid.

[43] Béatrice Sberna, "Approche du phénomène rap à Marseille", In: Mireille Guillet e Claude Galli (orgs.), pp. 91-2.

multidisciplinares chamados de "La Friche de la Belle-de-Mai", são frequentados por muitos jovens oriundos dos bairros Norte, Nordeste. Ali, a música domina, e grupos de rock são convidados para um programa de residência. Por outro lado, a municipalidade admite que é necessária uma sala de concertos para variedades, daí a construção do Palácio dos Esportes em 1988. A de uma casa como a do Zénith[44] de Paris é prevista no termo de um acordo com o ministério.

É longa a lista dos setores para os quais a política nacional do primeiro septenato de Mitterrand originou uma dinâmica local. Ela também permitiu a conclusão de projetos em suspenso, como o Institut Lumière em Lyon, em 1981, presidido pelo cineasta Bertrand Tavernier. Mencionado na carta de 1975, o instituto foi instalado na casa da família Lumière com a ajuda do ministério, do CNC e da cidade de Lyon. Também se aposta na dança, com a abertura da Maison de la Danse (desde 1980), única do tipo, e o lançamento, em 1982, de um festival de dança. Essa arte conquista, de fato, pouco a pouco, sua autonomia em relação à música e aos locais de difusão onde ficaria confinada, como os teatros de ópera. Uma delegação para a dança é criada dentro do ministério em 1987.

Não há dúvida de que a reviravolta orçamentária e o novo alento dado pelo Estado surtiram efeito. Mas as situações continuam a ser diferentes de uma cidade para outra, de uma região para outra.

b) As metrópoles no jogo da descentralização

Essa extensão conceitual e política da noção de cultura se desenrola sobre o fundo de descentralização iniciado pelas leis Defferre de 1982 e 1983. Instaura-se um funcionamento multipolar, modificando, no campo cultural, uma partida que, até então, se jogava essencialmente a dois. As leis da descentralização, bem como a procura de menos concentração do ministério nas regiões, vão, assim, relançar a política de contratos e favorecer um sistema de cooperação entre coletividades públicas. O espaço das políticas culturais torna-se policêntrico. As leis de descentralização, porém, não transformam fundamentalmente as competências das comunas. A de 22 de julho de 1983, em especial, limita-se a lembrar que os museus e as bibliotecas são organizados e financiados pelas coletividades proprietárias deles, que os estabelecimentos de formação artística estão sob a

---

[44] Casa de espetáculos de grande capacidade, idealizada pelo ministro Jack Lang, dedicada ao rock e a outros ritmos populares. (N.T.)

responsabilidade das comunas, dos departamentos, das regiões. A mesma lei lembra que as comunas são proprietárias de seus arquivos. Trata-se, portanto, do reconhecimento de um estado de coisas, o que permite que Jacques Rondin, em seu ensaio *Le Sacre des notables*, escreva:

> A versão de 1983 da descentralização cultural não perturba esse contexto jurídico e financeiro. Se os textos e procedimentos são lidos superficialmente, ela se situa em algum lugar entre o quase nada e o fazer de conta. Mas, olhando mais de perto, parece que as coisas mudam, e, sem dúvida, em profundidade: o jogo cultural se abre, fica mais complexo.[45]

Embora o governo socialista torne a descentralização uma de suas prioridades, nem por isso ele desvincula o Estado do terreno local. A desconcentração administrativa iniciada nos anos 1970 tem um ponto de virada decisivo. Um decreto de 1986 coloca as Dracs sob a autoridade dos prefeitos das regiões e dos departamentos, e lhes atribui, entre outras, a missão de "animar a ação do Estado em matéria cultural, de cuidar para garantir a coerência, em nível regional, das intervenções públicas no desenvolvimento cultural". A lei de fevereiro de 1992 aperfeiçoa a evolução, as Dracs são reconhecidas como interlocutores principais das coletividades locais nas regiões. De fato, elas são associadas às convenções de desenvolvimento cultural que servem de base para o relançamento da política contratual.

A política contratual reativada

Essa política herdeira das cartas culturais se materializa entre 1982 e 1995 através da assinatura de mais de 1.700 convenções, das quais 72% dizem respeito às cidades. Depois de uma baixa em 1986, a quantidade de convenções foi crescendo. Em um primeiro momento, a prioridade não foi dada às metrópoles, mas às cidades médias, menos bem servidas. O programa de ação da Direção do Desenvolvimento Cultural, criado em 1982, sob a perspectiva da descentralização é explícito nesse ponto e prevê a possibilidade de abertura do sistema apenas para "algumas grandes metrópoles, seja sobre um eixo temático prioritário, seja sobre um setor em especial (cf. Marselha 1983). No que se refere às grandes cidades, deve-se procurar um acordo, fora da convenção, de modo a permitir um diálogo

---

[45] Jacques Rondin, *Le Sacre des notables. La France en décentralisation* (Paris: Fayard, 1985), p. 210.

A BONANÇA DOS ANOS 1980   179

efetivo sobre seu desenvolvimento cultural e esclarecer os respectivos níveis de intervenção do Estado e da comuna. Desde 1984, poderiam ter sido propostos 'encontros' entre um determinado número delas: Marselha, Bordeaux, Lille, Estrasburgo, Toulouse".[46]

As metrópoles são, assim, envolvidas nas convenções assinadas entre o Estado e as regiões delas, depois nos contratos de planos[47] Estado-Região. Muitos elementos dizem respeito a elas. Assim, no começo dos anos 1980, uma convenção de desenvolvimento cultural dos bairros de Marselha é incluída na convenção com a região Provence-Alpes-Côte d'Azur.[48] Da mesma forma, o Festival Musica de Estrasburgo está incluído no contrato de planos Estado-Região da Alsácia em 1985.[49] Como as cartas culturais, as convenções são a oportunidade para esclarecer as relações entre as metrópoles e o Estado, de negociar e de estabelecer uma programação de projetos e de despesas partilhadas. Em relação ao Festival Musica, os detalhes das subvenções previstas pelo Estado, pela região e pela cidade são mencionados claramente. A participação do Estado se divide em três seções: Direção da Música e da Dança, Direção do Desenvolvimento Cultural, Direção Regional dos Assuntos Culturais.[50] O plano de ação da desconcentração[51] está a ponto de começar a caminhar. O contrato de plano permite avaliar a situação da metrópole alsaciana e sua inserção no espaço regional, projetar a construção de um novo conservatório para a região ou a de um centro de criação cinematográfica. Em 1985, o Serviço de Estudos e de Pesquisas — SER, em um número dedicado às convenções de desenvolvimento cultural com as coletividades locais, faz um balanço satisfatório: "As convenções com as cidades importantes permitiram reforçar as equipes de criação e de práticas culturais novas (bairros periféricos, ação no meio escolar ou junto às minorias)".[52]

Naquela data, fosse qual fosse a dimensão, as convenções com as coletividades locais beneficiaram uma grande gama de setores, dos quais os que mais aproveitaram são, em ordem decrescente: a música, a arte lírica e

---

[46] Programa de ação da DDC para 1984. As relações contratuais com os departamentos e as cidades. Divisão de Descentralização, 19 dez. 1983, ANF 870 305/16.

[47] *Contrat de plan*: visa favorecer a articulação entre o plano nacional e os planos regionais. (N.T.)

[48] ANF 870 305/8.

[49] Contrato de plano Estado-Região da Alsácia, correspondência de 5 jul. 1985, ANF 870 713/3.

[50] Ibid.

[51] A desconcentração consiste em delegar decisões e tarefas para escalões inferiores internos do órgão. (N.T.)

[52] Ministère de la Culture, Service des Études et de la Recherche, *Essai de bilan qualitatif des conventions de développement culturel aves le collectivités locales*, 9 maio 1985, ANF 870 305/7.

a dança, a leitura, o teatro, as artes plásticas e o patrimônio.[53] Mas as cidades menos contempladas pelo procedimento dos contratos foram, muitas vezes, as muito grandes. Lyon recebeu, depois de três anos de política contratual, 421 mil francos, Bordeaux e Marselha, 1,44 milhão de francos.

A parceria também se desenvolve entre coletividades locais, estimulada pela descentralização administrativa. As regiões se interessam mais pela cultura e dobram seus gastos públicos com cultura em dez anos (0,9% em 1978, 2% em 1987). A ação se orienta principalmente para a produção artística (49% em 1990), a conservação-difusão (26%), em seguida vem a animação (19%) e a formação (3%)... De novo, aqui, a música é especialmente beneficiada, e as regiões Nord-Pas-de-Calais, Rhône-Alpes e Provence-Alpes-Côte d'Azur são as que mais gastam com a arte lírica. Elas também intervêm no setor do teatro com o auxílio às companhias teatrais e aos centros dramáticos nacionais, que são empreendimentos com vocação regional. As regiões Nord-Pas-de-Calais e Provence-Alpes-Côte d'Azur são as mais generosas.

As convenções culturais Estado-Região levam em conta as metrópoles regionais, e certos projetos delas são diretamente sustentados pelos conselhos regionais. A cooperação financeira sob a forma de financiamentos cruzados aplica-se tanto a instituições quanto a operações pontuais. Ópera, orquestra, companhias teatrais, salões do livro ou outros aprendem a utilizar esse sistema que, às vezes, lhes traz mais independência e aliviam as finanças municipais, ao mesmo tempo que concorrem para a difusão da influência da cidade-sede. O princípio do financiamento conjunto Estado-Região também é o motor dos Fracs e dos Frams. Esses organismos exercem uma ação importante na difusão da arte contemporânea dentro das metrópoles, e o último é um instrumento para enriquecimento de seus acervos.

Politização da cultura?

Com toda a evidência, a parceria cidades/Estado foi ainda mais reforçada, e as quantias atribuídas à cidades aumentam graças à multiplicação por dois dos créditos ministeriais e ao jogo de cooperação entre coletividades territoriais. Essa cooperação foi assim tão fácil, conseguiu ela escapar das influências partidárias?

[53] Ibid.

O SER avaliou, sob a direção de Mario d'Angelo, os efeitos da ação do Ministério da Cultura em nível local entre 1981 e 1983. Estrasburgo faz parte das doze cidades observadas. Essa cidade de centro-direita teve, como as outras, um aumento dos subsídios do Estado, isto é, uma multiplicação por dois, o que autoriza o analista a concluir que "as divisões políticas não são um fator determinante da boa colaboração entre as doze cidades examinadas e o ministério".[54] Além disso, a Alsácia sempre encabeça a divisão dos créditos do ministério entre as regiões francesas, excluindo a Île-de-France. Outros exemplos, entretanto, atenuam uma visão onde o jogo partidário tem pouca influência.

Aquitânia	44,7
Alsácia	92
Midi-Pyrénées	51,9
Nord-Pas-de-Calais	35,7
Provence-Alpes-Côte d'Azur	61,3
Rhône-Alpes	51

Tabela 20: Verbas do Ministério da Cultura para as regiões, em franco por habitante, em 1982.[55]

Assim, a alternância do poder em 1981 é vivida nas cidades de esquerda como uma esperança no plano cultural. É esse o caso de Marselha, onde a política cultural é realmente carregada pela maré rosa. O símbolo dessa nova era é a inauguração do Théâtre de la Criée, em 25 de maio de 1981, na euforia da vitória eleitoral. Essa inauguração assume ares de uma revanche depois das dificuldades encontradas para construir as duas salas relativas ao Vieux-Port. O projeto remontava à Secretaria de Estado de Michel Guy, e foi preciso a visita de Gaston Defferre ao Palais de l'Élysée, em companhia de Marcel Maréchal, para resolver a situação.[56] Marcel Maréchal, em um livro de entrevistas publicado logo depois da alternância, descreve uma descentralização teatral titubeante entre 1974 e 1981, revigorada com a eleição de François Mitterrand.[57]

Embora seja difícil avaliar com precisão as repercussões das mudanças políticas nacionais sobre a gestão local da cultura, alguns

---

[54] Mario d'Angelo, *Douze villes et le changement culturel. Analyse des effets de l'action du ministère de la Culture au niveau local 1981-1983* (SER/ Ministère de la Culture, 1985).

[55] Divisão Regional dos Créditos do Ministério da Cultura em 1982, ANF 870 303/5.

[56] *Nouvel Économiste*, 16 mar. 1981.

[57] Patrick Ferla, *Conversation avec Marcel Maréchal* (Lausane: Pierre-Marcel Favre, 1983).

sinais, entretanto, merecem atenção, como a chegada a Marselha de um alto funcionário, Dominique Wallon, chamado em 1986 pelo novo prefeito Robert Vigouroux. Esse ex-aluno da Escola Nacional de Administração, diretor fundador da DDC acaba de pedir demissão com a chegada à rua de Valois de François Léotard, que suprime a DDC. Dominique Wallon fica em Marselha como "supergovernador da cultura" até 1989, antes de partir para a direção do CNC. Ele conhece bem todas as engrenagens do ministério, e isso será útil para Marselha na construção de uma administração municipal. A correspondência entre a cidade de Marselha e a rua de Valois permite adivinhar que a volta da esquerda ao poder em maio de 1988 deixa mais latitude às relações entre a metrópole e o Estado. Dominique Wallon envia uma longa carta, em 20 de junho de 1988, a Francis Beck, chefe de gabinete do ministro Lang, recapitulando questões e projetos. Ele assinala que "a cidade está inquieta com a falta de resposta do Estado, faz vários meses, sobre o programa de investimento nos museus".[58] Ele lembra seus receios sobre a construção de uma sala de espetáculos tipo Zénith de Paris. O crédito de 10 milhões de francos previsto por Jack Lang antes da alternância de 1986 "teve de ser abandonado pela recusa de seu sucessor de manter o compromisso e pela recessão da região".[59] Enfim, ele lembra que a cidade encorajou, junto com o Estado e a região, a criação de um Ateliê Regional de Restauração e Conservação de Arquivos e de Papel (ARRCAP), que ela alugou por conta própria um local para instalá--lo e "espera desde então o pagamento da subvenção do Estado para equipamentos".[60]

É verdade que a lentidão na atribuição dos créditos pelo Estado não é um fenômeno raro, seja qual for a cidade, mas, aqui, percebe-se bem que a nova alternância é esperada como uma oportunidade para resolver as questões.

A municipalidade lionesa, pelo contrário, manifesta desconfiança em relação ao sistema de convenções iniciado pela esquerda. Desconfiança que se assemelha a uma defesa clássica dos interesses municipais, mas a coisa vai mais longe. Com efeito, o discurso de Francisque Collomb se baseia em uma comparação com as cartas culturais do período de Giscard d'Estaing:

---

[58] Carta de Dominique Wallon a Francis Beck, chefe de gabinete do Ministério da Cultura, 20 jun. 1988, ANF 920 487/21.

[59] Carta de Dominique Wallon a Francis Beck, chefe de gabinete do Ministério da Cultura, 20 jun. 1988, ANF 920 487/21.

[60] Ibid.

A carta cultural precedente, firmada com o Estado e sobre a qual eu observei publicamente que não tinha sido completamente honrada, tinha o mérito de fixar os compromissos recíprocos a médio prazo. A cidade não pode comprometer-se com despesas se não tiver a certeza de financiamentos futuros [...] A única resposta que foi feita ao longo de toda a negociação antes da assinatura da convenção foi a de que se poderia rediscutir em 1983 com um adendo.

Francisque Collomb lamenta, "em nome mesmo dos princípios de gestão e do espírito de descentralização pregado justamente por seu governo",[61] o "seu", antes da palavra "governo", foi sublinhado a lápis por funcionários do ministério... É verdade que as convenções foram bem admitidas globalmente, mas as relações centro-periferia não são assépticas, elas conservam uma dimensão partidária sempre latente.

A coloração política das coletividades locais, quando é diferente de uma coletividade para outra, pode também ser um obstáculo para instituições ou para projetos. Já foi mencionada a fórmula da associação intercomunal adotada para criar a Opéra du Nord em setembro de 1979 por Lille, Roubaix e Tourcoing. Maurice Fleuret propõe a essa ópera, em 1982, uma convenção de desenvolvimento cultural. Para a Opéra du Nord, que não conseguiu superar seu déficit, é previsto um plano de reestruturação na primavera de 1984, combinado com umas trinta demissões, uma delas sendo a do diretor. A crise, entretanto, não terminou, pois Roubaix e Tourcoing, duas municipalidades que passaram para a direita em março de 1983, não querem "ser envolvidas em um organismo onde os socialistas conduzem uma política de gastos muito onerosa e põem em dúvida o desejo de reforma de Pierre Mauroy".[62] Aqui, então, é a recusa de manter um empreendimento, certamente deficitário, mas também controlado demais pelo poder socialista de Lille e da região[63] que acarreta o desaparecimento da Opéra du Nord.

A música é uma aposta política em outras regiões. Em Midi-Pyrénées, é preciso esperar a mudança da maioria política na Câmara Legislativa Regional, em 1986, para que dobre o subsídio regional para a orquestra do Capitole. Nas relações verticais Estado/metrópoles, bem como nas relações horizontais entre coletividades locais, a filiação política exerce uma influência não negligenciável no futuro das instituições culturais. E

---

[61] Carta de Francisque Collomb ao ministro da Cultura, 27 dez. 1982, ANF 870 300/18.

[62] Jean Vablay, "L'Opéra du nord toujours en crise", *Le Figaro*, 5 jul. 1985.

[63] Uma associação mista tinha sido feita, presidida pela assessora para a cultura de Pierre Mauroy, Monique Bouchez; o conselho regional tinha se comprometido a cobrir 30% da previsão orçamentária.

pode-se supor que o sistema de alianças políticas locais ou a concorrência entre coletividades têm sua participação no rumo tomado pelas políticas culturais municipais. Na análise que fizeram do sistema Defferre, François Baraize e Emmanuel Négrier destacam a relação entre a hegemonia e o isolamento marselhês.

> Com toda a evidência, a estratégia social-centrista de Gaston Defferre exclui, por extensão, toda possibilidade de cooperação com as comunas vizinhas, muitas delas sendo dirigidas pelo Partido Comunista desde a Libertação. Aubagne, Gardanne, Martigues ou La Ciotat entram nesse caso, para limitar-nos às mais próximas. Mas, além do jogo de alianças políticas sobre o qual ela se baseia, a *leadership* defferrista está voltada, antes de mais nada, para Marselha. A recusa de qualquer colaboração com as comunas dos arredores — que leva Gaston Defferre a rejeitar a Comunidade Urbana em 1966 — traduz tanto uma estratégia política quanto uma visão do território muito centrada na "capital".[64]

O defferrismo se confunde, segundo eles, com a afirmação da soberania municipal. A seguir eles põem em evidência a continuidade do fenômeno nos mandatos de Robert Vigouroux e Jean-Claude Gaudin, e isso apesar do progresso da descentralização. No total, o jogo político local confirma uma metrópole mais voltada para o Estado do que para as outras coletividades locais. "A história política de Marselha está, ainda hoje, muito mais marcada por sua relação com o Estado do que por suas relações de 'vizinhança'."[65]

O desejo constante de hegemonia política da cidade-sede poderia, portanto, explicar a pouca cooperação local. Transposta para o setor da cultura, a comparação entre Lille e Marselha o comprova. Está-se em presença de dois sistemas diferentes. De um lado, Lille não pode exercer a hegemonia pois sua população é só ligeiramente maior do que a de seus vizinhos Roubaix e Tourcoing,[66] e seus legisladores rejeitam as soluções externas para financiar suas instituições culturais (ópera, orquestras, festival); do outro, Marselha não tem nem mesmo orquestra regional. Em Lille, o tênue peso da cidade é, entretanto, compensado pelo controle do prefeito sobre a comunidade urbana e a Câmara Regional.

---

[64] François Baraize e Emmanuel Négrier, *L'Invention politique de l'agglomération* (Paris: L'Harmattan, 2001), p. 45.

[65] Ibid., p. 49.

[66] Em 1982, Lille conta com 168.424 habitantes, Roubaix, 101.602, Tourcoing, 96.908.

Atritos entre parceiros

A descentralização cultural foi acompanhada por atritos entre as metrópoles e o Estado. Como prova a famosa "guerra das *mirandes*"[67] que agita os meios patrimônios-culturais de Toulouse no final dos anos 1980. No momento de restaurar a basílica de Saint-Sernin, surge o problema de saber se se deve respeitar ou não a reforma, desse edifício românico, feita no século anterior por Viollet-le-Duc. Na época, foram cometidos graves erros técnicos. A polêmica é "violenta entre inspetores de Monumentos Históricos, arquitetos de Construções da França, historiadores de arte, alguns tendo vindo dos Estados Unidos, e a associação dos moradores de Toulouse".[68]

A Comissão Superior dos Monumentos Históricos decide a favor de restituir o monumento a seu estado original, Jack Lang aprova, mas a Câmara Municipal de Toulouse, bem como a Câmara Geral de Haute Garonne, considerando a opinião local contrária, opõem-se.[69] *La Dépêche du Midi* a chama de "a batalha de Saint-Sernin".[70] O jornal regional apoia "Os Amigos da Basílica", bem como o comitê do bairro em sua petição. Dominique Baudis escreve ao ministro, insiste na dimensão simbólica de Saint-Sernin, propriedade da cidade: "Eu o convido, então, para vir a Toulouse a fim de avaliar todas as consequências de seu juízo, e lhe peço encarecidamente que não decida nada antes de ver Saint-Sernin".[71]

O tamanho da reação local faz com que as obras sejam suspensas. A pedido do prefeito, o projeto passa por novo exame na Comissão Superior dos Monumentos Históricos. Esta reafirma sua decisão e finalmente as obras são realizadas. Esse conflito chega até a assumir uma dimensão internacional, já que Saint-Sernin está na lista dos monumentos considerados patrimônio da humanidade. A Unesco leva seu apoio ao ministro. *La Dépêche du Midi*, na edição de 31 de outubro de 1989, denuncia "o pouco caso das competências locais". Ainda mais que outros motivos de discórdia se acrescentam no que se refere ao patrimônio: a manufatura de tabaco, o hospital Larrey, os matadouros municipais. Nos três casos, a Comissão Regional para o Patrimônio Arqueológico e Etnológico (Corephae) pronunciou-se a favor da inclusão em um inventário suplementar dos monumentos históricos. O diretor do patrimônio, Jean-Pierre Bady, em uma nota, contesta as críticas feitas pela municipalidade de Toulouse ao Estado:

[67] A expressão foi forjada por um jornalista do *Le Monde*. *Mirandes* são detalhes arquitetônicos da basílica.
[68] Guy Jalabert, *Toulouse Métropole incomplète* (Paris: Anthropos, 1995), p. 135.
[69] Telegrama de 28 nov. 1989 do representante de Haute-Garonne para Jack Lang, ANF 920 487/29.
[70] *La Dépêche du Midi*, 18 out. 1989.
[71] Carta de Dominique Baudis a Jack Lang, 11 dez. 1989.

O juízo feito pela cidade, sobre a intervenção do Estado e de seus serviços, é pouco objetivo, até mesmo tendencioso. É assim que o Estado teria tomado decisões sem entrar em acordo com a cidade, que ele teria impedido a realização de operações previstas pela municipalidade (Hospital Larrey) ou teria desnaturado as posições da Corephae (antigos matadouros). [...] Nenhuma dessas acusações é justificada.[72]

Ele conclui que as dificuldades "sem dúvida também vêm de que a cidade de Toulouse estava acostumada a ter toda a liberdade quando se tratava de edifícios de caráter industrial, como a manufatura de tabaco ou os matadouros, e que ela aceita com mais dificuldade a intervenção dos monumentos históricos quando se trata desse tipo de patrimônio".

Prova disso está em que a política de desconcentração dos serviços patrimoniais do Estado, as inovações administrativas como a Corephae (criadas em 1984), nem sempre estiveram ao gosto das coletividades locais. A ambiguidade daquilo que Jean-Michel Leniaud chama de "a desconcentralização" transparece facilmente no exemplo de Toulouse.[73] No campo do patrimônio, o mais privilegiado de todos os setores culturais, o Estado não perdeu nem suas prerrogativas nem seus meios de ação. Às vezes, isso é fonte de atritos.

c) Para uma homogeneização do funcionamento municipal

Uma institucionalização reforçada

Prossegue a institucionalização da política cultural municipal esboçada nas décadas anteriores. Como observa Philippe Urfalino, as municipalidades alcançaram um triplo conhecimento: em relação aos meios culturais, ao Ministério da Cultura e às condições financeiras e técnicas de realização de projetos; isso faz com que aumente sua capacidade de decisão em relação ao Estado.

As metrópoles têm assessores com competência adquirida, seja pela longevidade de seu mandato (Marcel Paoli em Marselha), seja por sua especialização inicial (André Mure em Lyon). O conhecimento dos meios culturais é ainda mais interessante na medida em que o prefeito

---

[72] Nota de Jean-Pierre Bady, 18 set. 1989, ANF 920 487/29.

[73] Jean-Michel Leniaud, "Patrimoine monumental et décentralisation culturelle (1959-1999)". In: Philippe Poirrier e Jean-Pierre Roux, *Affaires culturelles et territoires* (Paris: Comité d'Histoire/ Ministère de la Culture, 2000), p. 164.

tem estatura nacional e dispõe de redes de relacionamento em Paris (Jacques Chaban-Delmas, Gaston Defferre, Pierre Mauroy). Também é verdade que as metrópoles ganharam experiência ao longo dos anos, ao sabor das negociações com seu parceiro principal, o Estado. A experiência das cartas culturais está enraizada nas memórias de alguns eleitos (Francisque Collomb). A cooperação entre comunas é comum em Estrasburgo (CDE, Opéra du Rhin), ela serve de referência em Lille. As cidades lançam mão de profissionais, de especialistas, como Lille, que, no final dos anos 1980, antes de empreender a renovação de sua política museal, faz um acordo de consultoria com um museólogo.[74] Da mesma forma, as metrópoles também se envolvem em uma maior racionalização de seu funcionamento administrativo, cercam-se de consultores externos. Em 1984, Toulouse confia a "um homem da equipe de Chirac — Francis Balagnia— a concretização de uma política cultural", escreve um jornalista de *L'Express*.[75] A nomeação de Dominique Wallon, consultor de 1986 a 1989 junto ao prefeito de Marselha, é emblemática. Ele estabelece um organograma calcado no do ministério, cujo resultado será, em 1991, a criação de uma Direção de Assuntos Culturais. Em compensação, as atribuições de Marcel Paoli limitam-se às de assessor para o setor musical. "Depois de trabalhosas negociações, Vigouroux confirmou que Wallon iria reinar sobre a totalidade da política cultural da cidade e que Paoli deveria se contentar em meter o nariz nos assuntos musicais."[76]

As arbitragens entre o político e o administrativo dão, aqui, vantagem a este. "'Um bom líder' não é o que segura as rédeas de seus acólitos"?[77] Marcel Paoli fica com a música até 1989, quando é derrotado nas eleições e renuncia a seu cargo. Robert Vigouroux, entusiasmado com sua vitória nas eleições municipais de 1989, parece não desejar mais a presença de um assessor muito influente. Ele reparte a ação cultural entre as mãos de quatro pessoas,[78] sendo que duas delas têm mais peso do que as outras, Christian Poitevin, encarregado do teatro, dos festivais, do audiovisual, dos museus — é um poeta de personalidade forte que usa o pseudônimo de Julian Blaine, se interessa pelas artes plásticas e trabalha como ator nos filmes de Robert Guédiguian —, e Michel Carcassonne, encarregado da música, saído da equipe Defferre.

---

[74] Arquivos municipais de Lille, 2 R 12/92.

[75] *L'Express*, 21-27 dez. 1984.

[76] Jean-Marc Matalon, "Bouillon de culture à l'Hôtel de ville", *La Marseillaise*, 29 jul. 1986.

[77] Yves Mény, "La République des fiefs, dans la décentralisation", *Pouvoirs*, Paris, PUF, n. 92, p. 20, 1992.

[78] Michel Carcassonne, *Fausses Notes municipales* (Marselha: Autres Temps, 1995), p. 20.

O período entre 1986 e 1995 em Marselha é, para o sucessor de Gaston Defferre, cheio de apostas, em que é preciso se impor e construir uma política cultural nova. Até 1989, ele pode contar com Dominique Wallon. O encarregado da missão assume o controle do Office Municipal de la Culture et des Loisirs, que se torna Office de la Culture de Marseille, sob a direção de Robert Verheuge. O prefeito é o presidente, o que acarreta, a partir de 1991, sua reestruturação, pois os Tribunais Regionais de Contas, de acordo com a legislação anticorrupção, desconfiam desse tipo de funcionamento. No final dessa evolução, o Office de la Culture de Marseille perde sua vocação inicial de dialogar. Em Lille, a agência criada em 1978 é posta em banho--maria a partir de 1994. Então, talvez se tenha uma confirmação, através dos exemplos de Marselha e Lille, da análise de Philippe Urfalino sobre o fracasso das agências da cultura em cidades como Rennes ou Grenoble, devido à impossibilidade de concretizar a união do "sociocultural" com o "cultural".[79] Porém Lille, depois do desaparecimento da agência, dispõe de um conselho comunal para garantir a ligação com as associações.

Nas outras metrópoles, o serviço cultural parece bem estruturado e as atribuições dos assessores, claramente definidas. Só Bordeaux se mantém atrasada em matéria de racionalização de sua administração cultural. Com efeito, é preciso esperar a saída de Jacques Chaban-Delmas para que um verdadeiro serviço cultural se estruture, encabeçado por um interlocutor conhecido, Michel Pierre. Também é só depois desse prazo, e com Alain Juppé em 1995, que é criada uma direção dos museus, confiada a Henri--Claude Cousseau.

Profissionalização

A tendência é para a profissionalização. Assim, sem dúvida se deve compreender o fato de Marcel Paoli, em Marselha, ter sido posto de lado.

> O processo de profissionalização — que marca as políticas culturais locais — leva a manter fora da elaboração destas toda uma série de agentes sociais (amadores, voluntários, militantes de associações, sindicalistas, trabalhadores sociais, até mesmo eleitos) que antes podiam ter voz ativa. O princípio da delegação cultural, portanto, encontra-se transformado: estão autorizados a falar de cultura em nome da coletividade não mais aqueles que, por seu engajamento ou sua atividade política, alcançaram a função de

[79] Philippe Urfalino, *L'Invention de la politique culturelle* (Paris: Comité d'Histoire/ La Documentation Française, 1996), p. 298.

representá-la, mas aqueles que podem apresentar uma competência especializada, atestada pelo fato de que pertencem ao mundo dos profissionais.[80]

O que se viu nos anos anteriores com os diretores dos CDN ou os regentes de orquestra se confirma, as grandes instituições são entregues a profissionais que já comprovaram sua competência. Isso acontece, agora, com Germain Viatte, em Marselha, em relação aos museus. O diretor do Festival Musica, Laurent Bayle, é, também ele, uma personalidade de fora. Essas nomeações inesperadas são a garantia de certa qualidade e, algumas vezes, revelam-se muito úteis para dinamizar um contexto esclerosado pelos hábitos ou desentendimentos fúteis. Entretanto, o fenômeno não é geral. Em Lyon, o assessor Joannès Ambre deposita sua confiança em duas personalidades locais, Guy Darmet e Henri Destezet, quando da criação da Maison de la Dance no Teatro Croix-Rousse. E, porque eles tiveram sucesso, a prefeitura concorda, dois anos depois, com seu festival de dança, que se tornará a Bienal da Dança. A profissionalização faz par com uma especialização reforçada das tarefas. Michel Plasson renuncia, assim, a acumular as funções de diretor artístico do Capitole e de gerente da orquestra, que ele assume desde 1972. Em 1983, ele se reserva unicamente para a orquestra. A profissionalização e a especialização são induzidas por um contexto em que a ação cultural pública é um problema de gestão e, se possível, de boa gestão. Os prefeitos têm de aparecer, cada vez mais, como bons gerentes. A legitimidade deles também está baseada nesse critério.

O poder dos prefeitos em relação à cultura

Determinar as linhas de força nas décadas do final do século no que se refere ao poder dos prefeitos sobre a cultura não é tarefa fácil. Várias gerações se aglomeram, diversos estilos em função das personalidades. Gaston Defferre tendo desaparecido, ainda resta Chaban para encarnar a geração da Libertação. Até o fim, ele assume abertamente o seguinte princípio de governo: "Em Bordeaux, a cultura sou eu".[81]

O exercício pessoal do poder não impôs nenhum problema especial na vida política local, exceto perto do final do último mandato do "Duque

---

[80] Vincent Dubois e Pascale Laborier, "'Le Social' dans l'institutionnalisation des politiques culturelles locales en France et en Allemagne". In: Richard Balme, Alain Faure e Albert Mabileau, *Les Nouvelles Politiques locales. Dynamiques de l'action publique* (Paris: Presses de la Fondation Nationale des Sciences Politiques, 1999), p. 264.

[81] Entrevista, 30 mar. 1990.

de Aquitânia". Em Lille, a delegação do poder parece ter funcionado bem, da mesma forma que em Estrasburgo. Em Marselha, Robert Vigouroux tem, com certeza, menos carisma que seu predecessor, mas sabe se cercar de especialistas. Sua mulher perpetua a tradição das esposas consultoras culturais, estando na origem de um museu de moda. Lyon assiste à sucessão de dois prefeitos muito diferentes: Francisque Collomb, de 1976 a 1989, e Michel Noir, de 1989 a 1995. Aquele retoma, com menos vigor, o legado de Louis Pradel, pretendendo ser o defensor dos interesses locais. Este marca uma ruptura com o pradelismo, reatando com o status de prefeito com pretensões nacionais. Ele também se impõe como um prefeito midiático. Ele será impedido por processos judiciais, em 1995, de tentar um segundo mandato. Em Estrasburgo, Pierre Pflimlin passa a tocha a seu herdeiro, o senador Marcel Rudloff. Este parece levar, de 1983 a 1989, uma política mais de retrocesso.[82] A mudança é introduzida na metrópole alsaciana pela socialista Catherine Trautmann, que dobra o orçamento da cultura entre 1989 e 1997. A seu lado está "Norbert Engel, companheiro de primeira hora e eminência parda".[83] Assessor para a cultura em Estrasburgo, ele irá segui-la a Paris, à rua de Valois, como consultor especial, quando esta se tornar ministra em 1997. O artigo que o *Le Monde* dedica, em junho de 1997, àquele que possui a mais bela biblioteca particular de Estrasburgo, revela "que ele observa tudo. Com frequência, é visto nos espetáculos. Seu envolvimento é inegável"; a senhora prefeita pede a opinião dele antes "de proceder a nomeações ou de atribuir subvenções".[84]

Os estilos de governo municipal diferem, de uma cidade para outra, e é um processo delicado extrair tendências. Apesar disso, duas constantes podem ser notadas, de um lado, a existência de uma real delegação para as mãos de assessores competentes, e, de outro lado, a promoção do critério da boa gestão. Este fundamenta, por todo lado, a legitimidade da ação pública, inclusive no final do mandato de Jacques Chaban-Delmas. Além disso, como não concordar com Jean-Claude Thoenig, que observa, dez anos depois, as leis do começo dos anos 1980:

> O maior grau de centralização que se pode observar na sociedade francesa, ao menos em sua esfera política, não reside nas mãos do Estado

---

[82] Dominique Badariotti, Richard Kleinschmager e Léo Srauss, *Géopolitique de Strasbourg. Permanences et mutations du paysage politique depuis 1871* (Estrasburgo: La Nuée Bleue/ Dernières Nouvelles d'Alsace/ La Bibliothèque Alsacienne, 1995).

[83] Marcel Scotto, "Norbert Engel, compagnon de la première heure et éminence grise", *Le Monde*, 25 jun. 1997.

[84] Ibid.

nacional ou do presidente da República, mas nas do prefeito local. Pois o prefeito, que é, ao mesmo tempo, presidente da Câmara Municipal e o chefe de seu poder executivo, concentra extremo poder em sua pessoa: ao mesmo tempo, integrador de "sua" câmara, interlocutor privilegiado da população, chefe incontestável dos serviços municipais, e aquele que controla, de modo monopolístico, todas as relações com os formadores de opinião de fora de sua comuna, cujas ações contam para ela (prefeito, conselho geral, ministérios parisienses etc.).[85]

5.2 TERRITÓRIOS À PROCURA DE UMA IMAGEM

a) Concorrência e procura de notoriedade

> O espírito da descentralização — escreve Guy Saez — contribui para intensificar um clima de competição entre as diferentes coletividades locais. Os responsáveis políticos justificam essa competição em nome de seu dever de desenvolvimento local em uma França, amanhã em uma Europa, comunitária, cortada por vastos movimentos de polarização de atividades — o eixo renano, o arco alpino, a fachada mediterrânea, por exemplo — e por uma internacionalização das trocas regida pela lógica do mercado [...] Os eleitos abordam essa nova configuração, revelando a convicção de que eles precisam "valorizar" seus territórios, torná-los atraentes, pela promoção de uma "imagem de marca" positiva.[86]

É óbvio que a cultura é um dos terrenos prediletos para produzir símbolos. Em uma sociedade em que a comunicação é rainha, onde o próprio ministério se intitula, a partir de 1988, "Ministério da Cultura e da Comunicação", poderia ser de outro jeito? Na escala das metrópoles, às vezes se tem a impressão de que esse setor da intervenção pública é instrumentalizado.

Os objetivos são internacionais faz muito tempo em Estrasburgo, onde o discurso local se junta ao do Estado. A criação do Festival Musica procede da vontade de construir um festival de música contemporânea em escala internacional. A carta cultural assinada por Estrasburgo em 22 de julho de 1988 assume, como eixo principal, "o desenvolvimento do campo internacional da cultura" e inclui, em seu preâmbulo: "A fim de reforçar a

---

[85] Jean-Claude Thoenig, "La Décentralisation dix ans après", *Pouvoirs*, n. 60, p. 11, 1992.
[86] Guy Saez, "Politiques culturelles, lecture public et décentralisation". In: Martine Poulain (org.), *Histoire des bibliothèques françaises. Les bibliothèques au XXe siècle, 1914-1990* (Paris: Promodis/ Cercle da la Librairie, 1992), p. 489.

política cultural, integrando, na estratégia europeia de Estrasburgo, ferramentas culturais dignas de uma capital da Europa, o Estado e a cidade de Estrasburgo decidem reconduzir sua política contratual, globalizando suas intervenções e tornando mais próxima sua cooperação".[87]

Segue-se uma longa lista de operações para o período de 1989 e 1991, entre elas, a criação de um museu de arte moderna e contemporânea, a atribuição de um novo local para a orquestra filarmônica por meio de uma extensão do Palácio da Música e dos Congressos, a criação de uma nova ópera, o desenvolvimento da cultura científica e técnica com um museu de ciências, a ampliação do centro cultural de Maillon, a reestruturação da Maison des Arts et des Loisirs, a criação de um centro dramático europeu para a juventude a partir do centro regional do Théâtre Jeune Public instalado na Maison des Arts et des Loisirs. Operações de difusão, do tipo de exposições europeias, o festival europeu de escritores ou, ainda, Musica, em cujo contexto a colaboração europeia com Veneza, Berlim, Bruxelas[88] deve ser acentuada, completam esse vasto programa. O comprimento da lista expressa claramente as ambições de uma cidade que quer existir enquanto capital europeia. É certo que o caso de Estrasburgo torna esse objetivo internacional natural, se não inesperado. Mas as outras metrópoles, cuja situação não é tão pertinente, também manifestam as mesmas pretensões e se servem desse argumento em suas negociações com o ministério.

Deve-se lembrar, aqui, a carta do assessor lionês, André Mure, ao diretor dos Museus da França para defender seu projeto do museu de arte contemporânea, onde ele insiste na necessidade "de entrar no circuito das grandes exposições internacionais", de "retomar um lugar no conjunto dos grandes museus europeus".[89] A administração Francisque Collomb publica, no começo dos anos 1980, uma brochura cujo tom ditirâmbico faria quase sorrir, tanto que ela se vangloria dos méritos de uma cidade que obteve a posição de "metrópole internacional", "pronta para receber o mundo". A argumentação detalhada que se segue baseia-se na política cultural. "Faz seis anos, a vida cultural de Lyon desenvolveu-se, diversificou-se, assumindo uma dimensão nacional e internacional." Nada é esquecido na lista dos setores culturais, até mesmo as bibliotecas: "uma política dinâmica passou como um furacão sobre os edifícios das bibliotecas anexas".[90]

[87] Carta cultural entre o Estado e a cidade de Estrasburgo, 22 jul. 1988, ANF 920 487/28.
[88] Carta cultural com a cidade de Estrasburgo, 22 jul. 1988, ANF 920 627/113.
[89] André Mure ao diretor dos Museus da França, 22 dez. 1987, ANF 920 627/117.
[90] Brochura sem data, mas talvez publicada, tendo em vista a campanha das eleições municipais de 1983. As datas mais tardias que são mencionadas são de 1982, ANF 870 300/24.

Michel Noir vai ainda mais longe na percepção do que está em jogo e dos meios mobilizados: "Nessa competição de dimensão mundial, mas inicialmente em escala europeia [...], Lyon tem de aprender a deixar de se comparar a Bordeaux, Grenoble ou Marselha, mas, sim, a Barcelona, Frankfurt, Turim ou Roterdam".[91] A denominação da aglomeração lionesa, aliás, é modificada. "Courly" dá lugar ao "Grande Lyon", outro sinal das pretensões da antiga capital dos gauleses. Equipamentos de prestígio e embelezamento da cidade estão no programa, é o que promete o prefeito, pois "a dimensão cultural é, sempre, um dos parâmetros mais seguros do caráter internacional de uma cidade. Sob esse aspecto, os projetos que serão executados nos próximos anos correspondem à ambição de Lyon, uma Eurocidade". Política de comunicação rima, em Lyon, com política cultural. Um assessor desempenha essa missão específica, André Maréchal, representante da "difusão internacional e das grandes manifestações". Cabe a ele, especialmente, organizar todos os anos a tradicional Festa das Luzes do Oito de Dezembro, se possível com difusão internacional garantida.

Em outras partes, insiste-se na vocação de abertura. Marselha desenvolve uma retórica "Sul", mediterrânea, evidentemente sem esquecer a Europa, e não é por acaso que Robert Vigouroux lança um grande projeto urbanístico intitulado Projeto Euromediterrâneo.[92] Seu assessor para a cultura, Christian Poitevin, o resume assim: "Mal-amada, Marselha quer deixar de olhar para o norte e reencontrar sua condição passada de porta do Oriente. Ela tem a ambição de se tornar uma capital do sul".[93] Com efeito, é tempo de despertar, Montpellier já se alinha com seu slogan "Montpellier capital da Europa do Sul" em 1988, a seguir virá "Montpellier Eurocidade" (1990), "Montpellier, a mediterrânea" (1991). É hora da concorrência entre os territórios. Lille empreende a construção de um centro terciário que vai ser chamado, simplesmente, de Euralille. Os semanários nacionais fixam regularmente o foco nas grandes cidades do interior, estabelecendo uma lista comparativa entre elas, com critérios onde a qualidade de vida também é medida pela qualidade e variedade das instituições culturais. As metrópoles dos anos 1980 tomam consciência da importância de sua imagem. Bordeaux está à frente nesse campo, Toulouse ainda não passou pela mudança. Sem dúvida, ela não sentiu tanta necessidade, satisfeita com seu crédito cultural antigo e principalmente com sua vitalidade econômica.

---

[91] Cidade de Lyon, *Le Projet pour la cité*, 1990.

[92] O projeto Euromediterrâneo dedica às atividades terciárias uma centena de hectares entre a estação Saint-Charles e o porto. Ele foi retomado por Jean-Claude Gaudin.

[93] Christian Poitevin, *Aime comme (M)arseille*, texto mimeografado, provavelmente de 1995.

Suas atividades ligadas à aeronáutica, às indústrias espaciais ou à informática ainda são suficientes para sua imagem de dinamismo. Dominique Baudis o confessa alguns anos depois: "Talvez a Toulouse cultural não goze de uma imagem tão brilhante quanto a Toulouse econômica e tecnológica, [...] eu me dedico a reparar essa injustiça".[94]

Pois, olhando mais de perto, o trabalho sobre a imagem empreendido pelas municipalidades consiste em reatar com uma imagem favorável (imagem de reativação), em romper uma imagem desfavorável para construir uma nova (imagem de reconstrução) ou, então, reforçar pela cultura uma imagem já favorável (imagem de confirmação).[95] Bordeaux entra na primeira categoria, Marselha na segunda, Lyon, Estrasburgo e mais tarde Toulouse, na terceira. Como romper, por exemplo, com a má reputação de Marselha e tomar uma imagem que voltou a ser positiva para lutar "contra a situação econômica e social da cidade"?[96] Parece que a escolha já feita é apoiar-se no cosmopolitismo, enquanto o Front nacional começa a lançar raízes.[97] O discurso mais comum a partir da segunda metade dos anos 1980 apresenta Marselha como uma cidade de múltiplas culturas, a cidade "dos Sules", escreve Christian Poitevin, "cidade de miscigenação", "cidade encruzilhada". Marselha pretende alcançar a categoria de capital europeia, e sua diversidade étnica torna-se, então, não mais uma desvantagem, mas um trunfo. Reativar a identidade do território pela ênfase dada a esse traço é, ao mesmo tempo, fazer-se conhecer e reconhecer, mas é também criar coesão social, enquanto a crise econômica desestrutura e produz anomia.[98]

Convém, então, destacar-se, afirmar sua identidade por uma política cultural visível, que atraia, para a cidade, os holofotes da imprensa nacional. As metrópoles estão bem servidas de capital simbólico, basta explorar os legados. As políticas de patrimônio são, entre outras, um dos pilares. As metrópoles não se contentam apenas com o passado. Existe também, nessa rota para a notoriedade, uma vontade de progresso. A respeito da

---

[94] Entrevista com Dominique Baudis, *Le Monde des Débats*, mar. 1995.

[95] Ver nosso artigo, "Politiques culturelles municipales et image de la ville depuis 1945, à travers les cas de Bordeaux, Marseille, Montpellier et Toulouse". In: Jean-Paul Charrié (org.), *Villes en projet(s)* — (Talence: MSHA, 1996).

[96] A expressão é de Christian Poitevin, op. cit.

[97] Ele aparece em Marselha nas eleições municipais de 1983 com uma pontuação de 5,6%, registra pontuações de 21,4% nas eleições europeias de 1984 e 24,4% nas legislativas de 1986. Ver Yves Lacoste (org.), *Géopolitiques des régions françaises. La France du Sud-Est* (Paris: Fayard, 1986).

[98] Sobre essa problemática, ver Alain Morel, "Politiques culturelles, productions d'images et développement local". In: Jean-Pierre Saez (org.), *Identités culturelles et territoires* (Paris: Desclée de Brouwer, 1995), pp. 131-43.

reforma do Museu de Belas-Artes de Lille, Pierre Mauroy, em fervoroso "lillês", expressa exatamente esse voluntarismo modernizador:

> Imaginem que, com 2 mil quadros, 4 mil desenhos, 2 mil esculturas e objetos de arte, mil porcelanas e cerâmicas, nós somos o segundo museu da França, depois do Louvre. Faremos dele um grande local cultural, e vivendo em pleno centro de Lille, e não um "cemitério da arte", como tinha tendência a se tornar, ao longo dos anos, se não se adaptasse às novas exigências do público.[99]

Nesse campo, a política de equipamentos teve continuação e a política para o prestígio foi confirmada. Ao fazer isso, muitas vezes ela coloca as metrópoles na ambiguidade entre, de um lado, escolhas elitistas ditadas pela procura da difusão de sua influência, e, do outro lado, a sempre necessária democratização cultural.

b) As grandes obras das metrópoles

Uma alta contínua das despesas com investimentos se produz em Lille, Lyon e Estrasburgo entre 1981 e 1993. Para que Marselha e Toulouse sigam seus passos e tentem alcançá-las, é preciso esperar o final dos anos 1980. Pois, se Paris se cobre de canteiros de obras prestigiosos durante os dois septenatos de Mitterrand, as grandes cidades do interior seguem pelo mesmo caminho, com um paralelismo impressionante. O presidencialismo da Quinta República engendrou esta exceção francesa contemporânea, uma espécie de reminiscência dos tempos monárquicos, que são as grandes obras. Ora, para alguns analistas, a descentralização teria levado à "sagração dos notáveis", à presidencialização dos prefeitos. Essa é a opinião de Yves Mény, que esclarece, pela mesma ocasião, um pouco mais das políticas de imagem das cidades:

> Graças a seus múltiplos trunfos, os atores locais acabam identificando-se com a coletividade que eles dirigem (e vice-versa), a tal ponto que é difícil conceber políticas de "comunicação" que não sejam simplesmente para dar destaque ao grande timoneiro local; Lyon se identifica com Pradel ou Michel Noir [...] Lille com Mauroy, Bordeaux com Chaban-Delmas etc.[100]

---

[99] Pierre Mauroy, *Parole de Lillois* (Paris: Lieu Commun, 1994), p. 170.
[100] Ives Mény, op. cit.

Os grandes canteiros de obras do interior têm, sem dúvida, ligação com esse exercício local do poder, quer se trate de construção *ex nihilo* de equipamentos modernos, quer da restauração de construções antigas. Neste último caso, a reforma do Grand-Théâtre de Bordeaux ou a do Teatro de Ópera de Marselha em 1987, para seu bicentenário. Lyon decide, aliás, fazer outro tanto no mesmo ano, com o Ministério da Cultura e da Comunicação tendo dado luz verde depois de madura reflexão. A cortina da boca de cena pintada por Gustave Jaulnes em 1925 e o teto de Abel Pujol, ambos tombados, traziam problemas. A Câmara Municipal confia a reforma da ópera ao escritório de Jean Nouvel, arquiteto de fama internacional, autor do Instituto do Mundo Árabe em Paris, da Ópera de Tóquio, do pavilhão francês de Sevilha, das Galeries Lafayette em Berlim... Não há nenhuma dúvida de que seu sucesso internacional motivou a escolha dos legisladores, mas o projeto espetacular também tem como seduzir. Ele respeita o invólucro histórico dos arquitetos Chenavard e Pollet, e o cobre com um domo transparente que se ilumina, a cada espetáculo, de um vermelho resplendente. No próprio centro da cidade, essa realização espantosa, que mistura tradição e modernidade, celebra a cidade. Ela se integra na política de urbanismo cujo objetivo é "fazer emergir um grande centro histórico, cultural e turístico apoiando-se nos elementos principais da paisagem norte da península, com a prefeitura, a praça Terreaux, a igreja Saint-Nizier etc.".[101] Esse grande canteiro de obras fez com que fosse criada uma Mission de grandes obras em Lyon por iniciativas do assessor financeiro de Michel Noir. O financiamento das obras (480 milhões de francos) reúne cinco parceiros: a cidade de Lyon (49,13%), a comunidade urbana (22,33%), o departamento (9,93%), a região (8,68%) e o Estado (8,68%).[102] A edificação é inaugurada em maio de 1993. Deve-se citar, enfim, na categoria de equipamentos culturais reformados, os museus dedicados à arte contemporânea em Lyon, Marselha, Bordeaux. Lille, Estrasburgo e Toulouse ainda estão no estágio da elaboração de decisões.

As políticas de restauração do patrimônio urbano confirmam seus avanços. Aliás, o septenato de Valéry Giscard d'Estaing contribuiu para reforçar essas preocupações com o Ano do Patrimônio em 1980, sob o ministério Lecat. A relação patrimônio/público é enfatizada, o que leva, sob o ministério Lang, à organização das primeiras Jornadas do Patrimônio em

---

[101] Ata da Câmara Municipal de Lyon, 25 jan. 1988.

[102] Fonte: *L'Opéra c'est ça!*, brochura publicada pela cidade de Lyon apud Marie-Provence Chomel, *L'Autonomie des collectivités locales dans la gestion d'un équipement culturel: la gestion des travaux de rénovation de l'opéra de Lyon* (Ata de seminário, Université Pierre Mendès France, IEP de Grenoble, 1992-1993).

setembro de 1984. As políticas contratuais dos anos 1980 levam em conta essa "excitação patrimonial" — para retomar uma expressão do historiador Jean-Pierre Rioux[103] — a ser relacionada com a procura pela identidade que percorre a sociedade francesa no final do século. "O crescente interesse dos franceses pela história e pelo patrimônio surge como uma forte tendência nesses períodos de incerteza e de interrogações sobre o futuro."[104] A visitação a museus e monumentos históricos aumenta, sem que se possa falar de uma real "democratização". Consciente dessa "excitação", a cidade de Lille assina uma convenção, em 1988, para a valorização de seu patrimônio e de seus monumentos históricos, enquanto a carta cultural com a cidade de Estrasburgo, do mesmo ano, erige como prioridade a proteção e a valorização do patrimônio: prosseguimento da restauração da catedral, para a qual foi assinada uma convenção específica delegando o controle da obra; restauração da edificação "La Cour du Corbeau" posta à disposição do museu alsaciano; e outras grandes operações arqueológicas para as quais se prevê a assinatura de uma convenção particular.[105] Os centros históricos das seis metrópoles são, no conjunto, restaurados, os monumentos, valorizados. Marselha, apesar dos esforços empreendidos a favor dos museus e dos monumentos, como a Vieille Charité ou o Forte Saint-Jean, ainda tem uma tarefa pesada a cumprir para a reforma de seu centro histórico no final da década. Em compensação, a valorização está bem avançada em Lyon, onde "a culturalização da cidade passou, em 1989, por seu plano de iluminação, na época, precursor na França".[106] Monumentos e sítios inteiros são iluminados, a colina de Fourvière, as muralhas, a basílica, as pontes... Essa política de embelezamento noturno fará escola, pois Alain Juppé vai adotá-la desde o começo de seu primeiro mandato em Bordeaux.

Uma novidade importante surge nesse final do século XX com a reabilitação das *friches*[107] industriais ou comerciais para fins culturais. A reutilização se afirma de maneira extremamente inventiva e alia o passado ao presente. Em Bordeaux, o CAPC e o Hangar 14 são exemplos de reconversão de dois espaços que a extinta atividade portuária abandonou. Em Toulouse, é uma torre de água que se torna centro da fotografia, logo serão os matadouros. Em Marselha, no bairro Belle-de-Mai, as antigas fábricas da Seita, manufatura de cigarros e fósforos, fechadas no final dos anos

---

[103] Jean-Pierre Rioux, *Le Temps de la réflexion* (Paris: Gallimard, 1985).

[104] Olivier Donnat, "Temps libre et pratiques culturelles. Grandes tendances", *État de la France 98-99* (Paris: La Découverte, 1998).

[105] Carta cultural com a cidade de Estrasburgo, 22 jul. 1988, ANF 920 627/113.

[106] Hubert Bonin, *Connaître Lyon* (Bordeaux: Sud Ouest, 2003), pp. 49-50.

[107] *Friches*: áreas degradadas, armazéns ou fábricas abandonados. (N.T.)

1980, são recompradas pela municipalidade e originam um importante projeto. Em sua maioria, as *friches* são locais de inovação artística, muitas vezes à margem do campo dito institucional. As atividades da *friche* Belle-de-Mai têm início em 1992; elas reúnem ateliês de artistas, um espaço cultural multimídia, salas de exposição, salas de concerto e de teatro, salas de ensaio... A *friche* de Belle-de-Mai, enquanto local alternativo, propõe "uma outra relação com a arte, com a cultura na periferia, ao contrário das catedrais da arte, templos da cultura erigidos no centro das cidades".[108]

A Laiterie de Estrasburgo, no bairro da estação, foi comprada pela cidade, que afasta as especulações imobiliárias em benefício de um equipamento cultural. Este toma forma em 1992, e a La Laiterie se tornará um centro europeu da jovem criação e palco de músicas novas.

É inútil multiplicar os exemplos, pois todas as metrópoles, no final dos anos 1980, são tomadas por uma verdadeira paixão pelas *friches*. A reutilização de uma *friche* urbana tem duplo significado. Ela expressa o apego que as cidades e seus habitantes têm pelo passado e, nisso, assemelha-se ao movimento geral de patrimonialização. Ela também é uma oportunidade para acolher a criação contemporânea. Entretanto, essa liberalidade não é identificável em toda a parte. Conflitos podem colocar em oposição artistas e municipalidades, como mostra o movimento Mix'Art Myrys em Toulouse, no final dos anos 1990. Artistas com falta de ateliês e sem domicílio fixo instalam-se na antiga fábrica de sapatos Myrys. Depois de cinco anos de ocupações acompanhadas pela mídia em locais diversos, um deles sendo a antiga prefeitura, depois de anos de negociação com os poderes públicos, e apesar do apoio do grupo musical Zebda et des Motivés (dois eleitos para a câmara), o destino da associação, em 2001, ainda não estava definido.

Seja como for, as políticas culturais das metrópoles tendem a querer casar tradição e modernidade. Algumas reformas falam por si mesmas, mas a modernidade consiste principalmente em construir edificações modernas. As cidades, portanto, continuam a completar seu catálogo de equipamentos novos. Cada uma querendo ter uma sala de concertos bastante vasta, um Zénith, um museu de arte contemporânea, um conservatório reformado, uma midiateca, de modo a igualar-se com as outras...

Por exemplo, em 1983, Lille inaugura o Palais des Congrès et de la Musique destinado, entre outras, a sua orquestra. Até então, esta não dispunha de

---

[108] Marie Van Hamme e Patrice Loubon, *Usines désaffectées: fabriques d'imaginaires. Arts en friches* (Paris: Alternatives, 2001). Ver também Fabrice Lextrait, *Une Nouvelle Époque de l'action culturelle, rapport à Michel Duffour* (Paris: Secrétariat d'État au Patrimoine et à la Décentralisation Culturelle/ La Documentation Française, 2001).

auditório fixo. A decisão de construir remonta a 1976, e ela só se tornou possível graças à colaboração da comunidade urbana de Lille. Uma sala com mais de 2 mil lugares é, então, posta à disposição da orquestra. O uso do Palais, contudo, não se destina apenas à música, pois, para a assessora de cultura Monique Bouchez, "esta diz respeito a um grupo não suficientemente importante para ter um equipamento só para ela [...]. A função congresso pagará a função 'música'".[109] Pode-se reconhecer aí a preocupação com a gestão que tinha prevalecido em Estrasburgo nos anos 1970. Os conservatórios também se beneficiam das despesas de investimento das metrópoles: Bordeaux se dota de um Conservatório Nacional de Região (CNR) novinho em folha; Lille amplia o seu em 1988; Estrasburgo muda de lugar; e Lyon abre os novos locais de seu Conservatório Nacional Superior (CNS) no cais do rio Saône. François Léotard se desloca para inaugurar em 18 de fevereiro essas construções que custaram 128 milhões de francos ao Estado. Operação levada a cabo sucessivamente pelos ministérios Lecat e Land. O objetivo é poder receber, em 6.900 m², quinhentos alunos e completar o ensino existente com três novos departamentos. São destinadas para a dança as construções reformadas na Drac.[110] Marselha abre, em 1987, um anexo a seu CNR ainda instalado na praça Carli, onde ele coabita com os arquivos municipais. O anexo 13, na rua Melchion, é inaugurado em 1987 (salas de aula e auditório). Em compensação, Toulouse regride em suas despesas de formação musical, conforme as declarações do diretor do conservatório, Xavier Darasse, ao jornal *L'Express*. Ele acha que sua cidade deveria ter vergonha de receber alunos em um conservatório construído em 1840 e cujos anexos são impraticáveis.[111]

No registro da leitura, Lyon tem vários corpos de vantagem com sua biblioteca de Part-Dieu. Até hoje, nem todas as metrópoles conseguiram alcançá-la. Durante o primeiro mandato de Jacques Chaban-Delmas, toma-se a decisão de dar mais envergadura à biblioteca central de Bordeaux, estando saturada a da rua Mably. Considera-se, portanto, a construção de um outro prédio no bairro reurbanizado de Mériadeck. Esse centro terciário está para Bordeaux como o Part-Dieu está para Lyon. Arquitetura de vidro, informatização, espaços para vídeo e audiovisual, o equipamento de Mériadeck faz com que Bordeaux entre na nova era das bibliotecas. Mimetismo e concorrência presidem as grandes obras do interior nas últimas décadas do século XX. As metrópoles regionais rivalizam nessa

---

[109] Citado em Raphaël Laurent, *L'Orchestre national de Lille (1974-1996)* (dissertação de mestrado. Lille: Universidade Charles de Gaulle Lille III, 1996-1997).
[110] Nota para o sr. Maistre, 26 mar. 1987, ANF 890 245/2.
[111] *L'Express*, 21-27 dez. 1984.

procura pela notoriedade e difusão de sua influência; elas se copiam, se imitam e, às vezes, gastam sem pensar...

c) Entre prestígio e desenvolvimento social urbano

A política de prestígio não acarreta apenas grandes despesas com investimentos, ela desemboca em uma alta das despesas de funcionamento que de imediato se infiltram nos órgãos de difusão mais prestigiosos. Sob esse aspecto, deve-se mencionar as políticas musicais, teatrais e as dos festivais. A corrida para a fama, visível desde os anos 1950 entre as cidades, torna-se cada vez mais acentuada com a descentralização em um mundo aberto.

A política musical de Maurice Fleuret, quando passa pela Direção da Música e da Dança entre 1981 e 1986, atribui um lugar importante para a descentralização, ao querer que sejam levadas em conta as diversidades geográficas, sociais e musicais. Sob essa concepção, as grandes formações orquestrais e líricas não são mais consideradas como as instituições de base do desenvolvimento musical nas regiões.[112] Seu balanço se revela, além disso, cronicamente problemático. Contudo, o ministério, sabedor dessas dificuldades, aumenta sensivelmente o auxílio às orquestras do interior, principalmente com o objetivo de elevar o salário dos músicos, de modo a conter a partida destes para a capital. Jean-Claude Casadesus recusa-se claramente "a treinar os Platinis da música para que depois eles lhe sejam tirados",[113] ele, que desde 1978 pede a paridade dos salários de seus músicos com os dos músicos parisienses. Essa medida tinha começado a ser tomada com o ministro Jean-Philippe Lecat (abril de 1978-março de 1981) na direção das orquestras, elevadas à categoria de orquestras nacionais: Lille, Lyon, Estrasburgo, Toulouse.[114] Bordeaux recebe esse título em 1988. A corrida pelo título de nacional apenas começou. Ele é o sinal de uma ajuda maior do Estado e de uma imagem de excelência. Outras instituições irão solicitá-lo, como as óperas, os teatros ou os balés. Maurice Fleuret também quer uma descentralização real, que passaria pelo envolvimento das regiões no financiamento das orquestras, pois estas, como já foi visto, muitas vezes só têm de regional o nome. Contratos de plano são iniciados pela Direção da Música e da Dança com as regiões Midi-Pyrénées, Nord-Pas-de-Calais,

---

[112] Anne Veitl e Noémi Duchemin, *Maurice Fleuret: une politique démocratique de la musique* (Paris: Comité d'Histoire/ Ministère de la Culture, 2000), p. 138. Ver também ANF 870 300/18.

[113] *Diapason*, n. 266.

[114] Nota de Sylviane Grange, diretora adjunta, ao ministro, ANF 870 300/18.

Rhône-Alpes. O plano de desenvolvimento da região Rhône-Alpes leva em consideração a ópera, a orquestra sinfônica de Lyon, os coros da orquestra. Na região Midi-Pyrénées, o Capitole e o balé são mantidos e, em Nord-Pas-de-Calais, a orquestra, a ópera, o festival. Às vezes é necessária a intervenção pessoal de Maurice Fleuret para desbloquear o financiamento das orquestras pelas assembleias regionais. Em 1982, ele intervém junto à Assembleia Regional da Aquitânia, controlada pela esquerda, para que ela concorde em subvencionar a Orquestra Bordeaux-Aquitaine.

O Estado permanece vigilante, parece, a fim de ver se o compromisso com as orquestras está sendo respeitado conforme o contrato de plano. Assim, as subvenções são reduzidas em Lyon, em 1986, pois a orquestra não deu, conforme os compromissos, quarenta concertos, mas apenas vinte.[115] As orquestras apresentam estruturas variadas de financiamento em 1984,[116] especialmente em função da participação do Estado em seu orçamento. Esta vai de 34% para a orquestra de Lille a 24% para a orquestra Bordeaux-Aquitaine, que, nessa data, ainda não é nacional. As demais, que o são, oscilam entre 30% para Estrasburgo e 26% para Lyon. As regiões contribuem com um apoio variável, podendo cobrir até 66% do orçamento da orquestra de Lille, verdadeira orquestra regional. Bordeaux, em segundo lugar, chega bem atrás, 16%. Estrasburgo não recebe nada da Câmara Regional, Lyon, 1%, a orquestra do Capitole, 3%. Só três departamentos participam do financiamento das orquestras das metrópoles, os departamentos Rhône, Haute-Garonne e Bas-Rhin. Este é o mais generoso, com 11%. A pressão sobre os orçamentos municipais, portanto, difere de uma cidade para a outra. Mínima em Lille, pois essencialmente concentrada em uma ajuda indireta graças à Câmara Regional, ela chega ou ultrapassa os 60% em outros lugares. A evolução das despesas das orquestras regionais também é interessante. Um relatório sintético do ministério fornece informações úteis sobre a alta das despesas em 1981 e 1985.[117]

Bordeaux: + 93%
Lille: + 55,2%
Lyon: + 101,3%
Estrasburgo: + 84%
Toulouse: + 83,8%

[115] Nota de 25 mar. 1987, ANF 870 300/22.
[116] Dados numéricos extraídos de ANF 870 300/18.
[117] A. Le Rolland, inspetor geral da administração, Relatório síntese sobre as orquestras regionais, ago. 1985, ANF 870 300/18.

Lille resolveu seu problema de salas em 1983, os aluguéis não pesam mais sobre seu orçamento. A respeito do aumento em Lyon, o relatório apresenta várias explicações: inflação, salário do regente, aumento do número de músicos. Em 1983, a cidade de Lyon não hesita, apesar de tudo, em formar uma orquestra específica para ópera. Com Estrasburgo, ela é a segunda cidade a dispor de duas orquestras.

As metrópoles se valem do mercado muito concorrido dos regentes. Bordeaux se separa de Roberto Benzi conflitivamente e contrata Alain Lombard, que só deixa boas lembranças na Opéra du Rhin. A dinastia Baudis continua fiel a Michel Plasson, e Lille, a Jean-Claude Casadesus. Lyon se presenteia com os serviços do regente barroco John Eliot Gardiner, depois do americano Kent Nagano, encabeçando a nova orquestra da Ópera de Lyon. Emmanuel Krivine é chamado para dirigir a orquestra nacional de Lyon etc. Esses regentes custam bem caro, suas "remunerações impressionantes" algumas vezes são enfatizadas pelos inspetores. Pouco importa, quando a orquestra obtém, como a da Ópera de Lyon, convites internacionais e contratos com gravadoras.

As óperas drenam ainda mais as finanças municipais, e as peripécias, como já foram vistas em relação à Opéra du Nord, não dissuadem as cidades, que se obstinam em querer encontrar soluções. A arte lírica vai de vento em popa no plano nacional, como prova a construção de um novo teatro de ópera em Paris. Projeto destinado a se tornar uma das mais emblemáticas grandes obras do presidente e também uma das mais controversas. Ele também é o símbolo dos desequilíbrios entre Paris e o interior, levando em conta o dreno que provoca no orçamento da cultura. Maurice Fleuret, entretanto, quer que o Estado continue apoiando as cenas líricas do interior e começa a refazer as relações mantidas com elas. Não haverá mais duas categorias de óperas como foi o caso a partir de meados dos anos 1970, isto é, aquelas incluídas em uma carta cultural e aquelas "não cartadas" (Lille, Marselha), mas uma única categoria. "Haverá apenas um único sistema, as subvenções sendo atribuídas a projetos."[118] É evidente que certo número de critérios são estabelecidos para determinar o montante dessas subvenções, critérios quantitativos e qualitativos.[119] Os critérios quantitativos determinam os efetivos; Bordeaux, Lyon, Opéra du Rhin, Toulouse, os cumprem; eles insistem na rentabilização cultural das produções (número de representações por obra, trocas e coproduções); a Opéra du Rhin, Lyon, Toulouse são, nesse ponto, "exemplares", enquanto Bordeaux e Marselha se

[118] Reunião da RTLMF, 20 out. 1982, ANF 890 533/6.
[119] Nota de Jacques Renard para Maurice Fleuret, 3 out. 1983, ANF 890 533/2.

esforçam, "mas sem nada de notável". A valorização das atividades coreográficas também é esperada. O *satisfecit* cabe, aqui, à Opéra du Rhin e à de Lyon. Pode-se observar uma constante nas exigências do Estado desde os anos 1950, bem como na maneira de considerar as relações com as óperas do interior. Os critérios qualitativos também deixam uma impressão de *déjà-vu*, mas com uma nova inflexão. Com efeito, pode-se encontrar a tônica posta na necessidade de montar obras líricas contemporâneas e de valorizar obras pouco apresentadas na França. A nova inflexão reside em procurar promover artistas líricos franceses e novos talentos. Lyon preenche todos esses critérios qualitativos, as outras, de modo desigual. No total, destacam-se dois teatros, Lyon e Estrasburgo, seguidas por Toulouse e Bordeaux.

Em face do peso dos encargos, os teatros do interior e as orquestras se voltam ao mecenato particular. O ministério as encoraja a fazer isso desde 1985, e oficializa esse estímulo com a lei do mecenato cultural de 23 de julho de 1987. O campo da música foi um dos mais receptivos. A orquestra nacional de Bordeaux-Aquitaine é patrocinada, especialmente, por France-Télécom, Renault e a Caisse des Dépôts et Consignations; o Capitole tem o apoio da Associação de Industriais e Empresas Amigas (Aida), que reúne uns setenta mecenas, entre eles, a indústria aeronáutica. As turnês no exterior da orquestra de Lille são possibilitadas por mecanismos financeiros que associam empresas como Elf Aquitaine, Matra, a empresas de cosméticos Stendhal, Schlumberger Carillon... Em 1984, é criada a associação patrocinadora da orquestra nacional de Lille, PARENON.[120]

O teatro faz parte das preocupações com o prestígio. O Estado prossegue com seu objetivo de alcançar um melhor equilíbrio do território nesse setor, com a criação de novos CDNs e a promoção dos mais antigos. Desde 1982, o diretor do Teatro e dos Espetáculos de Jack Land se preocupa com a falta de um CDN na Aquitânia. Em 1985, uma prefiguração é anunciada na Aquitânia com Jean-Louis Thamin; ela só verá realmente a luz do dia em 1990. Em 1983, o TJP de André Pomarat é promovido a CDN para a juventude.

A questão que se coloca, a seguir, é reconhecer a difusão nacional de certos CDNs, fazendo com que sigam o caminho do TNS, transformando-os em teatros nacionais; mas eles são, segundo Robert Abirached, devoradores de dinheiro.[121] Então, se a cidade da implantação concorda em fazer um aporte suplementar, o Estado prefere conferir-lhes o título de Teatro Nacional

[120] Raphaël Laurent, op. cit.
[121] Raymonde Temkine, *Le Théâtre en l'État* (Paris: Éditions Théâtrales, 1992).

de Região. Isso evita que eles se tornem estabelecimentos públicos. Marselha (Marcel Maréchal) e Tourcoing-Lille (Gildas Bourdet) recebem esse título em janeiro de 1982 sob o ministério Léotard. O Théâtre du Huitième não tem essa oportunidade. Depois da saída de Marcel Maréchal, ele enfrenta dificuldades que seus sucessivos diretores não conseguem resolver (Robert Gironès, Jacques Weber, Jérôme Savary). Contudo, o ministério lhe confere o status de Centro Europeu de Teatro, mas o endividamento perdura, e nem a cidade nem o Estado concordam em reerguê-lo. O diretor Alain Françon, depois de uma difícil retomada em maio de 1989, não é respaldado pela cidade. Além disso, a municipalidade Michel Noir pensa em instalar nessa sala a Maison de la Dance, dirigida por Guy Darmet, cujo público é notável. Em 1992, tendo chegado ao fim o contrato de Alain Françon, é feita a transferência. Portanto a dança suplantou o teatro no Théâtre du Huitième.

Bordeaux, que tem uma falha a ser preenchida, está, pelo contrário, muito bem disposta em relação a Jean-Louis Thamin. As despesas com investimentos a favor do setor teatral aumentam sensivelmente com a realização do Théâtre du Port de la Lune. Em Toulouse, o atraso é apenas em relação aos locais, tendo em vista a lotação limitada do Théâtre Sorano (450 lugares). É só em 1997 que Jacques Rosner poderá trabalhar em um local maior (12.000 m²), dispor de duas salas de espetáculos, uma com 900 lugares e outra com 280, um local para palestras e debates, uma sala de ensaio, espaços de recepção para o público.[122]

A política para prestígio repousa, como no passado, em manifestações de difusão com grande repercussão na mídia, os festivais. A situação destes é diversa e variada. Nos dois extremos, em 1981, o de Toulouse, focado na música do século XX, dispõe de um orçamento sem subvenção do Estado de 70 mil francos, e o de Lyon, o Festival Berlioz, de 38 milhões. A palma da despesa municipal cabe a Bordeaux, onde o Maio Musical e o Sigma, somados, recebem 4,16 milhões de francos[123] da prefeitura de Bordeaux; em seguida vem Lyon, que dá 3 milhões a seu festival de música. As outras coletividades locais se envolvem em graus variados. Lille, Lyon e Estrasburgo[124] gozam do apoio do departamento (já presente para a orquestra). Sigma e o Festival de Lille, do apoio da Câmara Regional. O Estado, por seu lado, marca suas preferências.

---

[122] *Bulletin d'Information*, n. 412, 29 maio 1996.

[123] O Maio recebe da cidade de Bordeaux 2.772.000F em 1981 e Sigma, 1.394.000F. In: *Festival et Associations musicales en 1982*, relatório das subvenções às coletividades locais, ANF 870 300/19.

[124] Trata-se do festival internacional mais antigo organizado sob a égide da Sociedade dos Amigos da Música.

	1981	1982
Maio de Bordeaux	90 mil	100 mil
Sigma de Bordeaux	125 mil	150 mil
Festival de Lille	450 mil	800 mil
Festival Berlioz	600 mil	800 mil
Festival de Estrasburgo	160 mil	170 mil
Festival de Música do Século XX de Toulouse	sem subvenção do ministério	103 mil

Tabela 21: Subvenções da Direção da Música aos festivais, 1981 e 1982 (valores em franco sem correção).[125]

Os festivais de Lille e de Lyon têm nítida vantagem. Pode-se constatar, também, a progressão geral das consecutivas subvenções com a chegada da esquerda ao poder (ver Tabela 21). Lille é especialmente beneficiada, bem como Toulouse, que não tem subvenção para o orçamento votada pela antiga maioria. Os festivais mais inovadores parece que são os que o Estado deseja subvencionar com prioridade.

Estamos apenas no alvorecer dos anos 1980, a seguir, o fenômeno dos festivais ganha força em Lyon (Bienal da Dança e a da Arte Contemporânea), em Estrasburgo (Musica), em Marselha (Nuits Blanches pour la Musique Noire nas ilhas Frioul, festival folclórico de Chateâu-Gombert, festival May de Blues). Outras manifestações ampliam a oferta cultural das cidades, como aquelas em torno do livro graças ao impulso dado pela rua de Valois à política do livro. Vários indicadores comprovam as dificuldades desse setor na França,[126] e o ministério Lang adota a lei do preço único do livro, de modo a proteger a criação literária, a publicação de obras francesas de qualidade, a escrita independente. Essa lei diz respeito a toda a indústria do livro, do autor ao livreiro, passando pelo editor. O Centro Nacional das Letras (CNL) participa dessa política de apoio à criação e à edição. Ele intervém visando os editores, os autores, as bibliotecas e diversas operações de promoção do livro. Por outro lado, a descentralização acarretou, em algumas regiões, a criação de um centro regional das letras. Estes têm, sensivelmente, a mesma finalidade. Em Bordeaux, esse interesse pelo livro conduz, em 1987, à organização de um salão do livro, financiado pela cidade, pela comunidade urbana, pela região Aquitânia, pelo departamento Gironda e pelo CNL. Estrasburgo também tem seu

---

[125] *Festival et Associations musicales en 1982*, op. cit., ANF 870 300/19.
[126] A verificação é feita em 1989: o número de volumes produzidos não aumenta mais desde 1979, as tiragens médias baixam (menos as dos dicionários e dos livros de cultura geral), a produção de literatura geral diminui (167 milhões em 1979, 155 milhões em 1986). Ver Rémi Caron, *L'État et la culture* (Paris: Economica, 1989), pp. 55-6.

Carrefour des Littératures e, em breve, seu parlamento de escritores. As manifestações em torno do livro parecem valorizar bastante as cidades, para que elas suportem a despesa. Com efeito, essas manifestações contribuem para sua imagem de marca, relembram o patrimônio literário local; em Bordeaux, os "três Ms".[127] Em Estrasburgo, é uma oportunidade para retornar à vocação internacional e humanista da cidade renana. Enfim, elas reforçam a identidade das metrópoles.

Mas as metrópoles têm de responder a urgências, e a política para prestígio corre o risco de não ter legitimidade se as cidades não conseguirem desempenhar sua missão de ação cultural destinada a todos os públicos. Ora, as pesquisas encomendadas pelo ministério sobre as práticas culturais dos franceses mostram que são as classes com capital cultural mais elevado que frequentam as óperas ou os museus de arte contemporânea.[128] Além do mais, o perímetro urbano das metrópoles não deixou de crescer, com periferias que trazem seu lote de problemas sociais. A partir dos anos 1980, estes ficam perigosamente explosivos. A confrontação da questão urbana e da social ocupa cada vez mais os debates públicos. Os primeiros planos "antiverão quente" de 1982 já comportam um lado cultural. A política cultural, então, não diz respeito apenas ao centro histórico das metrópoles. Aliás, as políticas culturais de "entre-dois-maios" já tinham revelado isso. Essa ação na direção das periferias vai num *crescendo*.

Dominique Wallon, em seu resumo dos dossiês marselheses, endereçado em 20 de junho de 1988 a Francis Beck, chefe de gabinete de Jack Lang, intitula seu último item: "A política da ação cultural".[129] Ele enfatiza os problemas de exclusão e de "confrontação cultural" encontrados em Marselha e manifesta a esperança de "transformar o que, em um primeiro momento, pode parecer um obstáculo ao desenvolvimento social em fator de dinamismo". Ele expressa a vontade da cidade de Marselha de entrar em acordo com o ministério sobre os pontos principais de seu programa. Implantar equipamentos culturais profissionais nos grandes conjuntos e nos bairros desfavorecidos constitui um primeiro nível de ação. Quatro setores culturais são envolvidos: a leitura, o espetáculo ao vivo, o cinema e o audiovisual, as artes plásticas. São visados do 12º bairro ao 16º. A operação do Théâtre du Merlan no 14º é inteiramente nevrálgica.

---

[127] Montaigne, Montesquieu, Mauriac.

[128] Ministère de la Culture, *Les Pratiques culturelles des français 1973-1989* (Paris: La Découverte/ La Documentation Française, 1990); Ministère de la Culture, *Nouvelle Enquête sur les pratiques culturelles des français en 1989* (Paris: La Documentation Française, 1990).

[129] Carta de Dominique Wallon a Francis Beck, chefe de gabinete do ministro da Cultura e da Comunicação, 20 jun. 1988, ANF 920 487/21.

No meio de cidades operárias povoadas com populações de imigrantes, entre estradas e cruzamentos, um centro comercial abriu suas portas em 1976; a prefeitura de Marselha, então, faz um acordo com os responsáveis pelo centro para instalar ali uma biblioteca e uma sala polivalente. Esta se transforma em um verdadeiro teatro. A operação é concluída em 1988. A arte contemporânea está muito presente nos projetos marselheses através de ateliês de artistas, de centros de exposições, no 15º e 16º bairros. Grandes nomes da arquitetura são também chamados para a reabilitação dessas cidades, como o arquiteto Paul Chemetov. Dominique Wallon também conta com os relacionamentos entre associações e equipes culturais para reforçar a ação cultural intercomunitária, apoiando-se em La Maison de l'Étranger.[130] Também há o projeto de ação teatral Ilotopie do diretor e autor Armand Gatti, que, durante todos esses anos, circulou por várias metrópoles, servo infatigável da ação cultural, especialmente por Toulouse e Estrasburgo. A ação desse homem de teatro está voltada para os públicos desfavorecidos e para os jovens. O voluntarismo de Marselha na direção dos bairros excluídos se desenvolve de maneira significativa.

Estrasburgo é outro terreno de experimentação de políticas de ação cultural. Le Maillon é um dos eixos. Também ele está situado perto de um centro comercial do bairro Hautepierre, como se a melhor maneira de sensibilizar o público seria procurá-lo perto dos templos do consumo. A municipalidade Trautmann manifesta sua vontade de agir a favor de uma cultura democratizada a partir dos centros socioculturais e inova com uma política tarifária preferencial, com o sistema dos cartões Culture e Atout Voir, destinados aos estudantes e aos jovens em geral. O cartão Culture, introduzido primeiro na universidade, é vendido por trinta francos. Ele autoriza seu portador a entrar, durante o ano inteiro, em todas as instituições culturais da cidade por uma tarifa de trinta francos. Em muito pouco tempo produz-se um rejuvenescimento dos públicos da ópera e da orquestra.[131]

Lyon se envolve, não sem hesitação, na reabilitação do conjunto urbano do arquiteto Tony Garnier, feito nos anos da administração Herriot. A cidade dos "Estados Unidos", construída nos anos 1930, é, de fato, um exemplo interessante da redescoberta, pelos habitantes de Lyon, de seu patrimônio do século XX. A iniciativa parte, e é original, dos próprios habitantes. Ela toma a forma de afrescos murais que se inspiram no passado operário do bairro. Esse projeto "não contribui apenas para mudar a imagem do bairro", escreve Alain Morel, "ele o requalifica. Para deixar bem marcado seu

[130] Literalmente, a casa do estrangeiro. (N.T.)
[131] Entrevista com Norbert Engel, 31 ago. 2004.

renascimento, o bairro é renomeado, ele se intitula a partir de então:'Museu Urbano Tony Garnier'. A patrimonialização acelera os efeitos do tempo, que transforma lentamente o olhar lançado sobre as coisas. Está longe o bairro de conjuntos habitacionais ao qual os "Estados Unidos" estavam, até então, associados".[132]

A política de leitura de Lyon se desvia a favor de um melhor equilíbrio cultural do território. Duas bibliotecas anexas são abertas em 1982 e 1983, e uma midiateca com mais de 1.000 m^2 é prevista para Gerlan.[133] Entretanto, a animação cultural concentra subvenções bem irrisórias em Lyon, 5,5% (1981), quando comparada aos 43% atribuídos, na mesma data, à produção artística.

Nesse ponto, o DEP é pouco encorajador em suas conclusões em 1990 sobre as despesas culturais das grandes cidades: "Desde 1984, as comunas de mais de 150.000 habitantes não têm modificado a estrutura de suas despesas totais". As despesas referentes à produção-difusão representam a metade (612F por habitante), seguem-se as operações de conservação--difusão e as de formação. A animação polivalente com setenta francos por habitante faz uma triste figura.[134]

Infelizmente, o movimento a favor da integração e da reabilitação dos bairros periféricos ainda não é bastante. Com frequência, a ação cultural continua sendo ineficaz e não trouxe soluções para a crise urbana. De qualquer jeito, as grandes estruturas abarcam uma parte muito grande do orçamento da cultura. As despesas para prestígio não autorizam outras possibilidades, mesmo quando o discurso político e o voluntarismo são de boa-fé.

---

[132] Alain Morel, op. cit.

[133] DDC, ficha de síntese das despesas culturais da cidade de Lyon (1978-1981), jan. 1984, ANF 870 300/18.

[134] "Em 1990, as grandes cidades dedicaram 14% de seu orçamento para a cultura", *Développement Culturel*, jul. 1992.

6. REALISMO DE FIM DE SÉCULO

6.1 A CULTURA NORMATIZADA

a) Fim dos excessos financeiros

A crítica às políticas culturais no final do século nas metrópoles se concentra essencialmente nos excessos financeiros. A febre dos anos 1980 levou a deslizes que as cidades não conseguem mais suportar. Quando não há excessos, algumas vezes existe uma divisão orçamentária à qual falta coerência. As municipalidades ficam expostas a múltiplas censuras dos Tribunais Regionais de Contas, da imprensa e dos próprios agentes culturais. O exemplo mais emblemático é o de Bordeaux. Em 1992, o balanço da Drac Aquitânia registra que a cidade de Bordeaux dedica 27% de seu orçamento para a cultura, ou seja, 400 milhões de francos, soma quatro vezes maior do que os créditos da Drac na região.[1] Os números dados pelo DEP para as despesas culturais da cidade de Bordeaux, publicados em 1996, são ainda mais elevados para o ano de 1993: 579,8 milhões de francos. A seguir, uma tabela comparativa das cidades.

Bordeaux	579,8
Lille	214,6
Lyon	681,4
Marselha	632,4
Estrasburgo	411,3
Toulouse	508,5

Tabela 22: Despesas culturais totais das seis metrópoles em milhões de francos, 1993.[2]

[1] Balanço da atividade da Drac Aquitânia, 1992, p. 199.
[2] *Développement culturel*, jul. 1996.

Aliás, o ministério se preocupa com a situação de Bordeaux desde meados dos anos 1980, como atesta esta nota de 10 de junho de 1986 do diretor dos Museus da França, Hubert Landais:

> O futuro do museu de belas-artes coloca um problema complexo. Em todo caso, é importante que o dossiê seja montado o melhor possível e iniciado antes "do pós-Chaban". O estado das finanças municipais, com efeito, parece ser muito preocupante, e é evidente que, um dia, vão ocorrer em Bordeaux revisões dramáticas.[3]

As realizações em curso, apesar de tudo, continuam. O Museu da Aquitânia é inaugurado em 9 de janeiro de 1987. Além dele e da ampliação do CAPC, o Museu de Artes Decorativas na rua Bouffard é reformado; um museu da gravura é aberto na região do Médoc; e um barco-museu, o Colbert, está atracado no cais de Chartrons. O Colbert é um navio de guerra sem nenhum vínculo particular com o Port de la Lune, que teve sua única hora de glória quando negociado. A biblioteca Mériadeck, o conservatório de Plaisance, somam-se à lista de novos estabelecimentos culturais do chabanismo. Vastos canteiros de obras são, enfim, propostos nos cais, especialmente na margem direita: transferência do Museu de Belas-Artes, execução de passeios nos cais etc. São feitos estudos por Ricardo Bofill, depois por Dominique Perrault. Está-se, então, em pleno excesso. Yves Mény ressalta, com razão, os perigos da grande concentração do poder municipal de que Bordeaux é um exemplo eloquente:

> Trata-se de um sistema que, se é eficaz no "positivo", pode mostrar-se igualmente de uma eficácia assustadora em "negativo": um prefeito pode endividar sua comuna além do razoável sem que ninguém possa detê-lo [...] a não ser quando é tarde demais; um político eleito pode fazer o papel de demolidor do patrimônio e/ou de construtor de uma grandiloquente modernidade praticamente como quiser. Ele pode fazer o papel de gestor, de capitão de empresa, de aventureiro ou de déspota esclarecido de acordo com seus gostos e filosofia. Mas o sistema em nada irá intervir para frear ou encorajar por falta de *checks and balances* (mecanismos de controle institucionalizados).[4]

Essas observações cabem muito bem no caso de Bordeaux, pois "existe (na vida cultural) um elemento motor que se chama Chaban".[5]

---

[3] Nota de Hubert Landais, 10 jun. 1986, ANF 920 627/59.
[4] Yves Mény, "La République des fiefs, dans La décentralisation", *Pouvoirs*, Paris, PUF, n. 92, p. 21, 1992.
[5] *Sud Ouest*, 16 set. 1989.

O final do reinado do "Duque da Aquitânia" é ofuscado por certo número de questões, no centro das quais os campos mais midiatizados — mas será um acaso? — do esporte e da cultura. As duas bases de sua política de imagem são atingidas. O sistema é minado por seus excessos e especialmente pelo pouco caso na gestão de instituições pontas de lança, como a Orquestra Nacional Bordeaux-Aquitaine (Onba) e o CAPC. Com efeito, o primeiro mandatário deixou ampla margem de manobras aos diretores dessas instituições. O Tribunal Regional de Contas ressalta justamente essas disfuncionalidades: orçamentos excedidos de Alain Lombard, que acumula a direção de três estruturas,[6] gestão do CAPC. A autonomia dos operadores locais tornou-se problemática para as finanças e a democracia locais.

Foi preciso, então, decidir economizar a partir de 1992. Essa data marca um ponto de virada na política cultural de Bordeaux. Os projetos de reurbanização da margem direita são adiados *sine die*; os estudos custaram muito caro. Pede-se às principais instituições culturais que reduzam suas despesas. Em 1994, o Maio Musical e o Sigma não são realizados. Eles desaparecem da paisagem da difusão depois de exercerem influência durante décadas. Não é hora mais de despesas faraônicas, mas de racionalização financeira. Alain Juppé vai incorporá-la, e as primeiras medidas que vai tomar serão desligar Alain Lombard e Jean-Louis Froment. Ao mesmo tempo, o CAPC perde sua vocação experimental, destinando-se apenas a ser um museu. Nesse ponto, um recuo dos centros de arte contemporânea é visível em outras partes, além de Bordeaux: "Subvenções em baixa, hostilidade dos eleitos, conflitos entre pessoas: a situação não é brilhante nos locais dedicados à defesa da criação".[7] O Magasin em Grenoble, Le Nouveau Musée de Villeurbanne e o Consortium de Dijon também passam por dificuldades.

Embora Bordeaux seja o arquétipo da perda de rumo dos anos 1980, a crítica pode espalhar-se para outras metrópoles, o tempo para gestão se esboça, e, em todo parte, a despesa pública tem de se justificar de maneira razoável.

Assim, o Museu de Belas-Artes de Lille provocou algumas queixas. Situado no centro da cidade, esse edifício, construído no século XIX, é sem dúvida monumental. Ele é "a expressão mais irracionalmente elitista da cultura", com a grandiloquência de seus volumes arquitetônicos que lhe dá ares de teatro de ópera. "Ele é a antítese de um lugar sociável",

---

[6] O Grand-Théâtre, o Onba, o Maio Musical.
[7] Philippe Dagen e Michel Guerrin, "Le Ministères'interroge sur l'avenir des centres d'art contemporain", *Le Monde*, 4 mar. 1997.

escreve o museólogo consultado pela prefeitura de Lille antes das obras.[8] A exposição Matisse em 1986 e 1987 revela sua decrepitude. Uma convenção é assinada com o Estado para financiar as obras, e é lançado um concurso de arquitetura. São fixados vários objetivos: a criação de novos espaços para as coleções, o desenvolvimento de novos lugares de atuação, um auditório, ateliês, salas de exposições temporárias, uma livraria, um café e uma biblioteca. Dois jovens arquitetos formados na escola Jean Nouvel são selecionados, Jean-Marc Ibos e Myrto Vitart. Aquisições de obras contemporâneas espetaculares são realizadas com a colaboração do ministério: os dois lustres do designer italiano Gaetano Pesce, bem como a Exposição Universal de Giulio Paolini, e 48 cubos de vidro e um espelho esférico. O museu fecha as portas de junho de 1991 a junho de 1997 para realizar uma transformação espetacular. O número de visitantes dá um salto.[9] Entretanto, desvios financeiros e deslizes no calendário alimentam críticas aqui também. "O Palácio das Belas-Artes, reformado e aumentado. Os moradores de Lille estão muito orgulhosos, mas o acham muito caro e aberto muito pouco tempo (de tarde)", constata um jornalista do *Le Monde*.[10]

O Museu de Arte Moderna e Contemporânea de Estrasburgo, planejado no mandato de Marcel Rudloff, também provocou uma controvérsia que durou mais de dois anos. Dentro do Partido Socialista, muitos eleitos da municipalidade Trautmann não são muito favoráveis a um projeto de 18.000 m², no bairro da Petite France, cujo custo é estimado em 220 milhões de francos (40% a cargo do Estado). Catherine Trautmann e seu assessor Norbert Engel exerceram forte pressão para levar a operação a termo contra a opinião do assessor financeiro, do chefe de gabinete da prefeita, do secretário-geral.[11] Através dessa realização do arquiteto Adrien Fainsilber, "Estrasburgo firma, mais do que nunca, seu lugar de capital cultural da Europa", diz o folheto municipal dos museus estrasburguenses. "Assim, uma política cultural deve obedecer a uma exigência de visibilidade: grandes equipamentos, grandes arquitetos, grandes exposições, festivais..."[12]

É um operador cultural de Estrasburgo, Jean Hurstel, responsável por La Laiterie, que declara ao jornal *Le Monde* em 25 de junho de 1997: "A oferta é maluca" em Estrasburgo. E o diretor regional de assuntos culturais da região

---

[8] Arquivos municipais de Lille, 2 R 12 / 92.
[9] Philippe Marchand assinala 80 mil visitantes por ano antes das obras, e 340 mil no final do primeiro ano. O ano de 1999 ainda registra 248 mil ingressos (indicadores-chave do Ministério da Cultura e da Comunicação, edição de 2001), p. 365.
[10] Pierre Cherruau, "Vivre Lille", *Le Monde*, 2 out. 1997.
[11] Entrevista com Norbert Engel, 31 ago. 2004.
[12] Pierre Moulinier, *Politique culturelle et décentralisation* (Paris: CNFPT, 1996).

Alsace acrescenta: "Não conheço nenhuma cidade de 250 mil habitantes que tenha igual densidade de instituições culturais".[13] Desde então se coloca a questão da coerência da escolha entre prestígio e democratização em uma cidade que se diz ligada ao igual acesso de todos à cultura.

Duas outras cidades continuam realmente a expor ambições culturais, combinadas com despesas pesadas, Toulouse e Marselha. Assim, a capital da região Midi-Pyrénées decidiu não se contentar mais com a imagem de cidade industrial. A segunda cidade estudantil da França pelo número de alunos pretende estar à mesma altura. A carta cultural assinada entre o Estado e a municipalidade Baudis, em 1994, lhe permite financiar dezoito operações, entre elas, a reestruturação da cinemateca (a segunda da França, com 20 mil cópias de filmes, ela é presidida por Daniel Toscan du Plantier),[14] a criação do Espace d'Art Contemporain no local dos antigos matadouros, fazer a reforma do Capitole, projetar uma nova sala para o centro dramático etc.

Uma convenção para desenvolvimento cultural também é assinada entre a cidade de Marselha e o Estado em maio de 1998. Três novos equipamentos são programados para as três zonas da cidade em plena evolução. No centro da cidade, no meio do bairro Belzunce, o antigo Théâtre de l'Alcazar será reformado para receber a biblioteca municipal, tendendo para regional. Nos bairros do norte, os mais cobiçados pela política da cidade, serão erguidas a Cité des Arts de la Rue e uma biblioteca. Enfim, nos bairros situados entre o porto e a estação, no local do projeto Euromediterrâneo, o canteiro de obras da *friche* de Belle-de-Mai terá prosseguimento. Os arquivos serão transferidos para lá (obras realizadas entre 1995 e 1999).

Nessa ocasião, as coleções são aumentadas por aquisições de documentos prestigiosos. A missão dos arquivos evolui, a atividade de animação é ampliada com uma política de exposições. Marselha destaca-se por este último projeto, os arquivos não atraíram tanta atenção nas outras metrópoles. A assessora cultural de Jean-Claude Gaudin, Ivane Eymieu, explica que segue as orientações já definidas pela municipalidade anterior e "põe apenas um pouco de coerência naquilo que, às vezes, era um esboço".[15] A atenção também se concentra no cinema. A iniciativa cabe ao prefeito precedente, Robert Vigouroux, e a seu assessor, Christian Poitevin. A ideia é criar na cidade de Marcel Pagnol um polo cinematográfico, instalando no

---

[13] Michel Guerrin, "Comment Catherine Trautmann a soutenu la culture à Strasbourg", *Le Monde*, 25 jun. 1997, p. 76.

[14] A cinemateca de Toulouse foi fundada em 1964 por um colecionador cinéfilo, Raymond Borde. Ver "La Deuxième naissance de la cinémathèque de Toulouse", *Le Monde*, 13 jan. 1997.

[15] Michel Samson, "Marseille veut s'affirmer comme une capitale culturelle", *Le Monde*, 14 maio 1998.

local dos abatedouros estúdios de filmagem, de mixagem, bem como um complexo multissalas. A cidade compra, em outros lugares, salas de cinema para relançar a difusão nos bairros.

Quando se lê a brochura informativa muito completa publicada pela municipalidade de Jean-Claude Gaudin em 2000,[16] impressionam os esforços de comunicação a respeito da cultura: detalhes sobre a programação, sobre os custos, sobre os financiamentos cruzados. A prefeitura põe em evidência os comitês de especialistas encarregados de examinar os projetos dos artistas, bem como os pedidos de subvenção oriundos das companhias de teatro, dos editores, dos cineastas. Sem dúvida, um jeito de prevenir eventuais críticas. A legitimidade da ação pública tem de ser demonstrada.

b) Uma visão instrumentalista das políticas da cultura

O "todo cultural" em socorro da cidade

É na crítica ao "todo cultural" que terminaram os anos 1980 e na denúncia dos excessos financeiros das instituições culturais que a última década do século XX começou. Tudo isso acrescido da constatação de que a democratização cultural continua sendo problemática. Os debates nacionais sobre o "todo cultural", a excessiva intervenção dos poderes públicos nesse setor, articulados em torno das tomadas de posição de Alain Finkielkraut (*La Défaite de la pensée*, 1987) ou de Marc Fumaroli (*L'État culturel*, 1991), para citar apenas os grandes sucessos das livrarias, parece que não tiveram muita repercussão na esfera local. De modo bem resumido, deve-se lembrar que aquele contesta os efeitos do relativismo cultural, e este expressa oposição à exceção francesa de intervenção estatal no campo cultural. Esses dois ataques contra a política cultural e especialmente àquela executada na década precedente tiveram algum impacto na condução da ação pública das metrópoles? À primeira vista, a resposta é negativa. De fato, tem-se a impressão de que o movimento empreendido antes, que associa prestígio e ação cultural periférica, continua se desenvolvendo, com algumas cidades, como Toulouse, que pegaram o bonde andando, e com outras que ainda têm trabalho a ser realizado, como Marselha.

[16] *Marseille. La culture au cœur de la cité*, Direction génerale des Affaires culturelles de la ville de Marseille, 2000.

A ampliação dos setores de que se encarregam as finanças locais é, com efeito, pouco questionada. Pelo contrário, a legitimação de músicas novas e de culturas do mundo através da política urbana parece ter bem mais apoio. Isso porque a política de ação cultural se junta à da cidade e à do social. Estas são preocupações cada vez mais crescentes do governo (criação de um Ministério das Cidades em 1990 depois dos tumultos em Vaulx-en-Velin), e os problemas dos subúrbios, a integração das populações de imigrantes, impõem que se procure remédios urgentes. Desde 1989, começa-se um Plano Subúrbio 89, depois são os *contrats de ville*[17] do ministro das Cidades Michel Delebarre. Aliás, a campanha para as eleições presidenciais de 1995 se desenrola sobre o tema da "fratura social", e o candidato Chirac promete "um plano Marshall" para os subúrbios. Será "o pacto da retomada de ação das cidades" do primeiro-ministro Alain Juppé. Soluções nesse campo têm de ser pensadas, ações tentadas. A arte e a cultura são chamadas para socorrer a cidade. Os *contrats de ville* comportam uma dimensão cultural mais ou menos substancial. Através da rede dos centros culturais próximos, pode ser estabelecido um primeiro nível de contato.

O rap e a cultura dos subúrbios aos poucos ganham reconhecimento. A companhia Accrorap de Lyon é um exemplo interessante.[18] Ela nasceu em 1992, em Saint-Priest, em um estúdio a leste de Lyon, do encontro entre os membros do grupo com a coreógrafa Maryse Delente, convidada para um estágio de residência. Gilles Rondot, um artista plástico dos bairros sensíveis, apoia essa causa comum. Accrorap conhece um rápido sucesso, participa da Bienal de Dança em 1994. É possível, portanto, o encontro entre a dança das cidades (break dance, rap, afro-rock, capoeira...) e a coreografia contemporânea. Além do enriquecimento artístico que isso produz, a ação cultural nos bairros sensíveis tem o objetivo de desativar a bomba social. Essas políticas de proximidade, que põem em aplicação os novos dispositivos de descentralização e de desconcentração, exigem uma ação conjunta entre as coletividades locais. Assim, a operação de Bordeaux Rap nas Cidades — iniciada pela associação Música da Noite — consegue o apoio da Drac Aquitânia, e diferentes comunas se envolvem com ela: Bordeaux, Cenon, Floirac, Lormont, Pessac.[19] Ateliês são abertos nos setores mais quentes da aglomeração, Bacalan, Claveau, Les Aubiers, ou nos mais receptivos, Saint-Pierre, e um no centro Barbey. São programadas animações

---

[17] O *contrat de ville* permite que se realizem projetos urbanos sob a forma de contratos entre o Estado, as coletividades locais e seus parceiros. (N.T.)

[18] Catherine Bédarida, "'Une culture des cités' se développe contre l'exclusion", *Le Monde*, 11 maio 1995.

[19] Balanço das atividades da Drac Aquitânia, 1991.

com a colaboração dos grupos IAM, NTM... controlados pela Música da Noite. Assim, o reconhecimento das músicas novas pela municipalidade de Bordeaux, esboçadas faz alguns anos, prossegue em seu caminho. O balanço da Drac em 1994 é positivo: "Confirmação da vontade municipal de renovar o Teatro Barbey, reconhecendo o papel artístico e social desempenhado pela associação PAD/Rock School, dirigida por Éric Roux. Depois do Florida, Agence será o segundo centro de música eletrônica na Aquitânia".

Entretanto, nada se compara em tamanho ao que se passa na cidade às margens do Garonne e ao laboratório marselhês. Robert Verheuge se felicita pela ação empreendida: "Essencialmente, Marselha herda, hoje, obras de irrigação, de descentralização, do trabalho popular, no sentido nobre do termo lançado nos anos 1980".[20] Ele esclarece que o programa dos cafés-música, termo "não levado em conta pela etiqueta ministerial", consiste na criação de espaços culturais próximos dos usuários. O primeiro café-música, o Espace Julien, aberto em novembro de 1994, dispõe de uma sala reformada de 950 lugares. Ele acolhe principalmente três tipos de música: rock, jazz e músicas do mundo, e recebe em média 70 mil pessoas por ano. Suas instalações, que também são concebidas para gerar empregos e destinadas à música "jovem", não são as únicas. A *friche* de Belle-de-Mai e algumas vezes a Cité de la Musique desempenham um papel idêntico. O espaço multidisciplinar da *friche* de Belle-de-Mai recebe grupos de rock, artistas plásticos, escritores em residência, trapezistas, a sede do jornal cultural *Taktik*, os estúdios de uma rádio livre.[21] A cidade, que comprou o local por 70 milhões de francos, também garante as despesas correntes muito altas, considerando sua extensão (45.000 m^2). O custo da reforma é muito grande (o orçamento total da reforma é avaliado em 350 milhões de francos). A cidade participa com 27% do orçamento global, ou seja, 8 milhões de francos, e o Ministério da Cultura contribui com 6,3 milhões de francos (20%). O principal financiador do local é, de fato, o Estado, pois, além do Ministério da Cultura, os ministérios do Emprego, das Cidades entram no jogo.[22] A Cité de la Musique em frente da porta de Aix, ergue-se no cruzamento dos bairros mais antigos de Marselha que estão sendo reformados. Sua execução é feita pela cidade, a Comunidade Europeia, o Ministério da Cultura, o conselho regional e o departamento. A prefeitura se orgulha de receber uma grande variedade de associações, de artistas,

---

[20] Robert Verheuge, "La Musique à Marseille un bilan". In: Mireille Guillet e Claude Galli (orgs.), *Marseille XXe siècle. Un destin culturel* (Marselha: Via Valeriano, 1995).

[21] Jacques Buob, "Marseille ou l'ambition artistique retrouvée", *Le Monde*, 11 jan. 1995.

[22] Fabrice Lextrait, *Une nouvelle Époque de l'action culturelle, rapport à Michel Duffour* (Paris: Secrétariat d'État au Patrimoine et à la Décentralisation Culturelle/ La Documentation Française, 2001).

de práticas musicais "que permitem uma abertura mais ampla, inclusive aos 'não especializados', àqueles que querem simplesmente descobrir, ter prazer, e ao mesmo tempo àqueles que criam as músicas de amanhã e ao público que as aprecia".[23]

As manifestações pontuais do tipo dos festivais também expõem, com sucesso, a diversidade musical e de culturas em uma cidade que ama as festas: a Fiesta dos Sules (nas docas Joliette), Zumbadera (nas ilhas Frioul)...

Com sol de menos, existem, no entanto, semelhanças entre Marselha e Estrasburgo. As músicas novas são reconhecidas pela municipalidade, que as integra no projeto da *friche* de La Laiterie, confiado em 1991 por Norbert Engel a um homem de teatro, Jean Hurstel, fundador da associação Banlieues d'Europe. A ação nos bairros tornou-se uma prioridade do segundo mandato de Catherine Trautmann, e La Laiterie é o polo principal. Essa *friche* recebe três polos distintos: Artefact, o Centro Europeu da Jovem Criação Europeia (CEJC) e o Conservatório. À associação Artefact, ativa no campo das músicas novas faz vários anos, é atribuída a sala das músicas novas. Encabeçando essa *friche* industrial de 13.000 m², Jean Hurstel define sua missão na direção "das culturas emergentes urbanas":

> La Laiterie CEJC é o lugar onde se aventuram e se concretizam as novas relações entre a arte e a população pouco afetada pela oferta cultural tradicional.[24] [A dinâmica visada equivale a querer] integrar os problemas sociais e políticos no campo artístico, abrir um local de debates da cidadania, de confrontação entre representações, valores, ideias opostas.[25]

Democratização, a arte a serviço do debate público, são esses os ideais que animam o iniciador do projeto. Também se mistura a isso um desejo de expor, em sua diversidade, "as fronteiras políticas, nacionais, linguísticas e artísticas".[26] Mas os meios são limitados, "900 mil francos apenas", lamenta um responsável de Estrasburgo.[27]

Por sua vez, a cidade de Dominique Baudis parece hesitar bem mais em relação às formas culturais emergentes. Perante a falta de receptividade da municipalidade, até mesmo sua hostilidade, as iniciativas desapareceram ou emigraram. O Festival Racines tentou reunir, de 1987 a 1993, as diversas

[23] Robert Vigouroux, *Marseille cité de la musique*, livreto informativo, pp. 71-80.
[24] La Laiterie CEJC — documentação de apresentação histórica apud Fabrice Lextrait, op. cit.
[25] Ibid.
[26] Entrevista com Jean Hurstel, nov. 2000 apud Fabrice Lextrait, op. cit., pp. 84-5.
[27] Michel Guerrin, "Comment Catherine Trautmann a soutenu la culture à Strasbourg", *Le Monde*, 25 jun. 1997.

comunidades do bairro Mirail em torno de uma manifestação cultural, organizando eventos espalhados pelo ano todo. O festival é lançado pela associação Cavale, ela mesmo fazendo parte da Maison des Racines du Monde, instalada desde 1985 em Mirail, que agrupa várias associações. O Festival Racines é uma tentativa de promover o multiculturalismo originado de uma iniciativa de um bairro considerado difícil. Ele fracassa no final de seis anos por problemas de gestão e desentendimentos com a prefeitura. A atividade dos festivais em Toulouse se reduz, então, ao centro da cidade com o Festival Garonne, criado em 1997, ele também levando em conta as "culturas do mundo", mas não mais aberto às associações. Os modos originados nas cidades se institucionalizam, pode-se constatar novamente, e sofrem os riscos da recuperação. Outras iniciativas artísticas abandonaram Toulouse, como, em 1989, a trupe de teatro de rua Royal de Luxe, por desentendimentos com a municipalidade. A trupe viveu por três anos das subvenções municipais em meados dos anos 1980 e, finalmente, exilou-se em Nantes, onde encontrou de novo o sucesso.[28] O grupo Zebda, que está na origem do movimento Ça Bouge au Nord no bairro Izards, em 1997, tem, por sua vez, um único apoio, o do conselho geral do departamento Haute-Garonne.

As artes de rua, de contornos pouco definidos,[29] as festas, vão de vento em popa na virada do milênio, e as municipalidades se envolvem de boa vontade nesse terreno. Essas manifestações têm a vantagem de exigir apenas um investimento limitado no tempo e de ter grande repercussão na mídia; elas criam uma animação que agrada à população. Tome-se, por exemplo, o mandato de Michel Noir em Lyon. Entre 1989 e 1995, sua equipe monta numerosos eventos festivos, como Traboules Blues, Saxo Light, Illumina Saône, aproveitando as oportunidades que se apresentam, isto é, projetos que muitas vezes são produzidos por associações.[30] As operações montadas no contexto da celebração da Festa das Luzes do Oito de Dezembro procuram uma repercussão internacional. As realizações de eventos são acompanhadas pela animação nos bairros.

No final, portanto, as metrópoles se inserem perfeitamente na ampliação da ideia de cultura de uma oferta cultural cada vez mais eclética. O "todo cultural" não sofreu nenhuma crítica e, pelo contrário, espalhou-se, em

---

[28] Dejean Fanny, *L'Action culturelle à Toulouse de 1983 à 2001* (Institut d'Études Politiques de Bordeaux, 2002-2003).

[29] Sob esse nome é agrupada uma variedade muito grande de companhias de orçamento e estrutura muito diferentes. Sobre essa questão, ver "L'économie des arts de la rue", *Développement Culturel*, n. 127, out. 1998.

[30] Christophe Dubois, *Les Enjeux politiques de la création du Théâtre du Huitième arrondissement à Lyon*. Tese apresentada ao IEP de Lyon, set. 1992, pp. 159-60.

concordância com as evoluções de uma sociedade urbana em mutação. Ele permitiu que fossem levadas em conta as culturas que, por sua diferença, refletem a existência de uma fragmentação do território urbano, atingido pela ruptura social. Assim, muitas vezes territórios metropolitanos "excluídos se constituem em comunidades locais que, sob forma de bairros ou de comunas ou outras, procuram ser atores de seu futuro, atribuindo-se identidade e projeto. Algumas vezes essas localidades têm um papel bem dinâmico e ativo no processo de modernização da metrópole toda".[31] Mas as culturas emergentes são apreciadas de maneira diversa em função do grau de tolerância da municipalidade. As formas inicialmente saídas das margens estão, em outras partes, sujeitas ao fenômeno latente da institucionalização.

Enfim, faltam recursos em geral por causa dos encargos dos equipamentos centrais. Nesse ponto, até mesmo o Estado reconhece seu papel na reprodução desse desequilíbrio. Na Aquitânia, onde a Drac promoveu uma política favorecendo, entre outras, as músicas novas, o balanço é amargo: "As contribuições da Drac para a política da cidade passaram, em dois anos, de 400 mil francos a 2,5 milhões de francos [...], o que é quatro vezes menos do que a subvenção do Estado ao Grand-Théâtre e à Onba".[32]

A cultura a serviço da economia local

A cultura a serviço da imagem da cidade, a cultura a serviço do desenvolvimento social. Uma outra dimensão, a econômica, faz a ligação entre as duas. É bem verdade que o ministério Lang tentou quebrar o tabu rompendo com a tradição socialista. Mas é uma outra sociedade que, progressivamente, se convence disso. A profissionalização das políticas da cultura, a preocupação com a boa gestão, estão relacionadas com essa reviravolta nos valores. As práticas culturais de massa fizeram o resto, contribuindo para a atividade das indústrias culturais, bem como para o espetáculo ao vivo, demonstrando *de facto*, a quem ainda duvidava, que existe uma relação entre atividades cultural e econômica. Precisamente, a municipalidade de Estrasburgo está plenamente convencida dos benefícios econômicos da cultura. Com efeito, o turismo nas metrópoles regionais coloca a questão da contribuição da cultura para o desenvolvimento local. Mais recentemente, a crise dos trabalhadores temporários do espetáculo

---

[31] Guy Saez, Jean-Philippe Leresche e Michel Bassand, *Gouvernance métropolitaine et transfrontalière. Action publique territoriale* (Paris: L'Harmattan, 1997).
[32] Balanço das atividades da Drac Aquitânia, 1993.

de 2003 mostrou bem a dependência de certas coletividades locais em relação aos festivais.

Economia e cultura, porém, são assuntos abordados com cautela pelos eleitos. Catherine Trautmann, de modo a eludir a clássica oposição entre economia e cultura, utiliza um desvio histórico.

> Hoje é comum contrapor turismo e cultura: aquele tem a reputação de ser mercantil, esta seria nobre. Existe, nisso, incontestavelmente, um paradoxo: historicamente, na própria origem do turismo, está a cultura. A palavra, é sabido, origina-se de *tour*, a viagem que os filhos da aristocracia britânica deviam fazer ao continente para completar sua educação. O turismo, então, era uma viagem eminentemente cultural, levando os jovens ingleses de cidade em cidade, confrontando-os com outras culturas e permitindo que eles tivessem a experiência do outro. [...] Devemos reatar com a grande tradição do turismo como aprendizado da alteridade e prática da hospitalidade.[33]

A mutação socialista foi assimilada. Mas Catherine Trautmann continua cautelosa. Ela desconfia do turismo de massa e não deseja ver o centro histórico de sua cidade transformado "em grande bazar". A argumentação é sutil, é preciso que a cultura evite que a cidade caia nesse erro.

> Essa caricatura de turismo elimina qualquer dimensão cultural, reduz a cidade a apenas um consumo mercantil; precisamos, hoje, sair disso. É importante o que está em jogo, pois se refere à própria identidade da cidade. Ela se torna estrangeira àqueles que moram nela, despreza seus visitantes [...] Isso tudo é responsabilidade das municipalidades. Cabe a elas receber os visitantes de modo que possam descobrir a cidade, usar a cidade de outro jeito. Em Estrasburgo, sob a praça da catedral, não a praia, mas a cidade em todas as suas dimensões e, em especial, a de cidade da arte e da cultura, seus principais trunfos.

Itinerários de visita mais amplos através do patrimônio de Estrasburgo, uma valorização e uma melhor utilização das instituições culturais, especialmente dos museus, são as respostas consideradas. A cultura, então, é concebida como um trunfo para evitar a folclorização mercantil de Estrasburgo. A qualidade a serviço "da identidade" para manter uma tradição de hospitalidade. Aí está, em resumo, toda uma retórica deste fim de século. As metrópoles são territórios urbanos que se afirmam de maneira autônoma e de modo que as identificam. A identidade legitima a

---

[33] Catherine Trautmann, prefeita de Estrasburgo, "Strasbourg mise sur la culture", *Tourisme et Culture, Cahiers Espaces*, n. 37.

intervenção pública no campo da cultura, e o que está no jogo econômico mas também, sem dúvida, político é evitado no discurso.

Em outros lugares, a cultura tem a vocação de atrair ou de guardar os executivos e os cérebros nas metrópoles onde é bom viver (Toulouse). Mais ao sul, trata-se sempre de sair da crise, de criar empregos a partir de zonas de *friches* urbanas (Marselha). Afinal, além dos Pirineus, Bilbao parece ter recuperado seu dinamismo graças a seu museu Guggenheim. Revitalizar bairros pela cultura ao mesmo tempo que se muda a imagem da cidade. O projeto não é novo para Marselha ou Lille, nesse ponto, portanto, o discurso permanece igual. Em Bordeaux, a transformação do centro da cidade pela municipalidade Juppé, com a implantação de um metrô de superfície, corresponde a uma vontade de modernização e de embelezamento da cidade para tirar maior proveito dos trunfos patrimoniais. Patrimônio é sinônimo de turismo, em detrimento daqueles que gostariam de lhe atribuir funções mais elevadas. As despesas das comunas com investimentos, em prol de uma melhor conjuntura nos últimos anos do milênio, foram retomadas. As destinadas à "manutenção e valorização do patrimônio imobiliário" progrediram muito (+8,7%). A pesquisa realizada a pedido do ministério sobre o período de 1996 a 2000 assinala obras em Bordeaux, Lyon, Marselha, Estrasburgo e Toulouse.[34] Ela também confirma o interesse das regiões por esse setor (75% das despesas diretas de investimentos culturais vão para os museus e locais de exposição, 17% para a manutenção e valorização do patrimônio imobiliário).

A cultura não é mais dissociável das outras atividades da cidade pelos legisladores. Ela deve contribuir para os esforços de metrópoles que pretendem exercer uma influência suficiente para serem reconhecidas como eurocidades e, se possível, criar um vínculo social. É bem uma visão instrumentalista que parece ter ganhado.

6.2 CULTURA E METROPOLIZAÇÃO

a) Descentralização e metropolização

Depois de cinquenta anos de intervenção pública, o discurso sobre a cultura como fator de afirmação das metrópoles produziu efeitos

---

[34] As despesas com investimentos culturais das coletividades territoriais de 1996 a 2000. Estatísticas e finanças locais, jul. 2002.

significativos? As metrópoles reforçaram seu poder como capitais de regiões? Qual a influência que essas cidades exercem sobre seu ambiente? Elas, que por muito tempo foram capitais no meio de um deserto cultural, viram melhorar sua posição? Qual o lugar que elas ocupam no plano cultural, no final do século, no espaço regional, nacional e internacional? Sua ambição de alçar-se à categoria de eurocidades tornou-se realidade no que se refere a esse campo? Para avaliar o peso da cultura no fenômeno de metropolização, compreendido como a afirmação contínua dessas aglomerações, convém em primeiro lugar analisar o impacto da descentralização cultural, bem como suas lacunas.

Um determinado número de elementos nos autoriza a concluir que as metrópoles se beneficiaram com a descentralização cultural. Ganhando força, desde os anos 1970, como atores mais autônomos (política das cartas), elas souberam incorporar o financiamento público em seu território. A rápida expansão em termos de equipamento é, em si, reveladora de uma centralidade regional sempre afirmada. As iniciativas culturais emergiram naturalmente, trazidas pela descentralização. Graças aos financiamentos cruzados, as oportunidades de concretização foram otimizadas. A oferta, portanto, continuou a enriquecer-se. Dinheiro chamou dinheiro. O reequilíbrio almejado desde os anos 1970 pelas políticas de organização do território, se obteve resultados, sem dúvida, antes de mais nada, assentou as metrópoles em posição dominante. René Rizzardo, autor do relatório publicado em 1990 sobre a descentralização cultural,[35] constata:

> Apesar das intenções já antigas do Estado, as tentativas feitas visando uma real política de organização do território, na verdade, jamais tiveram sucesso. A realidade é que o Estado interveio majoritariamente onde as condições eram mais favoráveis para a realização dos projetos: vontade local, recursos financeiros disponíveis, agentes culturais dispostos a se envolverem, e eles mesmos promotores de iniciativas.[36]

O jogo complexo de inter-relações entre parceiros públicos, tal como nasceu da descentralização, não colocou as metrópoles em desvantagem. Elas atraíram o maná financeiro, e, no jogo da parceria, aquele que cria o evento em seu próprio território sai ganhando. Nisso está toda a ambiguidade das orquestras regionais ou dos centros dramáticos, cuja

---

35 René Rizzardo, *La Décentralisation culturelle*, relatório para o ministro da Cultura e da Comunicação (Paris: La Documentation Française, 1990).

36 René Rizzardo, "Bilan de la décentralisation culturelle", *Culture et Société, Cahiers Français*, n. 260, p. 67, mar.-abr. 1993.

imagem traz mais proveito principalmente às cidades que os abrigam do que às regiões. Com bastante frequência, é a comuna que os acolhe que leva os louros por todas as manifestações cofinanciadas. Pode-se compreender melhor, então, os esforços das regiões para obter ferramentas de difusão que lhes sejam próprias. "Jovem, incapaz de aproveitar recursos vindos da identidade — o que não é o caso das metrópoles —, influenciadas pelas escolhas importantes do Estado, a política cultural da Região poderia rapidamente tornar-se 'invisível', naufragar na rotina ou na indiferença."[37]

As Regiões tentam, portanto, também elas, dar uma identidade a sua política cultural. Assim, foram feitas propostas para que a Opéra de Lyon fosse regionalizada, aumentando a participação financeira da região em 50%.[38] A região Rhône-Alpes não hesita em utilizar o potencial lionês para a comunicação, apoiando o cinema (criação em 1992 de um órgão para antecipar as receitas, Rhône-Alpes Cinéma) ou a dança, que são os setores de vanguarda para a metrópole. Ao contrário de outras regiões que tentam assumir uma posição em campos pouco explorados pela cidade-sede, como em Aquitânia, com a política em direção ao cinema. Na concorrência entre territórios, as regiões descobrem, depois das cidades, a necessidade de terem uma política visível. Então, é a sinergia ou a concorrência que vai ganhar, a liderança das cidades pode ser conjugada com a procura por uma liderança regional? Qual modelo vai prevalecer, o da "Europa das cidades" ou o da "Europa das regiões"? É certo que também o jogo da participação tem algo a dizer. Ele pode ser exercido a favor ou contra as metrópoles. Aparentemente, a carta firmada entre a cidade de Toulouse e a região Midi-Pyrénées, em 1990, é favorável à metrópole: "as partes estando de acordo com o exposto, concordam e decidem o que se segue: a região decide apoiar a realização de equipamentos que reforçam a vocação europeia de Toulouse" e, no que se refere à cultura, fica previsto reforçar o "polo cultural" da cidade (museus, conservatório de música, centro de arte contemporânea).[39] Aqui, a região está a serviço da metrópole, o que não é verdade em todo lugar.

Com toda a evidência, a ferramenta regional, em uma Europa das regiões em marcha, é chamada, antes de mais nada, a se impor na França, e será preciso esclarecer bem as competências de cada um e trabalhar em conjunto. Além disso, as metrópoles não cumpriram perfeitamente a missão de descentralização que o Estado lhes tinha confiado. O TNS, por exemplo,

[37] Guy Saez e Mireille Pongy, *Les Politiques culturelles de quatre régions d'Europe: Bade-Wurtemberg, Catalogne, Lombardie, Rhône-Alpes* (Observatoire des Politiques Culturelles, Cerat, 1991).
[38] Ibid.
[39] Guy Jalabert, *Toulouse. Métropole incomplète* (Paris: Economica, 1995), p. 37.

havia sido encarregado pelo Estado "de garantir uma missão ao mesmo tempo regional, nacional e europeia". Ora, os recursos atribuídos foram insuficientes e a missão regional foi a mais sacrificada. Quando Jean-Pierre Vincent assume a direção em 1975, a região deixa de ser visitada. Suas missões são nacionais, como é confirmado pela reputação de sua Escola Nacional Superior de Arte Dramática. Por outro lado, os outros CDNs promovidos a Teatros Nacionais de Região assumem, daí em diante, um ar de atividade totalmente nacional. O jogo inacabado da descentralização não foi um prejuízo total para as metrópoles. O surgimento de um nível suplementar, a Europa, anuncia-se, desde já, como uma fonte interessante de financiamento. A política patrimonial da municipalidade Juppé, em Bordeaux, lucra, especialmente, com parcerias muito diversificadas. Em 1998, a prefeitura e o Estado (ministério e créditos desconcentrados)[40] participam disso de maneira equivalente, cerca de 39% cada um. Soma-se a ajuda da Datar (125), da região (5%), do departamento (2,2%), da comunidade urbana de Bordeaux (5,2%), e finalmente de fundos europeus (0,8%). Um número muito grande de parceiros é mobilizado para um projeto que se espalha por três anos (1996-1999).[41] Uma cooperação entre todos os escalões em prol do patrimônio bordalês está em operação.

Quanto às lacunas da descentralização cultural, elas são bem conhecidas. Os relatórios Rizzardo e Latarjet do começo dos anos 1990 as tornaram visíveis. Em primeiro lugar, trata-se de uma definição insuficiente dos respectivos papéis das coletividades territoriais. É preciso esclarecer a divisão das competências. Bernard Latarjet menciona o exemplo da Escola Nacional Superior de Dança de Marselha, cujo primeiro ciclo de ensino é financiado pela comuna, o segundo, pelo departamento, o terceiro, pela região.[42] As relações de concorrência entre coletividades locais, frequentemente alimentadas por uma dimensão partidária, podem tornar-se paralisantes ou prejudiciais — o financiamento das orquestras forneceu a prova disso. Enfim, é ainda concebível que as cidades carreguem a parte mais pesada dos estabelecimentos de formação musical? "Até onde poderá ir o esforço das cidades?", pergunta Catherine Trautmann, prefeita de Estrasburgo. "É normal, é sadio que um conservatório nacional de região — é de fato o nome que ele tem — pese com 93% de seu orçamento unicamente sobre os recursos financeiros da cidade?"[43]

[40] A "desconcentração" consiste em delegar decisões e tarefas para escalões inferiores internos do órgão. (N.T.)
[41] Aude Albigès, *La Politique culturelle de la ville de Bordeaux par Alain Juppé* (Institut d'Études Politiques de Bordeaux, 1997-1998), pp. 70-1.
[42] Bernard Latarjet, *L'Aménagement culturel du territoire* (Paris: La Documentation Française, 1992), p. 24.
[43] Catherine Trautmann, discurso de 15 fev. 1994.

Os encargos de centralidade[44] que cabem às metrópoles cada vez mais são mal tolerados: óperas, orquestras que drenam públicos externos à comuna-sede provocam repetidas queixas por parte dos eleitos. As metrópoles se voltam, então, para seus parceiros e, por um velho reflexo que não foi extinto pela desconcentração, para o Estado. Mas este não dispõe de uma grande margem de manobra, comprometida pelos encargos de funcionamento das grandes obras parisienses. Cerca de 20% do orçamento do ministério é absorvido pelas instituições parisienses, BNF, Opéra, Centre Georges-Pompidou, Cité des Sciences et de l'Industrie, Parc e Grand Halle de la Villette, Cité de la Musique, Museu do Louvre e Comédie-Française.[45] Além disso, é patente a desvinculação do Estado quando se compara o montante das despesas da cidade de Bordeaux em 1992 (400 milhões de francos), quase quatro vezes mais do que os créditos desconcentrados na Aquitânia.[46] Entretanto, apesar de todos os avanços assinalados, o sistema que foi instaurado desde as leis de descentralização do começo dos anos 1980 precisa ser melhorado.

b) Metrópoles culturais inacabadas

Com o fenômeno da metropolização sendo efetuado em um contexto aberto, o lugar das metrópoles em matéria de cultura levanta questões em vários níveis: regional, nacional e internacional. No primeiro nível, as configurações são muito variadas. Espaços regionais muito polarizados, como os de Midi-Pyrénées e Aquitânia, onde o peso da metrópole é preponderante, contrastam com a região Rhône-Alpes. Lyon, apesar de seu peso demográfico e econômico, encontra, com efeito, a concorrência de outros polos culturais ativos, Grenoble, Saint-Étienne. A comuna de Lille apresenta a particularidade de não poder estabelecer facilmente sua liderança na aglomeração e em sua região, mas são grandes as ambições de Lille-Métropole — denominação que substituiu a de comunidade urbana de Lille em 1996. A passagem de cidade para metrópole operou-se nessa perspectiva. Na Alsácia, o peso demográfico da aglomeração estrasburguense não parou de aumentar. Estrasburgo concentra 23,8% da população da região em 1990, mas ela não exerce, como Toulouse, um

---

[44] Déficit integral gerado pelo funcionamento de um equipamento ou serviço da cidade-sede, se esse equipamento ou serviço é excepcional ou único na aglomeração ou no departamento, ou se tem um funcionamento específico das grandes cidades. (N.T.)

[45] Françoise Benhamou, "L'Exception culturelle. Exploration d'une impasse", *Esprit*, p. 49, maio 2004.

[46] Balanço de atividades da Drac Aquitânia, 1992.

efeito de desertificação sobre a região alsaciana, pelo contrário, multipolar.[47] Além disso, Estrasburgo compartilha com Lille a característica de ser uma metrópole próxima da fronteira. Sua área de influência ou, ao contrário, a influência que é exercida sobre elas devem ser consideradas além dos limites do país. Bernard Vogler, em sua *Histoire culturelle de l'Alsace*, lembra: "O Reno perdeu seu simbolismo patriótico, atravessado agora por razões econômicas, comerciais e de lazer: a Alsácia não é mais um Finistère continental".[48]

Assim, a concorrência para Estrasburgo é também uma concorrência além-Reno. Catherine Trautmann não esconde essa realidade dos estrasburguenses: "Comparados com os teatros de ópera de nossos vizinhos, com seus grandes museus de arte moderna e contemporânea, com seus teatros, que apresentam espetáculos 320 a 340 vezes por ano, enquanto nós, aqui, fazemos um milagre quando conseguimos oferecer 120 ou 130 apresentações".[49]

Ao contrário das outras capitais regionais francesas, o diagnóstico de retirada de polo metropolitano muitas vezes é formulado em relação a Marselha por causa de seu despovoamento, de sua desindustrialização, da diminuição do emprego terciário. "Marselha não ocupa o lugar que deveria ser o de uma metrópole, tanto nas chamadas funções de autoridade ou de influência quanto nos setores de serviços para empresas."[50]

Se a descentralização trouxe benefícios para as cidades-sede da aglomeração, ela também estimulou o desenvolvimento de polos urbanos vizinhos. Marselha decidiu, com atraso, formar uma comunidade urbana incentivada pela lei Chevènement de 12 de julho de 1999. Jean-Claude Gaudin espera, com isso, obter um apoio financeiro; o sistema da comunidade urbana sendo visto como um meio para aliviar as obrigações. Além disso, a lei de 6 de fevereiro de 1992, referente à administração do território da República, permite que as comunidades urbanas possam "atribuir *fonds de concours*[51] às comunas-membros a fim de contribuir para a execução ou funcionamento de equipamentos de interesse comunitário". A cultura pode, portanto, ser oficialmente financiada. A

---

[47] Richard Kleinschmager, *Strasbourg. Une ambition européenne* (Paris: Economica, 1997).

[48] Bernard Vogler, *Histoire culturelle de l'Alsace. Du Moyen Âge à nos jours, les très riches heures d'une région frontière* (Estrasburgo: La Nuée Bleue/ Dernières Nouvelles d'Alsace, 1994), p. 514.

[49] Catherine Trautmann, discurso, 15 fev. 1994.

[50] Maurice Olive e Jean-Pierre Oppenheim, "La Communauté urbaine de Marseille: un fragment métropolitain". In: François Baraize e Emmanuel Négrier, *L'Invention politique de l'agglomération* (Paris: L'Harmattan, 2001), p. 37.

[51] Financiamento feito por pessoas físicas ou jurídicas para complementar o financiamento do Estado para despesas de interesse público.

partir de então, a intercomunalidade se impõe como um degrau a mais, útil para as políticas culturais das metrópoles.[52] Aparentemente, algumas comunidades urbanas não esperaram essas novas disposições legislativas para construir sistemas de apoio. A comunidade urbana de Lille, antes de 1992, dispõe de um Fonds de Concours Culture dentro de sua política de comunicação. A comunidade urbana de Estrasburgo, a partir de 1990, compra um espetáculo por ano da Opéra, garantindo um aporte financeiro às escolas de música da cidade.

Entretanto, a intercomunalidade não é evidente e tem de superar as clássicas desvantagens da rivalidade entre comunas. Assim, as políticas culturais na aglomeração de Lyon são antigas. Villeurbanne colocou-se como rival da comuna-sede com seu TNP, sua Maison du Livre, seus centros públicos de criação. Por outro lado, conta-se uma multidão de salas de espetáculo nas comunas da periferia, onde as culturas urbanas emergentes conheceram rápida expansão. Esse contexto explica, em parte, a falta persistente de competências culturais da Courly, renomeada Grand Lyon. De fato, ela não tomou qualquer iniciativa no campo cultural antes de julho de 2000.[53] Toulouse vê, a suas portas, que aumenta a oferta cultural da comuna de Blagnac. Com seu complexo muito frequentado, Odyssud (auditório, ateliês, midiateca, estúdios de gravação...), Blagnac concorre com as salas de Toulouse. Essa comuna dispõe da maior sala de espetáculos da aglomeração, seu palco polivalente permite programar concertos, óperas, teatro, dança... Equipamentos multiplicaram-se nas comunas vizinhas, o que também é verdade na aglomeração de Bordeaux. A partir daí surge um problema de coerência e de racionalidade das despesas públicas sobre o conjunto das aglomerações, onde cada comuna almeja uma política cultural, portanto, um equipamento emblemático. Uma política cultural para a aglomeração fica para ser inventada no futuro.

É obrigatório, então, constatar que as metrópoles francesas são metrópoles inacabadas. No plano estritamente cultural, elas dispõem de trunfos inegáveis, mas também apresentam falhas para enfrentar o escalão nacional e, principalmente, o internacional. Em relação aos trunfos, trata-se evidentemente de equipamentos de prestígio e de manifestações com influência internacional. Todas elas estão bem providas. Algumas mais do que outras. Nesse aspecto, Lyon e Estrasburgo estão mais bem colocadas.

---

[52] Sobre esse assunto, ver Jacques Palard, "Culture et intercommunalité", *L'Observatoire des Politiques Culturelles*, n. 12, outono de 1996.

[53] Alain Faure e Emmanuel Négrier, *La Politique culturelle des agglomérations* (Paris: La Documentation Française, 2001).

Lille, Marselha e Toulouse parecem mais voluntaristas, porque partiram mais tarde na corrida pelo equipamento e pela influência. Algumas têm desvantagens a serem superadas, o passivo do período Chaban-Delmas em Bordeaux, obstáculos financeiros em Marselha ou, ainda, lacunas específicas. Para Toulouse, segundo o geógrafo Guy Jalabert, faltaria uma grande manifestação cultural para que a cidade rosa ganhasse fama.[54] De todo modo, lendo as análises produzidas recentemente sobre essas cidades, os adjetivos empregados com mais frequência são do registro do inacabado, da incompletude: "Toulouse, metrópole incompleta"; "Bordeaux, metrópole regional, cidade internacional?"; "Lyon, metrópole regional ou eurocidade?".[55] Um consenso se destaca para lhes reconhecer a categoria de metrópole regional, levando em conta o esforço realizado para reequilibrar o território em relação a Paris.

Essas capitais culturais existem e "a horrível palavra província" desapareceu das mentes. Uma pesquisa do DEP, em 1998, conclui, aliás, que o desequilíbrio Paris/província foi atenuado, e as metrópoles estão na categoria das cidades que se saíram melhor.[56] As cidades de mais de 150 mil habitantes financiam mais de 40% da produção artística (fora Paris) em 1996 e mais de 39% das despesas ligadas ao patrimônio e aos museus.[57] As metrópoles exercem demograficamente uma real atração, e a cultura não fica de fora. Sem dúvida, essa mutação simbólica explica parcialmente o deslocamento de artistas que vêm instalar-se ali. Sob esse aspecto, talvez Marselha seja uma das que mais atraem. Além disso, homens de letras e artistas, tendo desertado de suas cidades, dirigem-se a elas de boa vontade para participar de manifestações, e se tornam os embaixadores de sua cidade de origem. Mas é preciso reconhecer que os desequilíbrios ainda podem ser sentidos nos setores de ponta, como a pesquisa em música eletroacústica, exceto Marselha, e em matéria de formação superior, salvo o Conservatório Superior de Música de Lyon.[58]

Lyon parece ser a que está mais bem armada na cena nacional e internacional comparada a Toulouse, mais encravada em uma região que ela é acusada de desertificar. Toulouse sofre de hipertrofia, metrópole "castradora" de sua região — no dizer de um eleito regional; isso só pode

---

[54] Guy Jalabert, op. cit., p. 137.
[55] São títulos de algumas obras consultadas: *Toulouse. Métropole incomplète, Bordeaux Métropole régionale. Ville internationale, Lyon métropole régionale ou euro-cité?.*
[56] "Atlas des activités culturelle", *Développement Culturel*, n. 123, jun. 1998.
[57] "Les dépenses culturelles des collectivités territoriales en 1996", *Développement Culturel*, número extra, out. 2000.
[58] Ibid.

ser um freio a seu desenvolvimento internacional.[59] Lyon, entretanto, não atinge o tamanho de Milão ou Barcelona. Marc Bonneville opina que "embora dispondo de vantagens interessantes, Lyon, entretanto, ainda não é totalmente reconhecida como uma cidade europeia, na medida em que suas funções internacionais estão pouco desenvolvidas ante o monopólio da aglomeração parisiense".[60] Em uma classificação das cidades europeias, ela se situa no 21º lugar, à altura de Hamburgo, Turim.[61] Bem entendido, esse tipo de classificação muito aleatório dá uma visão global da atividade e do peso da cidade. Em compensação, é delicado definir a medida estrita de sua estatura cultural.

Os melhores pontos de referência são o público das instituições culturais, a atração exercida pelo patrimônio, a classificação internacional. As orquestras de Lyon, de Lille e de Toulouse cumprem essa missão; as óperas du Rhin de Lyon e um festival como o Musica em Estrasburgo também. A Orquestra de Lille, para dar apenas um exemplo, participa regularmente de festivais na Bélgica e na Holanda (festivais de Flandres, da Valônia, de Hardelot ou o Festival de Verão de Amsterdam). Para seu vigésimo aniversário, ela organizou uma "encruzilhada de orquestras europeias", convidando a orquestra de Brabant e a filarmônica de Liège e da comunidade francesa da Bélgica. Mesmo assim, o peso dessas orquestras regionais é muito relativo comparado à Orquestra Nacional de Paris, que em 1999 e 2000 conta 862.212 ingressos, enquanto a melhor pontuação para o interior é da Orquestra Nacional de Lyon (230 mil), seguida por Lille (195.850).

Os grandes museus mantêm perfeitamente sua colocação, e o patrimônio restaurado dos centros históricos atrai os turistas. O reconhecimento do Vieux Lyon, inscrito no patrimônio mundial pela Unesco, consagra a política lionesa de renovação. As torrentes de turistas em Estrasburgo, seu número cada vez maior em Bordeaux, também são a marca de um reconhecimento internacional. Aproximadamente 350 mil visitantes vão, todo ano, aos museus de Estrasburgo,[62] enquanto o Museu de Belas-Artes de Lyon totaliza, em 1998, só ele, 258 mil ingressos. A cada ano, 500 mil turistas visitam Bordeaux e sua região.[63] A capital econômica e simbólica regional, o vinho, trazem muitos benefícios à metrópole. Em Lille, o Palais

---

[59] Citado em Guy Jalabert, op. cit.

[60] Marc Bonneville, *Lyon métropole régionale ou euro-cité?* (Paris: Anthropos, 1997), p. 41.

[61] Ibid., p. 42.

[62] "Les Musées de Strasbourg", *Connaissance des Arts*, número extra, 1996.

[63] Pierre Laborde, *Bordeaux Métropole régionale. Ville internationale* (Paris: La Documentation Française, 1998).

des Beaux-Arts recebe inúmeros visitantes belgas e ingleses. A constância dos esforços de Lille foi recompensada, em 2004, pela atribuição do título de "capital europeia da cultura" que os ministros da Cultura da União Europeia deram à metrópole de Nord-Pas-de-Calais.[64]

As trocas culturais internacionais dessas cidades também podem servir como critérios de avaliação de sua influência. Seus serviços internacionais desempenham um papel de primeiro plano, e a dimensão cultural é solicitada pelas prefeituras sempre que possível. Isso já foi visto com a municipalidade Michel Noir, que compreendeu a urgência de explorar todas as potencialidades de uma cidade que Fernand Braudel via assim: "O drama dessa cidade é que ela só encontra sua ordem e as condições para desabrochar no plano internacional; ela depende de lógicas de muito ampla influência. É preciso, para ela, a cumplicidade de fora. As fadas que lhe concedem benefícios são estrangeiras".[65]

Pois Lyon é aquela que mais pretende rivalizar com Paris. Como conseguir isso senão equipando-se igualmente bem (lógica que prevaleceu desde o período Pradel)? Como enfrentar, agora, os desafios da Europa e da globalização? São diversas as soluções, elas se baseiam na exploração de receitas do passado ou na inovação. A instituição das cidades-irmãs é uma tradição que perdura e que tem sua utilidade. Entretanto, seu período mais próspero termina no começo dos anos 1980. Os deslocamentos das produções artísticas locais são, agora, vivamente encorajados, mesmo que seja preciso completar com patrocinadores para fechar o orçamento. É essa, a partir de então, a vocação das orquestras, das óperas e dos centros dramáticos. Levar o renome das cidades ao estrangeiro. Os museus não hesitam em difundir suas obras para que sejam conhecidos. Assim, o Museu de Belas-Artes de Lille emprestou algumas de suas peças de maior prestígio quando foi fechado para reforma. Desse modo, elas foram exportadas para Nova York (Masterworks from the Musée des Beaux-Arts, Lille no Metropolitam Museum, em 1992-1993), para Londres em 1993, para o Japão em dois anos consecutivos. São feitas parcerias de um lado e do outro da fronteira entre Estrasburgo e as cidades alemãs para o Festival Musica, ou com cidades suíças. Lille, nomeada, em maio de 1998, pelo Conselho dos Ministros da Cultura da União Europeia, capital europeia da cultura para o ano de 2004, estende seu projeto para as cidades da região Nord-Pas-de-Calais e para as cidades belgas do outro lado da fronteira. "É a primeira vez que essa dimensão territorial e transfronteiriça, natural

---

[64] Desde 1985, é a segunda cidade francesa a receber esse título, depois de Avignon, em 2000.
[65] Fernand Braudel, *L'Identité de la France* (Paris: Espace et Histoire, 1986).

para Lille e para Nord-Pas-de-Calais, é abordada na história das capitais europeias de cultura."[66]

Em janeiro de 2000, é fundada uma associação reunindo as prefeituras das cidades belgas de Tournai, Courtrai e Mouscron à cidade de Lille. Emmanuel Négrier, entretanto, estima que a cooperação cultural trans-fronteiriça está apenas no começo, e é preciso considerá-la mais como "um espaço de aprendizagem do que como um local coerente de intervenções estruturadas".[67] Estrasburgo também se propõe a desempenhar o papel de encruzilhada europeia da cultura, organizando, desde 1996, o Forum du Cinéma Européen à Strasbourg, na esperança de que se torne o lugar de encontro anual dos diretores e produtores do velho continente. Seria interessante fazer comparações internacionais precisas sobre o nível de equipamentos e sobre o público dos principais órgãos de difusão, desde que se fizesse uma seleção de cidades comparáveis por sua população, situação geográfica, econômica, funções terciárias.

Se o fenômeno da metropolização está em andamento, se a cultura participa dele de maneira ainda tímida e desigual, o reconhecimento dela como política pública é indubitável. Contudo, o dinamismo parece mais nítido em Lille, Lyon ou Estrasburgo. Em outros lugares, as iniciativas são mais modestas, muitas vezes por falta de recursos, como em Marselha, que, em sua publicação municipal sobre cultura, assinala uma missão para Nova York em março de 1999:

> Por falta de recursos para poder apresentar "objetos culturais", organizar uma exposição de obras de arte digna desse nome ou, ainda, promover "a identidade marselhesa" (por grupos de músicos ou outros), uma única exposição dedicada ao cinema da Provence foi proposta à Aliança Francesa através do Agência da Cultura.[68]

Capitais regionais, as seis metrópoles estudadas o são no plano cultural. Elas ganharam em consistência em relação a Paris, e parecem estar mais bem armadas culturalmente. Os dois septenatos de François Miterrand estimularam de fato a cultura nas regiões, as metrópoles dispõem de uma gama muito rica de difusão de sua influência, nasceram novas relações entre parceiros públicos. Mas as grandes obras parisienses,

---

[66] Laurent Dréano, "Lille 2004 ou la culture comme moteur de transformation d'un territoire". In: Martine Aubry (org.), *Culture toujours... et plus que jamais!* (Paris: L'Aube, Paris, 2004), pp. 193-207.

[67] Emmanuel Négrier, "Multiculturalisme, interculturalisme et échanges culturels internationaux". In: Jacques Perret e Guy Saez, *Institutions et vie culturelles* (Paris: La Documentation Française, 1996), p. 122.

[68] *Marseille. La culture au cœur de la cité*, op. cit.

ao drenarem determinados orçamentos, jogaram no sentido contrário a descentralização e conservaram os desequilíbrios Paris/interior. Capitais culturais inacabadas, essa é a classificação que seria mais adequada para essas metrópoles regionais. Assim, três opções se apresentam a elas para o futuro. A primeira reside nos problemas de coerência entre política de prestígio e política de desenvolvimento cultural. Como conseguir conservar instrumentos culturais de alto nível, prestigiosos e caros, ao mesmo tempo que se integram as populações menos favorecidas através, entre outras, da cultura? Os orçamentos municipais não sendo elásticos, isso implica um segundo desafio a encarar, o da cooperação com as outras coletividades territoriais. Em uma Europa onde os grandes polos urbanos tentam reforçar-se, a intercomunalidade vista como uma solução continua, em matéria cultural, no estado de esboço, muitas vezes bloqueada por rivalidades locais.

As metrópoles, enfim, têm um desafio internacional a enfrentar, e o desenvolvimento de sua atividade internacional está apenas no começo.

CONCLUSÃO

O que aconteceu em matéria de política cultural em Bordeaux, Lille, Lyon, Marselha, Estrasburgo e Toulouse, na segunda metade do século XX, poderia ser resumido em uma linha: essas cidades alcançaram a idade da maturidade. De fato, elas ganharam, ao mesmo tempo, autonomia e racionalidade.

A periodização e os ritmos que levaram a essa transformação são indicadores de grande valia para medir o caminho percorrido. A ação cultural pública das metrópoles se impõe desde o pós-guerra e, depois, não para de fortalecer-se. A gestão de heranças, a pressão dos meios locais mais esclarecidos, conseguiram despertar o interesse dos legisladores. Entretanto, as cidades não iniciam o processo da mesma forma. Territórios politicamente favorecidos, como Estrasburgo, abençoada pelos deuses europeus, ou Bordeaux, que encontrou seu "Duque de Aquitânia", cidades como Lyon portadoras de um terreno cultural e de potencialidades econômicas, têm mais vantagens do que terras menos férteis, mais sujeitas às dificuldades econômicas e sociais como Lille ou Marselha. Toulouse revela-se como território mediano; ali a herança cultural é sólida e o potencial criativo é suficiente para que um dos primeiros centros dramáticos venha se fixar nela. A cidade rosa, entretanto, vai descansar tranquilamente sobre seus louros, antes de perceber a importância da aposta cultural.

Existem, portanto, ritmos de crescimento diferentes. A progressão mais constante e mais regular é registrada em Lyon e Estrasburgo. Lille e Marselha partem mais tarde, aquela, em meados dos anos 1970, esta, dez anos depois. Toulouse passa por uma fase de recuperação na última década do século, no momento em que Bordeaux, que se destaca pelo nível de suas despesas culturais, interrompe sua expansão. Entretanto, apesar dessa diversidade de ritmos, uma periodização geral se destaca, pois as cidades seguem as grandes correntes dominantes. Assim, os marcos principais dessa evolução são dados pelos momentos-chave da história do Ministério da Cultura. O "entre-dois-maios" é uma fase nitidamente visível. Um ano depois de Maio de 1968, a saída de Malraux encerra tanto uma época do ministério quanto uma época política. As cidades sofrem as consequências ideológicas dessa sacudidela, que misturou cultura e contestação. As repercussões sobre os conteúdos e sobre a gestão das políticas culturais, aliás, são perceptíveis. Esse tempo, que vai de 1968 a 1981, forja bem a base em torno da qual se articula, no campo das políticas culturais das metrópoles regionais, a segunda metade do século XX.

Entrando um pouco mais nos detalhes, alguns pontos culminantes se destacam de maneira significativa. Houve, por exemplo, um efeito "Ministério da Cultura". Pode-se notar que a ação cultural se institucionaliza mais a partir dos anos 1960, que as cidades despertam para preocupações patrimoniais, começando a querer organizar exposições prestigiosas de pintura. Com efeito, outros fatores explicam esse decolar das políticas culturais no começo dos anos 1960, especialmente o crescimento econômico, o desenvolvimento do nível cultural e, também, do lazer. O efeito ministério, portanto, bem real, deve ser considerado em sua dimensão correta. A sociedade está mudando, seu consumo de bens culturais aumenta. Também há todo o substrato ideológico que se difunde através das políticas da cultura, como a educação popular, tão significativa em um primeiro período. Haverá, a seguir, como eco de Maio, uma contestação dos poderes e uma deslegitimação da intervenção do Estado na cultura. A ideologia do progresso e da modernização que preside o crescimento urbano leva as metrópoles a quererem se equipar. Estas completam seu catálogo, gastam — as primeiras cartas culturais encorajam o movimento —, organizam-se. A institucionalização das políticas culturais municipais nos anos 1970 se manifesta por uma presença mais visível dos assessores, pelo surgimento de serviços culturais nos organogramas culturais, pela elaboração de um discurso político sobre a cultura.

A segunda vertente dos anos 1970, por outro lado, conhece uma politização aumentada dessa retórica. Ecoando as novas orientações do Partido Socialista sobre a cultura, o discurso dos eleitos socialistas evolui (Lille e Marselha). A adesão de Marselha a uma nova estratégia de união da esquerda é, nesse ponto, muito significativa. As cidades de direita adotam com mais boa vontade a retórica do desenvolvimento cultural, isso é bem nítido em Bordeaux e Estrasburgo. Os legisladores também levam em consideração o crescimento urbano. Uma ampliação do campo de intervenção, do ponto de vista do espaço afetado pela política da cultura, está acontecendo. Os imperativos da democratização e da descentralização se unem aqui para fazer as primeiras intervenções nos bairros periféricos. Por outro lado, o equipamento é sinônimo de ação (Estrasburgo, Marselha). A leitura e as bibliotecas anexas fornecem uma boa ilustração, assim como os centros culturais. No frenesi de equipamentos do "entre-dois-maios", por trás do tema da modernização e da descentralização, uma outra motivação implícita pode ser percebida. Essas cidades têm uma herança de capital regional a transmitir; elas são metrópoles regionais investidas da missão de organizar o território. Elas são o centro, o pulmão cultural de toda uma região, tiram daí prestígio e orgulho pela identidade. Seus eleitos alimentam ao máximo esse "patriotismo" comunal, que reforça implicitamente o poder do prefeito com ares, algumas vezes, monárquicos.

O decolar dos anos 1980, que se seguiu ao impacto da alternância política, é um outro momento do avanço, mesmo sendo conveniente assinalar as consequências de projetos programados desde a assinatura das cartas culturais no meio da década anterior. Com efeito, o voluntarismo do Estado preside o aumento dos créditos ministeriais (orçamento em dobro) e a generalização da política contratual promovida pela descentralização administrativa. Os anos 1980 são também, nas metrópoles, os anos da comunicação. A cultura quase vende sua alma em prol de uma instrumentalização generalizada. Os tempos são decididamente midiáticos. O fenômeno tem implicações políticas, justificado que ele está agora pelas ambições, a partir de então, europeias dessas cidades.

A junção dos anos 1980 e 1990 parece interessante, por causa de uma inflexão na direção da política de desenvolvimento social. A cultura vem socorrer a crise urbana, a ela são atribuídas virtudes reparadoras ante o rompimento do vínculo social. No âmbito das metrópoles, quando dos dois septenatos de Mitterrand, ocorreram duas mutações concomitantes: de um lado, a ampliação da noção de cultura para o "todo cultural" e, do outro, uma mutação na ideia de democratização.

O "todo cultural" autoriza os poderes públicos a levarem em consideração formas mais variadas e a converterem a democratização em reconhecimento de todas as culturas. Isso é posto a serviço da política da cidade. Multiculturalismo, culturas urbanas emergentes, são recebidos de modo um tanto favorável pelas municipalidades. Além das virtudes terapêuticas já mencionadas, as repercussões na mídia não são negligenciáveis. Uma cidade moderna é uma cidade que sabe captar as vibrações criadoras de suas periferias. As municipalidades mais hábeis consagram essas culturas urbanas — essas culturas urbanas agitadas — ao institucionalizá-las. Aliás, muitas vezes as municipalidades não têm escolha. É vital levar em consideração os problemas de integração.

A política das *friches* é também simbólica de certa reviravolta do sentido. Fazer de um problema um trunfo, eis o jogo que se generalizou nas periferias das metrópoles. As cidades são obrigadas a se adaptar a espaços que aumentam cada vez mais, da mesma forma que a concorrência provocada pela descentralização e pela abertura europeia. Dentre as adaptações necessárias, as metrópoles, no final do século, estão à procura de um novo modo de governança. O que está em jogo são as relações entre os diversos parceiros públicos e, principalmente, a relação cidade-sede/comunas periféricas, cidade-sede/região. É desejável que esse jogo que ficou mais complexo leve a uma frutífera cooperação. Mas as emboscadas políticas são numerosas no caminho da intercomunalidade e da política regional.

Do ponto de vista da evolução setorial, esse meio século está marcado pela ampliação da gama de intervenções das cidades. A observação do terreno revela a realidade daquilo que foi nomeado "todo cultural" e diversidade cultural. As metrópoles aderem às principais tendências. Poderia até mesmo ser dito que aquelas são o espaço predileto destas, pois a política da cidade as experimenta. Além disso, houve setores que tiveram uma evolução interessante, como os setores clássicos de intervenção e especialmente os da produção artística, arte lírica, música e teatro. Paralelamente a isso, outras disciplinas tiveram sucesso em sua penetração nos chamados setores de prestígio. A arte lírica sai do período como verdadeira sobrevivente graças aos sucessivos planos de resgate e ao fechamento regular das brechas. Entra ano, sai ano, as metrópoles conservaram sua ópera. Mas a questão é sempre falar dela, e os orçamentos municipais, por causa de seu custo, têm margens de manobra estreitas. As orquestras ganharam mais força graças à política de Landowski e à de Maurice Fleuret. A política de descentralização teatral dotou, finalmente, todas as metrópoles com um centro dramático. Marselha obteve o seu, até mesmo Bordeaux. Por outro lado, as companhias se multiplicaram nas aglomerações. O Centre Dramatique du Huitième desaparece em 1992, a arte teatral é suplantada pela dança na ordem das prioridades municipais.

A dança, que passa por grande reviravolta, sai do recinto das óperas onde até então estava confinada e revoluciona suas formas. A maioria das metrópoles é sensível a isso a partir dos anos 1980. A arte contemporânea tem igualmente uma penetração inesperada nas metrópoles consideradas conservadoras. O movimento começa em meados dos anos 1970. Nos dois casos, o efeito modernizador que ele produz convence as municipalidades. Elementos dinâmicos do meio local, associações, redes de formação, críticos, galeristas, contribuíram grandemente para esse *aggiornamento* espetacular, cujo principal efeito é virar de cabeça para baixo a instituição do museu. Cada cidade abre novos estabelecimentos ou reforma suas antigas estruturas. As obras se intrometem na paisagem urbana. Os maiores nomes da arquitetura são chamados para essas realizações. A redescoberta da rua é uma mudança não menos notável. Ela resulta da recuperação patrimonial do centro da cidade, cujo epicentro muitas vezes é transformado em local só para pedestres, e da política do ministério Lang. Prova disso é o sucesso da Festa da Música, a promoção das artes de rua. O patrimônio parece, enfim, ter feito avanços consideráveis. É verdade que a tomada de consciência foi lenta, mas nenhuma dessas cidades ficou à margem do esforço de renovação dos bairros históricos, mesmo que Marselha ainda tenha certo atraso a compensar. A decolagem acontece verdadeiramente a partir de meados dos anos 1970.

Esse panorama de evolução nos leva a responder um determinado número de questões, das quais a central é sobre o que move a ação.

Qual dos dois, o Estado ou a cidade, inventa a política cultural local? A política de descentralização artística dá o tamanho certo do papel de cada um. No primeiro período (1945-1968), a descentralização teatral não é concebível sem a receptividade do lugar (Estrasburgo), sem a iniciativa dos agentes culturais locais (Toulouse, Lyon). O enxerto só pega com essa condição. Evidentemente, o voluntarismo do Estado é decisivo quando as municipalidades estão reticentes (Toulouse em matéria teatral), e é suplementar quando as cidades têm dificuldade em seguir (o CDE). O Estado opera a descentralização artística a partir de uma ideia que amadureceu na sociedade civil, mas ele também fracassa quando as cidades não têm capacidade para aplicar suas diretrizes, como prova a descentralização lírica nos anos do pós-guerra. Estas também manifestam rejeição, como agentes políticos autônomos, na questão das casas de cultura (Marselha, Toulouse). Considerar que essas cidades estão sujeitas à tutela estatal, portanto, seria inexato, elas têm sempre a capacidade de dizer não. Os limites financeiros do Estado ainda condicionam a dimensão modesta de sua ação. Mas também é verdade que é ele quem semeia os grãos da descentralização aos quatro cantos do território, e é bem do centro que parte o vasto projeto de reequilibrar culturalmente o território. Essa obra encontrou artesãos eminentes, como Jeanne Laurent ou, mais tarde, Marcel Landowski. Com frequência, portanto, o ministério é o principal acionador, ele propõe um contexto que as cidades aceitam ou recusam.

Do encontro possível entre dois parceiros, passa-se, no segundo período, a uma verdadeira formalização das políticas culturais das metrópoles. Inegavelmente, a política das cartas da época de Michel Guy é uma etapa decisiva. Estas institucionalizam uma negociação entre os dois parceiros e um programa de ação até então inéditos. Com isso, sua contribuição é essencial para o que se segue. É verdade que os resultados algumas vezes foram decepcionantes, pois o financiamento do Estado nem sempre esteve à altura. É verdade que as cidades tiveram a sensação de que a rua de Valois não cumpria tudo que prometia no final de uma década em que o orçamento da cultura está em baixa, em que progride um discurso liberal. Mesmo assim, as cartas enriqueceram a oferta cultural, puseram a tônica em setores como o patrimônio e os museus, trouxeram uma abordagem mais racional à política local da cultura, esclareceram as escolhas municipais. Todas coisas úteis para as décadas seguintes.

A partir de então, a política da parceria não fez mais do que se reafirmar. A transferência limitada das competências significa que o Estado não teve a intenção, no registro da cultura, de abandonar todas as suas prerrogativas. A desconcentração administrativa do Ministério da Cultura é, sem dúvida, a marca mais tangível e a mais ambígua de sua vontade de ficar o mais perto possível das políticas locais. A política do patrimônio em Toulouse mostrou, com a "guerra das *mirandes*", que o Estado quer ter a última palavra, mas, sem dúvida, o peso do ministério difere de um setor ao outro.

Apesar de tudo, um sistema multipolar tomou forma, com o qual as metrópoles, daí em diante, inventam sua política cultural. Os níveis de financiamento são muito numerosos (aqui nos reportamos à política patrimonial da municipalidade Juppé). Quem inventa o quê nessa questão? Lendo os balanços de atividade da Drac Aquitânia no último mandato de Jacques Chaban-Delmas, a comuna-sede faria o que bem entendesse. Desde 1992, o Estado quer encorajar a intercomunalidade cultural, desejo vão em um território tomado pelo jogo partidário e pelas rivalidades paroquiais. Agora, a partida não se joga mais a dois, mas a quatro, cinco, seis, sete...

Além do mais, as cidades-sede não parecem ter sido prejudicadas por esse policentrismo. Elas até aproveitaram as vantagens pecuniárias, pois os financiamentos cruzados são uma dádiva celeste para diversificar a oferta. A negociação flui quando as coletividades territoriais vizinhas estão no mesmo barco político. Região e departamento aumentaram, assim, sua colaboração para a política cultural das metrópoles. São principalmente as regiões que têm interesse nisso (Rhône-Alpes). A partir de então, a política é inventada por vários agentes. O Estado cada vez menos define o rumo, o que poderia ser o sinal de uma descentralização bem empreendida, mas a realidade é, também, a das relações complexas entre parceiros públicos, o que torna pouco legíveis os objetivos de cada um. É verdade que as cidades-sede não são as mais prejudicadas ao aceitarem pagar um preço alto. Elas conservam certa margem de manobra na definição de suas escolhas e estão em melhor posição para torná-las visíveis.

A compreensão das relações Estado/metrópoles não pode ser vista de maneira simples. Com efeito, um esquema evolutivo do tipo passagem de relações de tutela para relações de parceria não diz tudo. De um lado, porque a tutela não é total durante os períodos em que ela foi supostamente exercida e, do outro, porque a parceria nem sempre é igual e sem entraves. O Estado tutelar pode ser mais reconhecido no primeiro período, sem que tenha, na realidade, meios para reorientar a ação; as cidades conseguem resistir àquilo que lhes parece feito sem pensar (as casas de cultura) ou muito caro (a descentralização lírica). O Estado tutelar, paternalista, está diante de eleitos locais de envergadura, com poderes não desprezíveis, que utilizam a retórica antiestatal quando necessário. Louis Pradel, Gaston Defferre não deixam de fazer isso, apesar de terem etiquetas políticas diferentes. A lógica local de reunião induz a esse procedimento. Não são raros os atritos. Os agentes culturais muitas vezes tentam encontrar junto ao Estado recursos possíveis ante municipalidades recalcitrantes. Assim, é Marcel Maréchal quem finalmente tem ganho de causa com o Théâtre du Huitième, ou Maurice Sarrazin depois de Maio de 1968, hospedado pelo Estado no solo de Toulouse. O Estado, porém, muitas vezes fica impotente perante os bloqueios locais (museus paralisados por muito tempo por desentendimentos pessoais) e a inércia municipal (decrepitude dos museus marselheses, de locais de ensino em muitas cidades).

Quanto à parceria que decola no segundo período e se espalha ao longo das duas últimas décadas do século XX, uma visão muito idealizada não seria correta. O tempo da parceria, começado com as cartas culturais, não modifica de repente os velhos esquemas de pensamento, os velhos reflexos dos funcionários do ministério. A política em matéria de arte lírica que dá primazia ao mérito, que critica certas óperas que não estão à altura, até a mudança introduzida por Maurice Fleuret, diz muito sobre isso. A política do "toma lá, dá cá" também deixa sonhar. A parceria, seguida por um desligamento financeiro no final do septenato giscardiano, não é, em si, uma cortesia absoluta. O Estado sempre manifesta mais suas preferências. Com efeito, já foi mostrado que excelência chama excelência na mente do poder central. Os festivais de uma ponta à outra do período, as orquestras sinfônicas da descentralização, ilustram isso perfeitamente. O Estado quer reequilibrar o território, mas reforça os sítios de maior brilho.

A parceria também merece ter nuances no que se refere à atitude das cidades. Uma constante aparece ao longo de todo o período, a capacidade das metrópoles de aproveitar as oportunidades propostas pelo Estado. As grandes diretrizes são formuladas a partir do topo. Ação cultural, desenvolvimento cultural, todo cultural e diversidade cultural são concepções avalizadas e difundidas pela rua de Valois. Dela também emanam as formas contratuais das relações entre dois parceiros. Na maior parte das vezes, as cidades as adotam, ou pode acontecer que elas recusem. Elas adotam e adaptam, com o objetivo de receber o maná estatal. Esse oportunismo permite, depois, a aplicação das diretrizes centrais quando as municipalidades veem que lhes interessa.

A politização da cultura é uma outra variável interessante a avaliar. O governo das prefeituras tende mais a promover a união de todos, evitando apresentar explicitamente uma etiqueta partidária. Isso se verifica em Bordeaux na era Chaban ou, ainda, em Lyon, com Pradel. Em Toulouse, os prefeitos também promovem a união ao redor do centro, seja sob Louis Bazerque, seja sob Pierre e Dominique Baudis. Por seu lado, Gaston Defferre se dedicou muito tempo a reunir as forças anticomunistas e antigaullistas em Marselha. A politização acentuou-se localmente, conforme a evolução nacional, a partir do anos 1970. A virada dada, sobre esse assunto, pelo Partido Socialista repercute, então, nas cenas de Lille e Marselha. O discurso antiestatal fica mais duro, as orientações mudam o foco para o sociocultural. O espaço local, portanto, não está mais impermeável às influências partidárias em matéria de cultura.

Pode-se, então, fazer uma distinção entre as gestões da cultura em função da filiação política? De fato, a questão não pode ser evitada. Pode-se tentar respondê-la passando em revista três critérios e, inicialmente, o do poder do prefeito. No final desse histórico, emergiram alguns grandes perfis. O chabanismo, mistura de *fait du prince* e de liberalismo, tem a particularidade de ter se revelado gastador. O pradelismo é visto muitas vezes como "autocrático", "personalista".[1] Para a posteridade, a política cultural de Louis Pradel ficará como a de um construtor. Ela não deixou de provocar atritos com o ministério e com os meios culturais. Gaston Defferre, assim como seu equivalente de Bordeaux, Jacques Chaban-Delmas, gosta de estar perto dos operadores culturais. Suas esposas improvisam-se como conselheiras culturais, o que não é sinal de uma democracia local bem-sucedida. Pierre Pflimlin, liberal em relação à criação artística, deixa maior margem para seus assessores, mas, no final, impõe suas opiniões. O papel dos assessores se revela em Toulouse, onde atritos também são possíveis, sob Pierre Baudis, entre prefeitura e meios culturais. Essa diversidade de gêneros deixa um lugar para os temperamentos, mas o poder dos prefeitos sobre a cultura é, em toda a parte, forte e personalizado. Um acordo, enquanto isso, começa cedo em Lille com o socialista Augustin Laurent. Ele avança em Lyon depois da saída de Louis Pradel, com Francisque Collomb, de centro-direita, a partir de 1977, e globalmente, ao longo de décadas, o sistema evolui em todas as metrópoles na direção de mais democracia. Os assessores ganham margem de manobra, as comissões de assuntos culturais funcionam, os serviços públicos de cultura estão ativos em Lille e Marselha, em contato com os meios das associações. Esses serviços públicos são um elemento próprio às metrópoles mantidas pelos socialistas a partir dos anos 1970.

Em segundo lugar, o critério da democratização cultural é politicamente diferencial? As mudanças de rumo a favor dos bairros periféricos podem ser sentidas na maioria das metrópoles. Precoces quanto à leitura em Bordeaux, cidade de direita, muito mais que em Marselha, cidade de esquerda. Em compensação, no que se refere à animação, Bordeaux não desenvolverá uma política tão atuante quanto Marselha ou Lille. Duas cidades de direita, Lyon e Bordeaux, em meados dos anos 1970, mostram a mesma lentidão para se envolver com o sociocultural. Estrasburgo, pelo contrário, realiza uma ação precoce nos bairros. O trabalho feito em Maillon, mais tarde na La Laiterie, não tem nada que se compare em Bordeaux. O Maillon foi criado sob Pierre Pflimlin e continuado por seus sucessores; La Laiterie, sob Catherine Trautmann. Sistemas de tarifação preferencial são criados em muitas metrópoles para tentar renovar o público do teatro lírico, visando os jovens, os estudantes ou os empregados de empresas. Mas as

---

[1] Sylvie Biarez, *Le Pouvoir local* (Paris: Economica, 1989).

"cartas culturais" iniciadas pela municipalidade Trautmann e o Atout Voir são uma inovação suplementar para a juventude.

O terceiro critério, o financeiro, não traz um esclarecimento muito mais nítido. No que se refere à repartição funcional das despesas e sua evolução no tempo, todas as cidades sofrem o peso das instituições centrais, e a animação é relegada a taxas bem baixas. Já foi visto que as cidades-sede em seu conjunto não são as que mais gastam em animação. Algumas vezes, a abordagem por setor assinala semelhanças de escolha. A Bordeaux de Alain Juppé, seguindo os passos de uma outra cidade de direita, Lyon, em sua política, dá ênfase ao patrimônio. Mais do que uma questão de opção partidária, o patrimônio é, acima de tudo, questão de imagem e de identidade. As outras cidades também parecem partilhar dessa convicção. Para o financiamento das instituições mais onerosas, a procura de soluções junto a outras coletividades locais é praticada bem cedo, tanto em Estrasburgo quanto em Lille. Ela não depende de uma coloração política especial. O tamanho da cidade é a razão para isso em Lille.

In fine, o interesse pelo sociocultural e a rede associativa talvez pareçam o mais nítido marcador da filiação. A gestão política da cultura, entretanto, escapa a uma leitura simples, e, de década em década, essas políticas chegam até a apresentar mais semelhanças do que diferenças, essencialmente por causa de restrições idênticas: herança de instituições custosas e despesas de centralidade, extensão urbana e disparidades socioeconômicas, concorrência aumentada entre os territórios depois da descentralização administrativa e a abertura europeia, procura de difusão da influência no exterior. A entrada nos anos 1980 acentuou, entre elas, uma espécie de "rivalidade mimética", para retomar uma expressão cara ao filósofo René Girard. Se certas metrópoles se destacam pela invenção de métodos ou práticas, elas logo são copiadas pelas outras.

Afinal, terão elas adquirido o status de eurocidades culturais, já que é essa sua ambição a partir dos anos 1980? Em meio século elas conseguiram concentrar muitos trunfos que alimentaram suas pretensões, mas elas continuam sendo eurocidades incompletas e apresentam disparidades.

Elas construíram uma oferta cultural diversificada e de qualidade, capaz de oferecer toda uma gama de serviços. Todas preencheram suas lacunas, recuperaram seus atrasos (Bordeaux no teatro, Toulouse na arte contemporânea). A organização cultural do território foi colocada em prática e os resultados são tangíveis. A paisagem urbana traz a marca das reviravoltas realizadas. Os centros da cidade dessas metrópoles estão à altura das apostas na abertura europeia, se não mundial, pelo casamento sábio feito entre passado e modernidade. É o culminar de uns cinquenta anos de política cultural. O passado é reativado pela política patrimonial e pela modernidade, pela política a favor da arte viva, seja a arte contemporânea nos museus, as esculturas nas praças públicas, a arquitetura contemporânea aliada à do passado, o apoio à dança contemporânea, às culturas urbanas em seu conjunto. As metrópoles são esse ponto de encontro entre tradição e modernidade que traz os turistas, e elas esperam atrair capitais e atividades. Essa liga também tem a vantagem, nas sociedades à procura de referências, de produzir identidade. O que Italo Calvino escreve em *As cidades invisíveis* teria se tornado consciente na mente dos legisladores, na medida da rápida expansão das políticas culturais?

> [...] a cidade diz tudo aquilo que você deve pensar, ela faz com que você repita seu próprio discurso, e, enquanto você pensa estar visitando Tamara, você não faz mais do que gravar os nomes pelos quais ela se define, a si mesma e a todas as suas partes.[2]

A identidade desses territórios, evocada desde o começo deste estudo, teria se tornado, assim, uma identidade consciente, construída?

Seja como for, essa brilhante fachada resulta de um progresso certo para mais racionalidade e legitimidade. As políticas culturais, de fato, ultrapassaram o estágio de improvisação desordenada, da acumulação. Seu funcionamento administrativo ficou homogêneo, profissional. A função de assessor para a cultura não é mais considerada uma função de segunda ordem, sinal de que as apostas que envolvem esse campo de intervenção pública estão bem valorizados. Cada vez mais as municipalidades apelam a especialistas que as aconselhem em suas escolhas. Entretanto, elas têm de enfrentar problemas lancinantes e especialmente a ambiguidade orçamentária de uma política que visa o prestígio, enquanto nos bairros problemáticos é urgente a democratização cultural. No futuro, haverá escolhas a serem feitas. Essa questão, aliás, está ligada a uma metropolização que permanece incompleta. No final do século, as políticas culturais intercomunais estão no estado de simples esboço, sua concretização poderia dar mais coerência à política cultural. Quanto ao governo local da cultura, essas metrópoles apresentam-se, portanto, manifestamente inacabadas. Da mesma forma, o século se encerra com uma descentralização cultural inconclusa que pede esclarecimentos. É certo que as metrópoles se beneficiaram com o recuo

[2] Italo Calvino, *Les Villes invisibles* (Paris: Seuil, 1974).

do Estado jacobino, mas elas também são capitais inacabadas porque a pujança de Paris continua a ultrapassá-las.

Elas não têm, enfim, o mesmo potencial. De fato, parece que os determinismos socioeconômicos são decisivos. Lyon e Estrasburgo têm um corpo de vantagem, aquela pela categoria econômica de sua aglomeração e esta por sua especificidade de capital europeia. Sua oferta cultural é mais abundante do que nas outras cidades, inclusive em matéria de criação contemporânea, e os órgãos de difusão de sua influência erguem-se a um nível mais elevado de reconhecimento. Apesar de um terreno cultural inovador, Marselha tem mais dificuldades em encarar o desafio, o nível de suas despesas fala por si. Bordeaux, pelo contrário, que gastou muito, não pretende mais seguir esse ritmo, arriscando paralisar as iniciativas. Toulouse modernizou-se com atraso e Lille teve sucesso em sua transformação ao se voltar para outros escalões territoriais.

Se a influência desejada não tem a mesma intensidade em cada uma das seis cidades, a cultura, entretanto, é, para todas, uma ferramenta útil de promoção e de identidade. Ela contribui para corrigir a imagem algumas vezes negativa, para tecer um vínculo social, para aumentar a fama internacional. Essas são algumas das descobertas fundamentais feitas, no campo das políticas culturais, pelas metrópoles regionais francesas há meio século. Tendo chegado à idade da consciência, elas ainda têm muito a inventar.

POSFÁCIO

Xavier Greffe

TRÊS INFLEXÕES NO SÉCULO XXI

Será que se pode dizer que, no final do período estudado por Françoise Taliano-des Garets, as grandes tendências que ela fez emergir foram continuadas ou modificadas? Em primeiro lugar, é preciso destacar que essas tendências foram evidenciadas no final de um trabalho detalhado de análise de seis grandes cidades, o que portanto leva a ver, nessas mesmas tendências, uma imagem mediana da situação que não exclui diferenças e adaptações diversas. Destaque-se também que, no contexto histórico analisado, manifestaram-se duas tendências principais: um crescimento econômico contínuo, principalmente até o começo dos anos 1980; e a descentralização, justamente a partir da década de 1980. Embora exista, nesse momento, um descompasso entre as tendências econômicas e as políticas, a sobreposição de umas às outras levou essas grandes cidades a assumirem uma responsabilidade cultural; ou seja, como ficou demonstrado, levou a uma autonomização de suas políticas culturais em relação àquela, embora muito importante, do Estado central.

As porcentagens das despesas culturais, como os 25% em Bordeaux, são impressionantes, mesmo que esses números muitas vezes sejam ambíguos, pois em geral englobam várias atividades, desde o lazer dos jovens que vão a eventos esportivos, passando pelo puro lazer com atividades culturais, até as casas da juventude e da cultura — estruturas legadas pelo Front populair[1] e cujo objetivo é oferecer lazer para os jovens — e as casas de cultura propriamente ditas, aquelas que Malraux pretendia que fossem novas catedrais, permitindo o acesso das massas às grandes obras da humanidade! Também, e talvez mais ainda do que esses números, o que chama a atenção é a capacidade dessas cidades de assumir, anunciar e exercer responsabilidades culturais. Desse ponto de vista, pode-se dizer

---

[1] Frente popular: designação de uma coalizão de partidos de esquerda, sindicatos e movimentos intelectuais com o objetivo de enfrentar a ascensão do nazismo e do fascismo após a grande depressão de 1919. (N.T.)

que as cidades francesas apresentam o mesmo espetáculo que as outras cidades europeias: uma vontade de assumir escolhas culturais, o que as obras de Bianchini e Parkinson, e Landry, bem demonstraram.[2]

Nos últimos quinze anos, entretanto, as coisas mudaram, e surgiram três inflexões nas políticas dessas grandes cidades, que traduzem uma transformação de suas ações culturais, mesmo que seja cedo demais para falar de rupturas. Umas traduzem, como era de se esperar, a influência da crise financeira de 2007, prolongada pela crise da dívida pública, que se tornou excessiva tanto para o Estado central quanto para as metrópoles urbanas. Outras traduzem opções próprias do campo cultural, quer se trate do movimento que vai da democratização na direção da democracia, quer do lugar cada vez maior dado aos argumentos do desenvolvimento econômico em suas decisões sobre a cultura.

OS EFEITOS QUANTITATIVOS DA CRISE DA DÍVIDA PÚBLICA

O período que se seguiu a esta análise das metrópoles regionais francesas revelou-se cada vez mais atribulado no plano econômico e financeiro. Deve-se considerar, em primeiro lugar, que, até 2007, o crescimento foi fraco na França, levando as coletividades locais a se endividarem, cada vez mais, para mais ou menos manter seus programas, mas não sem ajustes. Assim, pode-se constatar que, desde 2006, assiste-se a uma nítida freada nas despesas culturais, que vinham aumentando de maneira contínua. A única estatística exaustiva disponível[3] sobre as cidades com mais de 10 mil habitantes mostra, com efeito, que a porcentagem média das despesas culturais atinge o teto de 9,10%, quando, em 1999, estava perto de 10%. A cifra global de 4 bilhões de euros das despesas das cidades com mais de 10 mil habitantes continua significativa (sendo o orçamento do Estado central da ordem de 7 bilhões de euros), mas a fraca progressão traduz, na realidade, uma estagnação em termos reais, considerada a inflação. Esse esforço é, então, caracterizado por dois traços: o aumento do poder da intercomunalidade cultural, ao mesmo tempo quantitativo (os grupos ativos no campo cultural são mais numerosos) e qualitativo (os grupos intensificam suas intervenções culturais); e a importância, para o ano de

---

[2] P. Bianchini e M. Parkinson, *Cultural Policy and Urban Generation: The West European Experience* (Manchester: Manchester University Press, 1993); C. Landry, *The Creative City. A Toolkit for Urban Innovators* (Londres: Earthscan, 2000).

[3] *Les Dépenses culturelles des collectivités locales en 2006* (MCC/ DEPS, 2009).

2006 (as eleições presidenciais e legislativas acontecem em 2007), das despesas com investimentos ligadas ao ciclo eleitoral, segundo algumas pessoas, mas principalmente pelo fato de que, desligando-se o Estado de muitos projetos, principalmente em matéria de conservação do patrimônio, as comunas passam a compensar parcialmente essa redução.

Três anos depois que a crise financeira levou a um forte endividamento do Estado central e a encargos elevados para as cidades, a porcentagem se firma em 8,01%, ou seja, continua em baixa.[4]

Despesas culturais de cidades com mais de 10 mil habitantes

	1	2	3	4	5
Cultura	2.460	584	3.044	8,1%	147
Serviço comum	*200*	*32*	*232*	*0,6%*	*11*
Espetáculos	*920*	*157*	*1 076*	*2,9%*	*52*
Música	492	47	540	1,4%	26
Artes visuais	115	13	128	0,3%	6
Teatro	235	54	289	0,8%	14
Cinema	75	42	118	0,3%	6
Patrimônio	*869*	*280*	*1.149*	*3,1%*	*56*
Bibliotecas	463	63	527	1,4%	26
Museus	321	96	417	1,1%	20
Arquivos	39	15	53	0,1%	3
Manutenção	45	106	152	0,4%	7
Ação cultural	*455*	*112*	*567*	*1,5%*	*27*

Fonte: Contas administrativas (Insee, 2009).
(1) Funcionamento
(2) Investimento
(3) Total: Funcionamento + Investimento
(4) Porcentagem do orçamento das cidades
(5) Despesa cultural por habitante

A estrutura não se modifica em nada, a não ser por uma diminuição das despesas em determinados tópicos, especialmente na manutenção do patrimônio; a competência dominante e reconhecida, aqui, é a do Estado central, não querendo as comunas pagar por ele. Inversamente, as despesas são sustentadas no campo do espetáculo ao vivo e, em especial, da música.

[4] Ibid.

Mas constata-se depois que as comunas tendem a decidir em favor dos orçamentos sociais e em detrimento dos orçamentos culturais. Isso significa que, depois de uma tendência a frear, a tendência é, hoje, de baixa. A partir de então, a cultura é vivida como um bem superior e não mais, necessariamente, como uma obrigação cidadã. Por bem superior, entenda--se um bem que se consome mais quando o nível de renda da pessoa aumenta e que se consome menos quando o nível de renda diminui. As comunas se comportariam, então, como as pessoas, e decidiriam a favor da habitação ou da saúde quando se perfilam as crises. Essa pressão, entenda--se bem, é em geral mais fraca para as metrópoles do que para as outras cidades, pois elas dispõem geralmente de um potencial fiscal maior. Mas ela também pesa sobre essas metrópoles por causa de um endividamento até aqui pouco controlado pelo governo central. Pode-se constatar, aliás, que, quando essas metrópoles assumem suas despesas, é em relação a eventos excepcionais (Marselha capital europeia da cultura em 2013) ou porque elas os ligam de modo mais sistemático a temáticas de crescimento econômico (o bairro da criatividade em Nantes).

Da democratização à democracia cultural

Uma segunda tendência consolidou-se depois do começo dos anos 1980, a de uma derivação da democratização para a democracia cultural. Detenhamo-nos por um momento no sentido que têm essas duas expressões no contexto francês. No decreto de 1959 que criou o Ministério da Cultura, a democratização tem por objetivo iniciar um público não informado no conhecimento das obras-primas da Humanidade através da revelação paciente e da contemplação culta. Trata-se de difundir uma cultura que "não era popular, em si, mas reconhecida como superior conforme critérios clássicos e aristocráticos".[5] Em seu discurso de 19 de março de 1966, quando da inauguração da casa de cultura de Amiens, André Malraux esclarece o que ele entendia como democratização com base em uma distinção entre o ensino e a difusão da arte:

> A universidade está aqui para ensinar. Nós estamos aqui para ensinar a amar. Não é verdade que uma pessoa qualquer tenha compreendido a música porque alguém lhe explicou a *Nona Sinfonia*. Ou que alguém tenha passado a gostar de poesia porque alguém lhe explicou Victor Hugo [...] Cada

[5] Debate HEC-ENS: *Quelle Politique culturelle pour la France?*, 26 abr. 2006, p. 39.

vez que se substituir essa revelação por uma explicação, estar-se-á fazendo algo de perfeitamente útil, mas estar-se-á criando um mal-entendido essencial [...] Assim, a universidade [...] explica o que é a história. Mas, antes de mais nada, é preciso que exista amor, pois, afinal, em todas as suas formas o amor não nasce das explicações.

Assim, fica bem claro que a transmissão cultural transcende os determinismos sociais ao proceder de uma revelação, mas o resultado é que, se o acesso à cultura se amplia em profundidade, frequentemente é em proveito das mesmas categorias. Além disso, esse acesso nem sempre leva às transformações desejadas. Nessas condições, a carta compromisso de 2007 do novo ministro da Cultura poderia denunciar o fracasso do objetivo da democratização cultural; mas ela não propunha, de modo algum, uma renovação, mas, sim, experimentar a gratuidade nos museus nacionais.

À democratização cultural, opõe-se, então, o objetivo da democracia cultural.[6] Esse conceito de democracia cultural visa, ao mesmo tempo, fazer com que os diferentes grupos da população compartilhem o enriquecimento oferecido pela cultura de uma elite supostamente culta, bem como promover a participação de todos enquanto agentes e participantes críticos na elaboração de uma cultura. Como se pode ler na Declaração final do projeto Culture et Régions do Conselho da Europa (Florença, 1987): "Trata-se de oferecer a todos o desenvolvimento e o pleno exercício de sua capacidade de criação, de expressão e de comunicação, tendo em vista dar uma qualidade cultural a todos os aspectos da vida em sociedade". Não se trata mais de permitir, ao maior número possível, o acesso ao modelo dominante da cultura, mas de se tornar um agente completo de uma cultura em construção. Nesse sentido, a cultura não é apenas um campo que convém democratizar, ela se tornou uma democracia a pôr em funcionamento.

Esse movimento, então, é justificado tanto em nível nacional quanto local. No nível nacional, trata-se de evitar os efeitos perversos de um "elitismo republicano", que contrasta cada vez mais com a mudança da mentalidade sob o efeito da rápida expansão do lazer e do consumo. Além disso, falta tempo para participar da democratização cultural, e procura-se ter uma atitude ativa, como no lazer, podendo escolher, como e quando se consome. Assim, entre 2000 e 2010, vê-se surgir, em vários países europeus, uma política de democracia cultural que encontra sua tradução concreta na análise dos modos de financiamento da cultura, indo do centro para a

---

[6] X. Greffe e S. Pflieger, *La Politique culturelle en France* (Paris: La Documentaion Française, 2010).

periferia, nos moldes da democratização. Na França, as Dracs ocupam o lugar do Ministério da Cultura nas regiões, o que facilita o financiamento de ações independentes que partem da sociedade civil.

Na verdade, esse movimento é assumido pelas cidades, e isso por duas razões. A primeira deve-se ao fato de que o objetivo da democracia cultural é mais preciso e mais complexo do que o da democratização cultural, o que significa, portanto, que só pode ser abordado, numa sintonia fina, a partir de uma análise do terreno e perto dos agentes que devem ser mobilizados. A segunda é que os contribuintes em geral estão atentos às repercussões de seu esforço fiscal, repercussões de que eles pretendem se beneficiar direta ou indiretamente.

As cidades, portanto, são estimuladas a multiplicar seus lugares de participação, por exemplo, seus centros de arte, onde os artistas residem e podem dialogar todo dia com a população; ou, ainda, as midiatecas, onde disponibilizar meios de gravação a quem as frequenta permite a produção e a discussão de textos audiovisuais. A reabilitação das *friches*, edifícios arruinados e abandonados, constitui, incontestavelmente, a ponta de lança dessas experiências de democracia cultural. Quer se trate de TNT-Manufacture de Chaussures de Bordeaux, de Fructôse no porto de Dunquerque, de Main d'Oeuvre na periferia norte de Paris, em Saint Ouen, da Fabrique Théâtrale em Loos-en-Gohelle, perto de Lille, de Antre-Peaux em Bourges, de Passages em Troyes e, evidentemente, a *friche* de Belle-de-Mai em Marselha, todas elas se apresentam como novos territórios de arte, cada vez mais organizados em torno de dois temas: o projeto artístico é, no mínimo, tão importante quanto a memória do lugar convertido; a participação da população local na produção artística é indispensável.

Por mais louváveis e inovadores que sejam esses objetivos, eles estão longe de ter sucesso, dando provas, sem dúvida, do divórcio que pode existir entre artistas e comunidades locais muitas vezes desfavorecidas. Entre as principais dificuldades, duas merecem destaque. O encontro muitas vezes almejado entre atividades artísticas e uma população participante, com o tempo, frequentemente revela-se infrutífero, e alguns desses locais acabam limitando-se a artistas que, ali, encontram uma residência cada vez mais desligada de seu contexto; é hoje o caso de uma das mais célebres *friches* da França, a 104, em Paris. Criada como um lugar de democracia cultural em um bairro desfavorecido, ela se tornou uma ilhota de consumo para consumidores de arte abastados e de residência para artistas que, aos poucos, foram se isolando. Uma segunda dificuldade é de ordem diferente: criadas para compensar a falta de oferta cultural dos grandes equipamentos públicos, geralmente situados no centro de grandes aglomerações, esses locais se transformam em contrapoder cultural, contra o Estado e, muitas vezes, até mesmo contra as municipalidades que ajudaram em sua criação! Esses novos territórios da cultura devem ser considerados, antes de mais nada, como uma vontade por parte das municipalidades de dar mais realidade à cultura, e não de conduzi-la a uma pura e simples possibilidade de acesso ao consumo cultural.

Em compensação, existe uma ação que foi desenvolvida e intensificada, a da leitura. Se o ministério define as grandes diretrizes nacionais, as comunas continuam sendo as responsáveis imediatas pelas bibliotecas municipais ou intercomunais, e muitas vezes têm assumido dívidas pesadas, depois dos anos 1980, para renovar e ampliar a rede de bibliotecas ou midiatecas. Hoje pode-se contar com cerca de 3 mil bibliotecas municipais (contra um milhar no começo dos anos 1980 e 2 mil no final de 1999), incluindo as pequenas comunas (70% em comunas com menos de mil habitantes), o que representa cerca de uma centena de milhões de documentos em todos os suportes para uma população de cerca de 6 milhões de inscritos e leitores que emprestam livros; 17,4% da população servida está incrita. Além disso, a partir de 2003, as municipalidades se beneficiam de um programa de desenvolvimento de midiatecas de vizinhança, tendo por objetivo distribuir melhor os equipamentos culturais da leitura no território, no meio rural e na periferia das grandes cidades. Concebida como um "espaço de sociabilidade e instrumento de luta contra a ruptura cultural e digital, a biblioteca desenvolve um trabalho com múltiplos parceiros, favorecendo ações para a infância, os públicos escolares, associações e instituições, graças às coleções e aos espaços adaptados". As cidades que se comprometem com esse programa e arcam com sua parte podem receber um apoio do Estado central. Mais de trezentas midiatecas de vizinhança abriram suas portas entre 2003 e 2006, as prioridades sendo, hoje, as periferias das metrópoles.

Uma ligação reforçada entre cultura e economia

Uma característica também geral das municipalidades, mas reforçada no caso das metrópoles, diz respeito à ligação cada vez mais forte entre cultura e economia. Se os temas da democratização e da democracia cultural são utilizados em comum para justificar a ação cultural das cidades, o da contribuição da cultura para o desenvolvimento econômico torna-se cada vez mais significativo.[7]

Vejamos alguns exemplos. Em 2007, é criado em Bordeaux um polo de cultura qualificado de Casa da Economia Criativa e da Cultura de Aquitânia, sua execução devendo terminar em 2015. Ele reúne, no antigo local dos matadouros, o Fundo Regional de Arte Contemporânea, uma agência de empresas culturais (Agence Écrit, Cinéma, Livre, Audiovisuel — Ecla), e o investimento é de 52 milhões de euros.

A partir de 1997, mas em constante aceleração depois, Nantes fez da cultura a alavanca de seu desenvolvimento, facilitando a criação de pequenas empresas criativas, especialmente no campo do design. Para isso, de um lado, continua multiplicando os eventos, política inaugurada nos anos 1980, e a isso ela acrescentou um plano muito grande de proteção de seu patrimônio cultural e de conversão de antigas fábricas em um bairro da criatividade (a ilha de Nantes).

Lyon apresenta um contexto diferente, pois essa grande metrópole no centro de uma região de 5 milhões de habitantes multiplica, faz tempo — ao menos desde a invenção do cinema pelos irmãos Lumière —, projetos puramente culturais e projetos econômicos de dimensão cultural. Mas ela deu uma cara nova a esse desenvolvimento ao falar oficialmente, no começo de 2013, de uma realidade aumentada; esse potencial vindo da conjunção ainda muito negligenciada entre as atividades culturais, de um lado, e a economia social e solidária, do outro lado. Os poderes públicos pretendem reforçar essas ligações, o que mostra que se está bem longe das teses de Richard Florida sobre a classe criativa, ao mesmo tempo que os resultados são notáveis em termos de criação de empresas e de empregos.

Estrasburgo se aproxima de Lyon ao pretender semear toda a cidade de atividades culturais e criativas sem concentrá-las especificamente em um local ou bairro. Beneficiando-se de um patrimônio importante, o de sede da cadeia de televisão franco-alemã Arte, ela é levada logicamente ao desenvolvimento econômico pelo audiovisual. Entre 2003 e 2009, o número de empregos culturais aumentou 30%, o que aliás contribui para reforçar o potencial de competências reunidas, pois os titulares desses empregos são, em geral, mais qualificados do que a média. O apoio da municipalidade é considerável, já que, ao contrário da tendência geral, a parcela de seus

---

[7] W. Santagata, "Cultural Districts, Property Rights and Sustainable Economic Growth". *International Journal of Urban and Regional Research*, v. 5, pp. 25-42, 2002; A.J. Scott, "Creative Cities: Conceptual Issues and Policy Questions", *Journal of Urban Affairs*, v. 28, n. 1, pp. 1-17, 2006.

orçamentos dedicada à cultura aumenta: 34% para o funcionamento (77 milhões de euros), 13% para o investimento (20 milhões).

Em 2003, quando foi nomeada capital europeia da cultura, Lille tinha feito grandes investimentos, especialmente a reforma de certo número de locais industriais onde deveriam depois instalar-se, de modo permanente, atividades culturais e indústrias culturais, as famosas "casas-loucuras". Depois, a cidade também produziu eventos muito grandes, seja no campo das artes plásticas, seja no campo do espetáculo ao vivo. É o caso, em 2013, de Lille Fantastic, manifestação que se estende por três meses (34 exposições, 35 espetáculos, vinte metamorfoses urbanas, sete pop-up ou mistura de música e exposições de artes plásticas ao ar livre). O orçamento é muito significativo, pois chega a 12 milhões de euros, ou seja, 8% do orçamento cultural da cidade. É bem verdade que, na mesma época, o novo estádio de futebol custou 324 milhões de euros. Da mesma forma, e isso é muito raro, viu-se uma forte oposição se manifestando e a ligação cultura-economia levada a um ponto de vista bem menos feliz, em que as despesas culturais são consideradas como fontes de desperdício! Desse modo, a prefeita de Lille é criticada, e talvez isso mostre que existem de fato limites a esse discurso euforizante, ainda mais que ultrapassar os custos parece ser inato ao campo dos eventos culturais.

Montpellier se aproximaria mais de Lille. O discurso sobre a contribuição da cultura para a economia apoia-se aqui na criação de equipamentos festivos, como uma sala de espetáculos para 14 mil pessoas, a Arena; isso quando já existe uma sala para 6 mil pessoas (o Zénith), financiada pelo Estado dentro de um programa nacional. Na verdade, o equipamento pode passar de sala de concerto para sala multiesportiva, o que permite, então, receber 10 mil espectadores, ou, ainda, para salão de exposições, o que permite oferecer 12.000 m². O essencial do financiamento é feito pelos bancos, que dão empréstimos avalizados pela cidade. Mas, diante desse caso, pode-se perguntar se se está falando de arte, de cultura ou de lazer, com a economia podendo, evidentemente, absorver tudo, mas sem que os efeitos duráveis na população sejam necessariamente os mesmos.

Três temas são evocados por essas metrópoles, em proporções variáveis, conforme o caso: o papel dos equipamentos enquanto fator de melhoria do modo de vida e da atratividade das empresas;[8] o papel das indústrias de criação na geração de empregos; e o papel da cultura para tornar as pessoas mais criativas. Mas deve-se observar, de imediato, uma

---

[8] Ch. Ost, *The Economics of Cultural City* (The Getty Foundation, 2008).

especificidade francesa: o tema da cidade criativa[9] não encontra seu lugar, e são muito raras as cidades que fazem alusão a isso, e por um motivo quase filosófico no caso da França: conforme uma opinião geral e bem difundida, mesmo sendo um pouco ilusória, a cultura não deve estar sujeita a interesses econômicos, nem mesmo ser abordada através desse prisma, ainda que ela também dê uma contribuição econômica.

Quanto ao primeiro argumento, ele é aceito no que se refere à qualidade de vida, e as cidades demonstraram, efetivamente, que a presença de uma vida cultural rica e acessível estende seus efeitos bem além daqueles que se beneficiam dela em primeiro lugar. Quanto à atratividade das empresas, as coisas estão longe de serem tão simples, e a maioria dos barômetros de atratividade disponíveis mostra, de fato, que a cultura funciona nas margens, em todo caso, bem menos que as redes de comunicação e as qualificações sobre o mercado local de trabalho.

Quanto ao segundo argumento, constata-se, com efeito, que a maioria das cidades se esforça para pôr em sua agenda medidas de incentivo para as indústrias de criação. Mas as fronteiras dessas indústrias são muito amplas, pois se trata de atividades de design "em geral" e de atividades ligadas às novas tecnologias "em geral". A dimensão desses conceitos é evidentemente grande demais e faz com que, nesse momento, tudo caiba dentro deles. Em relação às cidades mencionadas acima, pode-se destacar, acima de tudo, Estrasburgo, que realmente faz do audiovisual um elemento essencial, porém mais com base em uma herança política do que qualquer outra coisa.

O último argumento é, sem dúvida, o mais complexo. Seu fundamento reside na capacidade que as atividades culturais terão para levar os habitantes, comunidades e organizações de um território a se inscreverem nas lógicas de construção de projetos. Que esses projetos sejam do tipo organizacional (a cidade é organizada de maneira criativa) ou do tipo substancial (novas atividades de bens e serviços são desenvolvidas), isso, aqui, é secundário. A aposta fundamental da política cultural é fazer daqueles que vivem em um território os agentes de seu desenvolvimento, antes mesmo de atrair turistas, a chamada classe criativa e novas empresas. Sem omitir esse objetivo, ele não é mais considerado em segundo lugar. Como as atividades artísticas e culturais levam a isso? *A priori*, ao apresentar empreendimentos criativos e permitir o aprendizado. Jamais faltaram análises para enfatizar que as atividades artísticas deram provas, justamente,

---

[9] R. Florida, *Cities and the Creative Class* (Nova York: Routledge, 2005).

de procura da criatividade, na mesma medida que elas exprimem um caminhar na criação *a priori* isento de pressões externas. O fato de ver como as criações intervêm a partir da valorização de uma "ideia" e da maneira de lhe dar um alcance simbólico e semiótico pode servir como escola de criatividade. Trata-se de tornar permeáveis os valores e os comportamentos ao próprio princípio das mudanças.

Pode-se ir ainda mais longe. Quando se fala de sociedade criativa, e a menos que se penda para as versões cor-de-rosa relativas à tal classe criativa, está se falando de sociedades que deparam com desvios e bloqueios, e onde a falta de pontos de referência, bem como de confiança, são tão importantes ou mais do que a falta de recursos materiais e financeiros. Portanto, não se trata apenas de oferecer uma visão das atividades artísticas, mas de inserir os agentes, nessa ocasião, nas lógicas de aprendizado da criatividade. A referência ao museu permite, aqui, que se renove a do teatro, cujo efeito de catarse já foi assinalado muitas vezes. Achar que, pelo fato de levar grupos oriundos de horizontes diferentes a visitar museus, está se criando um vínculo social, nos parece apenas petição de princípio, *whishful thinking*. Mas organizar a visita a museus para que todos possam vislumbrar ou interiorizar os empreendimentos criativos nos parece enriquecer as perspectivas do debate social. Pode-se também expressar esse desvio evocando a distância entre arte e cultura: o que está em questão não é a "visita" às artes, mas a "apropriação de ações artísticas", com a arte, então, transformando-se em cultura.[10]

---

[10] X. Greffe, *Artistes et marchés* (Paris: La Documentaion Française, 2007). [Edição brasileira: *Arte e mercado*. São Paulo: Iluminuras/ Itaú Cultural, 2013.]

LISTA DAS ABREVIAÇÕES

Acal — Association des Critiques d'Art Lyonnais (Associação dos Críticos de Arte de Lyon)

ARC — Animation, Recherche, Confrontation (Animação, Pesquisa, Confrontação)

CAC — Centre des Archives Contemporaines de Fontainebleau (Centro dos Arquivos Contemporâneos de Fontainebleau)

CAPC — Centre d'Arts Plastiques Contemporain (Centro de Artes Plásticas Contemporâneas)

CDA — Compagnie Dramatique d'Aquitaine (Companhia Dramática da Aquitânia)

CDE — Centre Dramatique de l'Est (Centro Dramático do Leste)

CDN — Centre Dramatique National (Centro Dramático Nacional)

CNAP — Centre National des Arts Plastiques (Centro Nacional de Artes Plásticas)

CNC — Centre National du Cinéma (Centro Nacional do Cinema)

CNL — Centre National des Lettres (Centro Nacional de Letras)

CNR — Conservatoire National de Région (Conservatório Nacional de Região)

Corephae — Comission Réglementaire pour le Patrimoine Archéologique et Ethnologique (Comissão de Regulamentação para o Patrimônio Arqueológico e Etnológico)

CRL — Centre Régional des Lettres (Centro Regional de Letras)

DAP — Délegation aux Arts Plastiques (Delegação de Artes Plásticas)

DEP — Département des Études et de la Prospective (Departamento de Estudos e Prospectiva)

DMALD — Direction de la Musique, de l'Art Lyrique et de la Danse (Direção da Música, da Arte Lírica e da Dança)

DMF — Direction des Musées de France (Direção dos Museus da França)

DNBA — Diplôme national National des Beaux-Arts (Diploma Nacional de Belas-Artes)

Drac — Direction Régionale des Affaires Culturelles (Direção Regional de Assuntos Culturais)

DTMAC — Direction du Théâtre, de la Musique et de l'Action Culturelle (Direção do Teatro, da Música e da Ação Cultural)

Elac — Espace Lyonnais d'Art Contemporain (Espaço Lionês de Arte Contemporânea)

EPR — Établissement Public Régional (Estabelecimento Público Regional)

Fiacre — Fonds d'Incitation à la Création (Fundo de Incentivo à Criação)

Fiat — Fonds Interministériel d'Aménagement du Territoire (Fundo Interministerial de Reorganização do Território)

Fema — Fonds d'Encouragement aux Métiers d'Art (Fundo de Estímulo aos Ofícios de Arte)

FIC — Fonds d'Intervention Culturelle (Fundo de Intervenção Cultural)

Frac — Fonds Régional d'Art Contemporain (Fundo Regional de Arte Contemporânea)

Onda — Office National de Diffusion Artistique (Agência Nacional de Difusão Artística)

RTLMF — Réunion des Théâtres Lyriques Municipaux de France (Associação dos Teatros Líricos da França)

SER — Service des Études et Recherches Statistiques (Serviço de Estudos e Pesquisas)

TJP — Théâtre Jeune Public (Teatro Jovem Público)

TNP — Théâtre National Populaire (Teatro Nacional Popular)

TNS — Théâtre National de Strasbourg (Teatro Nacional de Estrasburgo)

TPF — Théatre Populaire des Flandres (Teatro Popular de Flandres)

TQM — Théatre Quotidien de Marseille (Teatro Quotidiano de Marselha)

LISTA DAS TABELAS

1. População das seis metrópoles de 1946 a 1999, p. 22.
2. Cronologia dos prefeitos de 1945 a 2001, p. 29.
3. Subvenções do Estado ao CDN, p. 83.
4. Subvenções do Estado aos teatros líricos em 1960, p. 85.
5. Despesas culturais em porcentagem do orçamento em 1978 e 1981, p. 101.
6. Despesas culturais em franco por habitante em 1978, p. 102.
7. Despesas culturais em franco por habitante em 1981, p. 103.
8. Despesas culturais de capital em franco por habitante em 1978 e 1981, p. 103
9. Despesas culturais correntes em franco por habitante em 1978 e 1981, p. 104
10. Verbas previstas pela carta cultural de 12 de junho de 1975 para os museus de Estrasburgo, p. 114
11. Recapitulação do financiamento da carta de Bordeaux, p. 144
12. Situação das orquestras permanentes subvencionadas em janeiro de 1981, p. 150.
13. Situação financeira das orquestras sinfônicas em 1980 e 1981, p. 152.
14. Tabela comparativa das condições de funcionamento das óperas em 1979, p. 154
15. Subvenções do Estado às trupes da descentralização em 1972 e 1978, p. 158
16. Despesas culturais em porcentagem do orçamento municipal, p. 166
17. Despesas culturais em franco por habitante, p. 166
18. Despesas culturais correntes e de bens de capital em franco por habitante, p. 167.
19. O financiamento do Festival Musica em 1987, p. 176.
20. Verbas do Ministério da Cultura para as regiões, em franco por habitante, em 1982, p. 182.
21. Subvenções da Direção da Música aos festivais em 1981 e 1982, p. 206.
22. Despesas culturais totais das seis metrópoles em milhões de francos em 1993, p. 211

BIBLIOGRAFIA

I. POLÍTICAS CULTURAIS

BEAULIEU, Bernard; DARDY, Michèle. *Histoire administrative du ministère de Culture, 1959-2002. Les services de l'administration centrale*. Paris: Comité d'Histoire du Ministère de la Culture, 2002.

BENHAMOU, Françoise. "L'Exception culturelle. Exploration d'une impasse". *Esprit*, pp. 85-114, maio 2004.

CARON, Rémi. *L'État et la culture*. Paris: Economica, 1989.

GENET-DELACROIX, Marie-Claude. *Art et État sous la IIIe République. Le système de Beaux-Arts, 1870-1940*. Paris: Publications de la Sorbonne, 1992.

GIRARD, Augustin; GENTIL, Geneviève (orgs.). *Les Affaires culturelles au temps de Jacques Duhamel, 1971-1973*. Paris: Comité d'Hitoire du Ministère de la Culture/ La Documentation Française, 1995.

_____. *Les Affaires culturelles au temps d'André Malraux, 1959-1969*. Paris: Comité d'Hitoire du Ministère de la Culture/ La Documentation Française, 1996.

GOURMAY, Bernard. *La Politique culturelle de la France. Programme européen d'évaluation*. Paris: La Documentation Française, 1988.

LAURENT, Jeanne. *Arts et pouvoirs de 1793 à 1981. Histoire d'une démission artistique*. Saint-Étienne: Université de Saint-Étienne/ Centre Interdisciplinaire d'Études et de Recherches sur l'Expression Contemporaine, 1983.

LÉONARD, Yves (org.). *Culture et societé*. Paris: La Documentation Française, mar.-abr. 1993. (Cahiers Français, 260)

PERRET, Jacques; SAEZ, Guy. *Institutions et vie culturelle*. Paris: La Documentation Française, 1996.

POIRRIER, Philippe. *Histoire des politiques culturelles de la France contemporaine*. Dijon: Bibliest, 1996.

_____. *L'État et la culture au XXe siècle*. Paris: Le Livre de Poche, 2000.

RIOUX, Jean-Pierre; SIRINELLI, Jean-François (orgs.). *Histoire des politiques et des institutions culturelles en France depuis un demi-siècle* (*des années 1940 à nos jours*). Paris: CNRS IHTP/ Ministère de la Culture, de la Communication, des Grands Travaux et du Bicentenaire, 1990.

SAEZ, Guy. "Modernisations et corporatismes dans la politique culturelle française". In: COLAS, Dominique (org.). *L'État et les corporatismes*. Paris: PUF, 1998, pp. 91-107.

_____. "Vers la fin de l'État culturelle". *Revue Française d'Administration Publique*, n. 65, pp. 63-72, jan.-fev. 1993.

URFALINO, Philippe. *L'Invention de la politique culturelle*. Paris: Comité d'Histoire du Ministère de la Culture, 1996.

WARESQUIEL, Emmanuel de. *Dictionnaire des politiques culturelles de la France depuis 1959*. Paris: Larousse/ CNRS, 2001.

Ensaios sobre as políticas culturais

FUMAROLI, Marc. *L'État culturel. Essai sur une religion moderne*. Paris: Fallois, 1991.

MARTINE, Aubry (org.). *Culture toujours… et plus que jamais!*. Paris: Aube, 2004.

MOLLARD, Claude. *Le Cienquième pouvoir. La culture et l'État de Malraux à Lang*. Paris: Armand Colin, 1999.

SAINT PULGENT, Maryvonne de. *Le Gouvernement de la culture*. Paris: Gallimard, 1999.

II. HISTÓRIA CULTURAL

CHIMÈNES, Myriam. *La Vie musicale sous Vichy*. Bruxelas: Éditions Complexe/ CNRS IHTP, 2001.

GOETSCHEL, Pascale; LOYER, Emmanuelle. *Histoire culturelle de la France au XXᵉ siècle*. Paris: Armand Colin, 1994.

ORY, Pascal. "L'Impératif culturel". In: BECKER, Jean-Jacques. *Crises et alternances, 1974-1995*. Paris: Seuil, 1998.

_____. "Une Culture fin de siècle". In: BECKER, Jean-Jacques. *Crises et alternances, 1974-1995*. Paris: Seuil, 1998.

_____. *L'Entre-du-Mai. Histoire culturelle de la France Mai 1968- Mai 1981*. Paris: Seuil, 1983.

_____. *L'Aventure culturelle française, 1945-1989*. Paris: Flammarion, 1989.

_____. *La belle Illusion. Culture et politique sous le signe du Front populaire, 1935-1938*. Paris: Plon, 1994.

RIOUX, Jean-Pierre (org.). *La Vie culturelle sous Vichy*. Bruxelas: Éditions Complexe/ CNRS IHTP, 1990.

RIOUX, Jean-Pierre; SIRINELLI, Jean-François (orgs.). *Histoire culturelle de la France, 4. Le temps des masses. Le vingtième siècle*. Paris: Seuil, 1998.

SIRINELLI, Jean-François. "Cultures de guerre et d'après-guerre (1940-1958)". In: RÉMOND, René (org.). *Notre Siécle, 1918-1988*. Paris: Fayard, 1988.

_____. "L'Ère culturelle des masses?". In: RÉMOND, René (org.). *Notre Siécle, 1918-1988*. Paris: Fayard, 1988.

III. POLÍTICAS CULTURAIS MUNICIPAIS

BOISSIEU, Jean. "L'Apport culturel d'un quart de siècle (1967-1991)". *Revue Marseille*, n. 162.

BONINO, Jean-Marc. *La Politique culturelle de la ville de Strasbourg*. Estrasburgo: IEP de Strasburg, 1980-1981.

CLOZEL, Stéphanie. *La Polique culturelle de Gaston Defferre à Marseille, 1991-1992*. Paris: Université de Provence, 1992.

COULIN, Catherine. *La Politique culturelle de la Municipalité de Strasbourg*. Estrasburgo: IEP de Strasburg, jun. 1989.

D'ANGELO, Mario; FRIEDBERG, Ehrard; URFALINO, Philippe. *Les Politiques culturelles des villes et leurs administrateurs*. Paris: La Documentation Française, 1989.

D'ANGELO, Mario. *Douze villes et le changement culturel. Analyse des effets de l'action du ministère de la culture au niveau local, 1981-1983*. Cafi-SER/ Ministère de la Culture, 1984.

DUBOIS, Vincent; POIRRIER, Philippe (orgs.). *Politiques locales et enjeux culturels. Les clochers d'une querelle XIX*ᵉ*-XX*ᵉ *siècles*. Paris: Comité d'Histoire du Ministère de la Culture/ Fondation Maison des Sciences de l'Homme, 1998.

DUBOIS, Vincent. *Institutions et politiques culturelles locales: éléments pour une recherche socio--historique*. Paris: Comité d'Histoire du Ministère de la Culture, 1996.

ENQUÊTE SUR LA POLITIQUE CULTURELLE DE SEPT VILLES. Rapport principal, SER, jul.-ago. 1967.

FAURE, Alain; NÉGRIER, Emmanuel. *La Politique culturelle des agglomérations*. Paris: La Documentation Française, 2001.

FRIEDBERG, Ehrard; URFALINO, Philippe. *Le Jeu du catalogue*. Paris: La Documentation Française, 1984.

LATARJET, Bernard. *L'Aménagement culturel du territoire*. Paris: La Documentation Française, 1992.

LUCCHINI, Françoise. *La Culture au service des villes*. Paris: Anthropos, 2002.

MACLOUF, Malika. *De Bologne à Strasbourg: deux stratégies culturelles pour deux villes européennes*. Estrasburgo: IEP de Strasbourg, 1999.

MOUGIN, Gaëlle. *Conduite et gestion des politiques culturelles municipales depuis le ministère Lang et la Décentralisation (1981-1993)*. Estrasburgo: IEP de Strasbourg, 1995.

MOULINIER, Pierre. *Politique culturelle et Décentralisation*. Paris: CNFPT, 1995.

PALARD, Jacques. "Culture et intercommunalité". *L'Observatoire des Politiques Culturelles*, n. 12, pp. 7-11, outono 1996.

POIRRIER, Philippe. "Les Territoires des affaires culturelles. Le développement du partenariat entre l'État et les villes (1959-1999)". *Revue Historiques*, Paris, PUF, pp. 859-80, dez.-out. 1999.

_____. "Les Politiques culturelles municipales des années soixante à nos jours. Essai de périodisation". *Bulletin des Bibliothèques de France*, v. 39, n. 5, pp. 8-15, 1994.

_____. "L'Histoire des politiques culturelles des villes". *Vingtième Siècle. Revue d'Histoire*, pp. 126-46, jan.-mar. 1997.

_____ (org.). *La Naissance des politiques culturelles et les rencontres d'Avignon*. Paris: Ministère de la Culture et de la Communication/ Comité d'Histoire, 1997.

POIRRIER, Philippe; RAB, Sylvie; RENEAU, Serge; VADELORGE, Loïc (orgs.). *Jalons pour l'histoire des politiques culturelles locales*. Paris: La Documentation Française, 1995.

POIRRIER, Philippe; DUBOIS, Vicent (orgs.). *Les Collectivités locales et la culture. Les formes de l'"institutionnalisation, XIX*ᵉ*-XX*ᵉ *siècles*. Paris: Comité d'Histoire/ Ministère de la Culture/ Fondation Maison des Sciences de l'Homme, 2002.

POIRRIER, Philippe; RIOUX, Jean-Pierre (orgs.). *Affaires culturelles et territoires (1959-1999)*. Paris: Comité d'Histoire/ Ministère de la Culture, 2000.

RIZZARDO, René. *La Décentralisation culturelle. Rapport au ministère de la culture et de la communication*. Paris: La Documentation Française, 1990.

SAEZ, Guy. "Les Politiques de la culture". In: GRAWITZ, Madeleine; LECA, Jean (orgs.). *Traité de science politique*. v. IV: Les politiques publiques. Paris: PUF, 1985.

_____. "Villes et culture: un gouvernement par la coopération". *Pouvoirs*, n. 73, pp. 109-23, 1995.

SAEZ, Guy; PONGY, Mireille. *Les Politiques culturelles de quatre régions d'Europe: Bade-Wurtemberg, Catalogne, Lombardie, Rhône-Alpes*. Saint Martin d'Hères: Observatoire de Politiques Cultures/ Cerat, 1991.

SAEZ, Jean-Pierre (org.). *Identités cultures et territoires*. Paris: Desclée de Brouwer, 1995.

TALIANO-DES GARETS, Françoise. *La Vie culturelle à Bordeaux, 1945-1975*. Bordeaux: Presses Universitaires de Bordeaux, 1995.

_____. "Le chabanisme culturel". *Vingtième Siècle. Revue d'Histoire*, jan.-mar. 1999.

_____. "Politiques culturelles municipales et image de la ville depuis 1945, à travers les cas de Bordeaux, Marseille, Montpellier et Toulouse. In: CHARRIÉ, Jean-Paul (org.). *Villes en projet (s)*. Talence: MSHA, 1996.

_____. "Music Policies in French Regional Capitals since 1945". In: BORSAY, Peter; HIRSCHFELDER, Gunther; MOHRMANN, Ruth-E (orgs.). *New Directions in Urban History, Aspects of European Art, Health, Tourism and Leisure since the Enlightenment*. Münster/ Nova York/ Munique/ Berlim: Waxmann, 2000.

_____. "Le Maires des grands métropoles françaises et leur politiques culturelles au xxe siècle". In: PONTET, Josette (org.). *Des Hommes et des pouvoirs dans la ville XIV*- *XXe siècles*. Talence: Cesurb-Histoire/ Université Michel de Montaigne Bordeaux III, 1999.

_____. "Adrien Marquet et la culture". In: BONIN, H.; LACHAISE, B.; TALIANO-DES GARETS, F.; MARQUET, A. *Les Dérives d'une ambition, Bordeaux, Paris, Vichy (1924-1955)*. Bordeaux: Confluences, 2007.

IV. POLÍTICAS LOCAIS

BALME, Richard; FAURE, Alain; MABILEAU, Albert (orgs.). *Les Nouvelles Politiques locales. Dynamiques de l'action publique*. Paris: Presses de la Fondation des Sciences Politiques, 1999.

BIAREZ, Sylvie. *Le Pouvoir local*. Paris: Economica, 1989.

BONNARD, Maryvonne. *Les Collectivités locales en France*. Paris: La Documentation Française, 1996.

MABILEAU, Albert. "De la Monarchie municipale à la française". *Pouvoirs*, n. 73, pp. 7-19, 1995.

MÉNY, Yves. "La République des fiefs", *Pouvoirs*, n. 60, pp. 17-25, 1992.

RONDIN, Jacques. *Le Sacre des notables. La France en Décentralisation*. Paris: Fayard, 1985.

SAEZ, Guy; LERESCHE, Jean-Philippe; BASSAND, Michel. *Gouvernance métropolitaine et transfrontalité*. Paris: L'Harmattan, 1997. (Action Publique Territoriale)

THOENIG, Jean-Claude. "La Décentralisation dix ans après". *Pouvoirs*, n. 60, pp. 5-17, 1992.

Os prefeitos

AGULHON, Maurice (org.). *Histoire des maires en France du Consulat à nos jours*. Paris: Publications de la Sorbonne, 1986.

BERSTEIN, Serge. *Édouard Herriot ou la République en personne*. Paris: Presses de la FNSP, 1985.

CHASTENET, Patrick; CHASTENET, Philippe. *Chaban*. Paris: Seuil, 1991.

COLOMBANI, Roger; LOO, Charles-Émile. *C'était "Marseille d'abord". Les années Defferre*. Paris: Robert Laffont, 1992.

LOI, Emmanuel. *Defferre et Marseille*. Paris: Bernard Barrault, 1989.

RAFFY, Serge. *Les Enfants de Gaston. La bataille de Marseille*. Paris: Jean-Claude Lattès, 1989.

SAVARY, Gilles. *Chaban maire de Bordeaux. Anatomie d'une féodalité républicaine*. Bordeaux: Aubéron, 1995.

SIRINELLI, Jean-François (org.). *Dictionnaire de la vie politique française au XXᵉ siècle*. Paris: PUF, 1995.

V. HISTÓRIA DAS CIDADES

BADARIOTTI, Dominique; KLEINSCHMAGER, Richard; STRAUSS, Léon. *Géopolitique de Strasbourg. Permanences et mutations du paysage politique depuis 1871*. Estrasburgo: La Nuée Bleue/ DNA, 1995. (La Bibliothèque Alsacienne)

BARATIER, Édouard (org.). *Histoire de Marseille*. Toulouse: Privat, 1973.

BAYARD, Françoise; CAYEZ, Pierre. *Histoire de Lyon du XVIᵉ siècle à nos jours*. Paris: Horvath, 1990.

BONIN, Hubert; GUILLAUME, Sylvie; LACHAISE, Bernard (orgs.). *Bordeaux et la Gironde pendant la Reconstruction, 1945-1954*. Talence: MSHA, 1997.

DUBY, Georges (org.). *Histoire de la France urbaine*. v. 4. Paris: Seuil, 1983.

_____. *Histoire de la France urbaine*. v. 5. Paris: Seuil, 1985.

DUCHÊNE, Roger; CONTRUCCI, Jean. *Marseille*. Paris: Fayard, 1998.

FIGEAC, Michel; GUILLAUME, Pierre. *Histoire des Bordelais*. Bordeaux: Mollat/ Fédération Historique du Sud-Ouest, 2003.

GUÉRIN, Bernard; GUÉRIN, Jean. *Des Hommes et des activités autour d'un demi-siècle*. Bordeaux: BEB, 1957.

LAJUGIE, Joseph (org.). *Bordeaux au XXᵉ siècle*. Bordeaux: Fédération Historique du Sud-Ouest, 1972.

LATREILLE, André (org.). *Histoire de Lyon*. Toulouse: Privat, 1975.

LIVET, Georges; RAPP, Francis (orgs.). *Histoire de Strasbourg*. Toulouse: Privat/ DNA, 1987.

PÉRILLON, Marie-Christine. *Histoire de la ville de Strasbourg*. Lyon: Parc, 1994.

TAILLEFER, Michel (org.). *Nouvelle Histoire de Toulouse*. Toulouse: Privat, 2002.

TÉMINE, Émile. *Histoire de Marseille de la Révolution à nos jours*. Paris: Perrin, 1999.

_____. "La Légende noire de Marseille". *L'Histoire*, mar. 1999.

TRENARD, Louis (org.). *Histoire d'une métropole, Lille-Roubaix-Tourcoing*. Toulouse: Privat, 1977.

WOLF, Philippe. *Histoire de Toulouse*. Toulouse: Privat, 1974.

História cultural das cidades

AJIRT — ATELIERS JEAN-JAURÈS D'INITIATIVES ET DE RÉFLEXIONS DE LA RÉGION DE TOULOUSE. *Le Livre blanc de la culture à Toulouse et la région*. Toulouse: Privat, 1983.

ALBIGÈS, Aude. *La Politique culturelle de la ville de Bordeaux par Alain Juppé*. Bordeaux: IEP de Bordeaux, 1998.

BOUCHEBITA, Assia. *La Politique culturelle de la ville de Lille de 1970 à nos jours*. Lille: Université Charles de Gaulle Lille III, 1992.

CALLÈDE, Jean-Paul; FELLONEAU, Maryline. *Le Phenomène culturel à Bordeaux. Rapport de synthèse pluridisciplinaire*. Talence: MSHA, 1982.

FANNY, Dejean. *L'Action culturelle à Toulouse de 1983 à 2001*. Bordeaux: IEP de Bordeaux, 2002-2003.

GUIDET, Mireille; GALLI, Claude (orgs.). *Marseille XXᵉ: un destin culturel*. Marseille: Via Valeriano, 1995.

MONGEREAU, Noël (org.). *Lyon du XXᵉ au XXIᵉ siècle*. Lyon: Académie des Sciences Belles Lettres et Arts de Lyon/ Éditions Lyonnaises d'Art et d'Histoire, [19--].

MUSÉE DES BEAUX-ARTS DE LYON. " Hommage à René Déroudille. Un combat pour l'art moderne". *Bulletin des Musées et Monuments Lyonnais*, Lyon, 1997.

NEYRET, Régis. *Le Livre de Lyon*. Lyon: LUGD, 1995.

POCHE, Bernard; TOURNON, Jean (orgs.). *Le Rayonnement (mortel?) des capitales culturelles*. [S.l.]: Programme Rhône-Alpes de Recherche en Sciences Humaines, 1996.

SAUNIER, Pierre-Yves. *L'Esprit lyonnais*. Paris: CRNSCRNS, 1995.

TALIANO-DES GARETS, Françoise. "Création et diffusion à Bordeaux XXIᵉ XXᵉ siècles". In: FIGEAC, Michel; GUILLAUME, Pierre. *Histoire des Bordelais*. Bordeaux: Mollat/ Fédération Historique du Sud-Ouest, 2003.

VOGLER, Bernard. *Histoire de l'Alsace. Du Moyen Âge à nos jours, les très riches heures d'une région frontière*. Estrasburgo: La Nuée Bleue/ DNA, 1994.

VI. AS METRÓPOLES REGIONAIS

BARAIZE, François; NÉGRIER, Emmanuel (orgs.). *L'Invention politique de l'agglomération*. Paris: L'Harmattan, 2001.

BERINGUER, Christian; BOUDOU, André; JALABERT, Guy. *Toulouse Midi-Pryrénées. La transition*. Paris: Stock, 1972.

BONNEVILLE, Marc. *Lyon métropole régionale ou euro-cité?*. Paris: Anthropos, 1997.

DUMAS, Jean. *Bordeaux, ville paradoxale*. Talence: MSHA, 2000.

JALABERT, Guy. *Toulouse métropole incomplète*. Paris: Anthropos, 1995.

KLEINSCHMAGER, Richard. *Strasbourg. Une ambition européenne*. Paris: Economica, 1997.

LABORDE, Pierre (org.). *Bordeaux métropole régionale ville internationale?*. Paris: La Documentation Française, 1998.

LACOSTE, Yves. *Géopolitique des régions françaises. La façade occidentale*. Paris: Fayard, 1986.

_____. *Géopolitique des régions françaises. La France du Sud-Est*. Paris: Fayard, 1986.

SANMARCO, Philippe; MOREL, Bernard. *Marseille l'endroit du décor*. Aix-en-Provence: Edisud, 1985.

VII. ABORDAGEM TEMÁTICA

Arte lírica

CHABERT, Chantal. *La Fin de l'art lyrique en province?*. Paris: L'Harmattan, 2001.

_____. *Les Institutions lyriques de province sont-elles en danger?*. [S.l.]: Université de Reims, 1994-1995.

CHOMEL, Marie-Provence. *L'Autonomie des collectivités locales dans la gestion d'un équipement culturel: la gestion des travaux de rénovation de l'Opéra de Lyon*. [S.l.]: Université Pierre Mendès France/ IEP de Grenoble, 1992-1993.

RIVIÈRE, Auguste; JOUFFRAY, Alain. *Le Théâtre du Capitole*. Toulouse: Privat, 1978.

Trois siècles d'opéra à Lyon. Bibliothèque de la Ville de Lyon, 1982.

Artes plásticas e museus

FINGERHUT, Jacques. *L'Art: entre le marché et musées*. Paris: La Documentation Française, 1996.

MONNIER, Gérard. *L'Art et ses institutions en France de la Révolution à nos jours*. Paris: Gallimard, 1995.

MOULIN, Raymonde. *L'Artiste, l'institution et le marché*. Paris: Flammarion, 1992.

SALLOIS, Jacques. *Le Musées*. Paris: PUF, 1995.

SCHALLER, Angélique. *Les Arts plastiques dans la Décentralisation culturelle, 1982-1994: les cas marsellais*. Tese da Université de Provence, 1998.

SIMON, Jean-Pierre. *Les Écoles d'art et les politiques culturelles des villes, études de cas sur trois villes: Nantes, Nancy, Strasbourg*. [S.l.]: Université Pierre Mendès France, 1999.

VADELORGE, Loïc (textos reunidos). "Les Musées de province dans leur environnement". *Cahiers du GRHIS*, n. 4, 1996.

Bibliotecas

BERTRAND, Anne-Marie. *Les Villes et leurs bibliothèques: légitimer et décider, 1945-1985*. Paris: Cercle de la Librairie, 1990.

POULAIN, Martine (org.). *Histoire des bibliothèques françaises. Les bibliothèques au XXe siècle, 1914-1990*. Paris: Promodis/ Cercle de la Librairie, 1992.

Cinema

"Les Élus font leur cinéma". *FNCC Informations*, n. 98, mar. 1990.

"Les Villes au secours du cinéma". *La Gazette des Communes*, 4-17 maio 1990.

Dança

FILLOUX-VIGREUX, Marianne. *La Politique de la danse. L'exemple de la région Paca, 1970-1990*. Paris: L'Harmattan, 2001.

MERMET, Virginie. *La Sensibilisation et les politiques de public pour la danse. Exemple du Théâtre Pôle Sud à Strasbourg*. Grenoble: IEP de Grenoble, 1998.

Festivais

BENITO, Luc. *Les Festivals en France. Marchés, enjeux et alchimie*. Paris: L'Harmattan, 2001.

RENAU, Elisabeth. *L'Enjeu identitaire et culturel du festival. L'exemple du festival Berlioz*. Grenoble: IEP de Grenoble, 1999.

SIVIGNON, Delphine. *L'Implantation d'un festival en milieu local: l'exemple de Musica à Strasbourg*. Grenoble: IEP de Grenoble, 1997-1998.

TALIANO-DES GARETS, Françoise. "Le Festival Sigma de Bordeaux (1965-1990)". *Vingtième Siècle. Revue d'Histoire*, out.-dez. 1992.

"Friches" culturais

LEXTRAIT, Fabrice. *Une Nouvelle Époque de l'action culturelle. Rapport à Michel Duffour*. Paris: La Documentation Française, 2001.

MAUJEAN, Sébastien. *L'Équipement culturel à l'épreuve du territoire. Les cas de "La Laiterie" à Strasbourg*. Lyon: Université de Lyon III/ Institut d'Urbanisme de Lyon, 1998.

VANHAMME, Marie; LOUBON, Patrice. *Usines désaffectées: fabrique d'imaginaires. Arts en friches*. Paris: Alternatives, 2001.

Música

D'ANGELO, Mario. *Socie-économie de la musique en France. Diagnostic d'un système vulnérable*. Paris: La Documentation Française, 1997.

FERRATON, Yves. *Cinquante ans de vie musicale à Lyon. Les Witkowski et l'Orchestre philharmonique de Lyon (1903-1953)*. Trévoux: Éditions de Trévoux, 1984.

LAURENT, Raphaël. *L'Orchestre national de Lille (1974-1996)*. Lille: Université Charles de Gaulle Lille III, 1996-1997.

VEITL, Anne; DUCHEMIN, Noémi. *Maurice Fleuret: une politique démocratique de la musique*. Paris: Ministère de la Culture/ Comité d'Histoire, 2000.

Patrimônio

LAURENT, Xavier. *Grandeur et misère du patrimoine d'André Malraux à Jacques Duhamel*. [S.l.]: École de Chartes/ Ministère de la Culture/ Comité d'Histoire, 2003.

NEYRET, Régis. *Le Patrimoine atout du développement*. Lyon: Presses Universitaries de Lyon, 1992.

POIRRIER, Philippe; VADELORGE, Loïc. *Por une Histoire des politiques du patrimoine*. Paris: Ministère de la Culture/ Comité d'Histoire/ Fondation Maison de Sciences de l'Homme, 2003.

POULOT, Dominique. *L'Esprit des lieux. Le patrimoine et la cité*. Grenoble: Université de Grenoble, 1997.

_____. *Patrimoine et musées. L'institution de la culture*. Paris: Hachette, 2001.

_____. *Patrimoine et modernité*. Paris: L'Harmattan, 1998.

Teatro

ABIRACHED, Robert. *La Décentralisation théâtrale. Le premier âge, 1945-1958*. Arles: Actes Sud-Papiers, 1992.

_____. *La Décentralisation théâtrale. Les années Malraux, 1959-1968*. Arles: Actes Sud-Papiers, 1992.

_____. *La Décentralisation théâtrale. 1968, le tournant*. Arles: Actes Sud-Papiers, 1993.

_____. *La Décentralisation théâtrale. Les temps des incertitudes, 1969-1981*. Arles: Actes Sud-Papiers, 1995.

BATAILLON, Michel. *Un Défi en province. Chronique d'une aventure théâtrale, 1957-1981*. Paris: Marval, 2001.

GOETSCHEL, Pascale. *Renouveau et Décentralisation du théâtre, 1945-1981*. Paris: PUF, 2004.

GONTARD, Denis. *La Décentralisation théâtrale*. Paris: Sedes, 1973.

HERMAN, Alain. *La Décentralisation théâtrale à Toulouse*. [S.l.]: Université Pierre Mendès/ IEP de Grenoble, 1997.

JOMARON, Jacqueline de (org.). *Le Théâtre en France au Moyen Âge à nos jours*. Paris: Armand Colin, 1992.

RAUCH-LEPAGE, Marie-Ange. *Le Théâtre en France en 1968. Histoire d'une crise*. Tese da Université de Paris x Nanterre, 1995.

SCHAUB, Coralie. *La Politique théâtrale française: essai d'évaluation du TNS*. Estrasburgo: IEP de Strasbourg, 1996.

TEMKINE, Raymonde. *Le Théâtre en l'État*. Paris: Éditions Théâtrales, 1992.

FONTES

I. ARQUIVOS

Arquivos do Centro de Arquivos Contemporâneos de Fontainebleau (classificação por tema)

Orquestras, óperas e dança
    800 368: 106, 107, 109, 110, 111, 112, 113, 114, 120, 127, 128
    890 533: 2, 3, 4, 5, 6, 7
    870 300: 22
    890 245: 2

Teatro
    910 241: 20, 21, 22, 23, 24, 25, 26, 27
    910 242: 7, 25, 36, 37, 40, 41, 49
    870 713: 3
    890 344: 8

Museus
    920 627: 32, 33, 56, 57, 58, 59, 99, 113, 117, 118
    880 468: 7
    930 217: 3, 7, 8, 12, 13

Patrimônio
    870 303: 5
    920 487: 17, 20, 21, 27, 28
    890 126: 37, 39, 74, 84

Escolas de arte
780 692: 1, 2, 3, 4,5
870 592: 3
870 300: 24

Escolas nacionais de música e conservatórios
870 603: 17, 21, 24, 33, 34, 35, 38
880 264: 18, 21
900 055: 7

Cartas culturais
870 648: 10, 12
As cartas, assim como os anteprojetos, nos foram fornecidos pelo Comitê de História do Ministério da Cultura.

Convenções sobre desenvolvimento cultural
870 300: 9, 10, 18, 19, 20
870 303: 5
870 305: 7, 8, 16
870 713: 3

Arquivos municipais de Bordeaux, Lille, Lyon, Marselha, Estrasburgo, Toulouse

Contas administrativas
Atas das sessões da Câmara Municipal
Dossiês temáticos por setores e instituições culturais

II. FONTES IMPRESSAS

Dados estatísticos do Ministério:

Annuaire Statistique de la Culture, indicadores-chave. Paris: La Documentation Française, 1991, 1993, 2001.
Développement Culturel (1970, 2004).
Catherine Lephay-Merlin, *Les Dépenses culturelles des communes. Analyse et évolution, 1978-1987*. Paris: Ministère de la Culture et de la Communication/ La Documentation Française, 1991.

Imprensa nacional e regional

Periódicos especializados
Bulletin des Bibliothèques de France
n. 6, jun. 1971; n. 7, jul. 1971; n. 8, ago. 1972; n. 5, maio 1972; n. 6, jun. 1972; n. 1, jan. 1977; n. 2, dez. 1977; n. 35, 1990.

Publicações locais
Revistas:
Revistas Municipais de Informação
Revista Marseille
Revista Résonances
La Vie de Bordeaux

Pesquisa
Choisir la Culture, Livre blanc sur la situation culturelle lyonnaise, dez. 1977.

Depoimentos escritos

Jacques Chaban-Delmas, *Mémoires pour demain*. Paris: Flammarion, 1997.
Jean-Louis English; Daniel Riot, *Entretiens avec Pierre Pflimlin*. Estrasburgo: La Nuée Bleue, 1989.
Louis Pradel, *Mon Lyon superbe*. Paris: Solar, 1976.
Marcel Landowski, *Batailles pour la musique*. Paris: Seuil, 1979.
Michel Carcassonne, *Fausses notes municipales*. Marseille: Autres Temps, 1995.
Patrick Ferla, *Conversation avec Marcel Maréchal*. Lausanne: Pierre-Marcel Favre, 1983.
Pierre Mauroy, *Parole de Lillois*. Paris: Lieu Commun, 1994.
Pierre Pflimlin, *Mémoires d'un européen de la IVe à la Ve République*. Paris: Fayard, 1991.
Robert Verheuge, *Gérer l'Utopie. L'action culturelle dans la cité*. Aix-en-Provence: Edisud, 1988.
Robert Vigouroux, *Un parmi les Autres*. Paris: Albin Michel, 1991.

III. PRINCIPAIS ENTREVISTAS (REALIZADAS DE 1990 EM DIANTE)

Auguste Rivière
Christian Poitevin
Dominique Wallon
Gérard Boireau
Gilbert Leroi
Gilberte Martin-Méry
Jacques Chaban-Delmas
Jacques Lavigne

Jean-Louis Froment
Louis Desgraves
Marcel Paoli
Michel Naud
Mireille Courdeau
Norbert Engel
Pierre Botineau
Robert Verheuge
Roger Lafosse

ÍNDICE ONOMÁSTICO

A

Abirached, Robert, 51, 57, 65, 67, 135, 158, 204, 271.
Adamov, Arthur, 53, 58.
Agulhon, Maurice, 267.
Albigès, Aude, 226, 268.
Altorffer, Charles, 29.
Anouilh, Jean, 53, 55.
Aragon, Louis, 120.
Arp (Hans) Jean, 72, 75, 92, 172.
Artaud, Antonin, 67, 110.
Astaire, Fred, 112.
Audeguil, Fernand, 29.

B

Bach, Jean-Sébastien, 41, 119.
Badariotti, Dominique, 191, 267.
Badiou, Raymond, 29, 47, 50, 52.
Bady, Jean-Pierre, 186.
Balagnia, Francis, 188.
Bancal, Léon, 38.
Baraize, François, 128, 185, 228, 268.
Baratier, Édouard, 44, 267.
Barbizet, Pierre, 69.
Barre, Raymond, 30.
Bashung, Alain, 177.
Bassand, Michel, 21, 221, 266.
Bataillon, Michel, 57, 76, 271.
Baty, Gaston, 53, 59.
Baudis, Dominique, 29, 186, 195, 219, 242.
Baudis, Pierre, 29, 67, 118, 156, 160, 243.
Baumol, William, (a Lei) 152.
Bayle, Laurent, 175, 190.
Bazerque, Louis, 29, 67, 79, 118, 242.
Beckett, Samuel, 53, 58.

Beck, Francis, 183, 207.
Beck, Julian, 66.
Bédarida, Catherine, 217.
Bédarida, François, 27.
Ben, 170.
Benhamou, Françoise, 227, 263.
Benito, Luc, 53, 270.
Benoît, Fernand, 48.
Benzi, Roberto, 150, 151, 203.
Berlioz, Hector, (Festival) 133, 205, 270.
Bertrand, Anne-Marie, 49, 61, 108, 178, 269.
Beyer, Victor, 92.
Biarez, Sylvie, 74, 95, 118, 243, 266.
Biasini, Émile, 82, 85, 86, 87, 88.
Birnbaum, Pierre, 99.
Blaine, Julian, 188.
Blistène, Bernard, 172.
Bodiguel, Jean-luc, 24.
Bofill, Ricardo, 212.
Bogen, Isabelle, 40.
Boissieu, Jean, 43, 264.
Bonin, Hubert, 37, 198, 266, 267.
Bonino, Jean-Marc, 76, 115, 265.
Bonnet, Jacques, 141.
Bonneville, Marc, 231, 268.
Borde, Raymond, 215.
Borély (château), 48.
Borély (museu), 92, 128, 172.
Bouchebita, Assia, 78, 268.
Bouchez, Monique, 129, 184, 200.
Bouilly, René, 116.
Bounin, Henriette, 169.
Bourdan, Pierre, 41.
Bourdet, Gildas, 112.
Bourseiller, Antoine, 80, 110.
Bouvier, Marcel, 76, 85, 86.

Brajot, Guy, 62, 67, 79, 80, 81, 111, 133, 158.
Braudel, Fernand, 232.
Breerette, Geneviève, 117.
Brook, Peter, 110.
Bros, Myriam, 39.
Buob, Jacques, 218.
Buren, Daniel, 171.

C

Callède, Jean-Paul, 126, 268.
Calvino, Italo, 245.
Camerlo, Paul, 133.
Camus, Albert, 55.
Carcassonne, Michel, 188, 275.
Carlini, Michel, 29.
Caron, Leslie, 112.
Caron, Rémi, 206, 263.
Casadesus, Jean-Claude, 129, 132, 150, 201, 203.
Cayez, Pierre, 121, 267.
Chaban-Delmas, Jacques, 29, 45, 52, 60, 67, 70–72, 73–75, 77, 107, 116–120, 123, 126, 135, 168, 169, 188, 189, 191, 196, 200, 230, 240, 243, 275.
Chaban-Delmas, Micheline, 119, 169.
Chabrol, Véronique, 39.
Chagall, Marc, 93.
Chancerel, Léon, 39, 59.
Charles-Roux Edmonde, 119.
Charrié, Jean-Paul, 195, 266.
Chastel, André, 88.
Chatelain, Jean, 92, 93.
Chavelet, Micheline (ou Chaban-Delmas Micheline), 119.
Chazel, François, 126.
Chéreau, Patrice, 110, 158.
Cherruau, Pierre, 214.
Chevalier, Maurice, 110.
Chevènement, Jean-Pierre, 228.
Chevrillon, Olivier, 173.
Chimènes, Myriam, 39, 40, 77, 264.
Chirac, Jacques, 188, 217.
Chougnet, Jean-François, 172.
Claudel, Paul, 53, 59.
Clozel, Stéphanie, 43, 265.
Cocteau, Jean, 55.
Collomb, Francisque, 29, 103, 118, 121, 122, 125, 169, 183, 184, 188, 191, 193, 243.
Colombani, Roger, 77, 78–80, 112, 267.
Copeau, Jacques, 59.
Cordonnier, Denis, 29.
Cortot, Alfred, 52.
Coulin, Catherine, 121, 176, 265.

Courdeau, Mireille, 276.
Cousseau, Henri-Claude, 189.
Cristofol, Jean, 29, 38.
Crozier, Michel, 99.

D

Dagen, Philippe, 213.
Darasse, Xavier, 200.
Darmet, Guy, 190, 205.
Debré, Olivier, 174.
Defferre, Gaston, 29, 30, 48, 59, 70, 71, 74, 75, 77, 80, 103, 110, 112, 118, 119, 123, 128, 135, 142, 171, 178, 182, 185, 188, 190, 241, 242, 265, 267.
De Gaulle, Charles, 71, 78, 132, 200, 268, 270.
Dejean, Fanny, 220, 268.
De Jong, Emelie, 146.
De Largillière, Nicolas, 72.
Delebarre, Michel, 217.
Delente, Maryse, 217.
Delfosse, Elie, 153.
Delort, Georges, 52.
De Montaigne, Michel, 20, 73, 207.
De Montaigne, Michel, (universidade) 266.
De Pujol, Abel, 197.
Déroudille, René, 48, 169, 171, 268.
Desgraves, Louis, 45, 276.
Destezet, Henri, 190.
Dieuzaide, Jean, 174.
Donnat, Olivier, 198.
Dréano, Laurent, 233.
Dreyfus, François-Georges, 121.
Druon, Maurice, 99, 117.
Dubois, Christophe, 76, 77, 90, 220.
Dubois, Vincent, 26, 49, 76, 190, 265.
Duby, Georges, 74, 267.
Duchemin, Noémi, 130, 153, 201, 270.
Ducreux, Louis, 39.
Duhamel, Jacques, 68, 100, 111, 124, 135, 136, 138, 146, 263, 270.
Dullin, Charles, 53, 56, 57, 59, 60.
Durney, Daniel, 174.

E

Edelmann, Frédéric, 117.
Eliot Gardiner, John, 203.
Emmanuel, Pierre, 99, 124.
Engel, Norbert, 191, 208, 214, 219, 276.
English, Jean-Louis, 73, 125, 275.
Ergmann, Henri, 54.
Erlo, Louis, 133.

Ernst, Max, 172.
Eymieu, Ivane, 215.

F

Fainsilber, Adrien, 214.
Faure, Alain, 190, 229, 265, 266.
Féderlin, Alfred, 29.
Felonneau, Maryline, 126.
Ferla, Patrick, 182, 275.
Finkielkraut, Alain, 164, 216.
Fleuret, Maurice, 129, 174, 177, 184, 201, 203, 238, 242, 270.
Fontayne, Michel, 59.
Fonteyn, Margot, 112.
Françon, Alain, 205.
Frémiot, Marcel 69.
Frey, Charles, 29, 54.
Friedberg, Ehrard, 30, 106, 265.
Froment, Jean-Louis, 116, 169, 213.
Fumaroli, Marc, 31, 216, 264.

G

Gaifie, René, 29.
Garnier, Tony, 208.
Gascuel, Jacqueline, 108.
Gatti, Armand, 67, 208.
Gaudibert, Pierre, 170.
Gaudin, Jean-Claude, 30, 154, 185, 194, 215, 228.
Génard, Paulo, 115.
Georges, Bœuf, 69.
Gignoux, Hubert, 60, 79, 82.
Girard, Augustin, 62, 64.
Girard, René, 244.
Gironès, Robert, 205.
Giscard d'Etaing Valéry, 23, 106, 112, 146, 183, 197.
Goetschel, Pascale, 42, 54, 82, 264, 271.
Goudareau, Jean, 77, 110.
Grange, Sylviane, 201.
Grotowski, Jerzy, 110.
Guédiguian, Robert, 188.
Guérin, Jean, 49, 267.
Guerrin, Michel, 213, 215, 219.
Guillaud, Suzette, 57.
Guillaume, Sylvie, 37, 267.
Guiraud, Jean-Michel, 39.
Guy, Michel, 99, 100, 111, 114, 125, 136, 142, 144, 182, 240.

H

Haug, Hans, 72, 92.
Heitz, Robert, 75.
Henry, Pierre, 69, 143.
Herriot, Édouard, 29, 57, 58, 76, 83, 106, 121, 152, 267.
Hightower, Rosella, 112.
Hilaire, Yves-Marie, 37, 45, 113.
Hill, Jérôme, 59.
Hoffmann, Stanley, 99.
Holleaux, André, 86.
Hurstel, Jean, 214, 219.

I

Ibos, Jean-Marc, 214.

J

Jacob, Maurice Georges, 39.
Jalabert, Guy, 186, 225, 230, 268.
Jaujard, Jacques, 50, 54.
Jaulnes, Gustave, 197.
Joannès, Ambre, 121, 132, 190.
Jouffray, Alain, 46, 76, 269.
Jouvet, Louis, 53, 56, 60.
Juppé, Alain, 29, 189, 198, 213, 217, 223, 226, 240, 244, 268.

K

Kleinschmager, Richard, 191, 228, 267, 268.
Kogan, Léonid, 52.
Krivine, Emmanuel, 203.

L

Laborde, Pierre, 232, 268.
Laborier, Pascale, 190.
Lachaise, Bernard, 37, 267.
Lacoste, Yves, 195, 268.
Lafosse, Roger, 67, 133, 276.
Lagénie, Jean, 39, 59.
Lagrange, Léo, 58, 122, 156.
Lallemand, Ferdinand, 38.
Landais, Hubert, 91, 171, 173, 212.
Landowski, Marcel, 23, 146, 146–150, 147, 152, 155, 156, 275.
Lang, Jack, 25, 94, 129, 164, 171, 172, 183, 186, 197, 206, 207, 221, 239, 264, 265.
Lassalle, Marine, 49.
Latarjet, Bernard, 226, 265.
Latour, Marielle, 92.

ÍNDICE ONOMÁSTICO 279

Latreille, André, 37, 267.
Laurent, Augustin, 29, 37, 45, 74, 76, 81, 90.
Laurent, Jeanne, 23, 42, 54–57, 79, 82, 85, 240, 263.
Lazzini, José, 112.
Lecat, Jean-Philippe, 154, 197, 200, 201.
Le Corbusier, 75, 107.
Léotard, François, 25, 183, 200, 205.
Lephay-Merlin, Catherine, 20, 102–104, 166, 168, 274.
Leresche, Jean-Philippe, 21, 221, 266.
Le Rolland, André, 149, 202.
Lerrant, Jean-Jacques, 169.
Levy, Jean, 90.
Lextrait, Fabrice, 199, 218, 219, 270.
Lhong, Henry, 67.
Lombard, Alain, 132, 150, 203, 213.
Long, Richard, 171.
Loo, Charles-Émile, 77, 78, 80, 112, 267.
Loubon, Patrice, 199, 270.
Loyer, Emmanuelle, 113, 125, 264.

M

Mabileau, Albert, 119, 123, 190, 266.
Maheu, Jean, 156.
Malina, Judith, 66.
Malraux, André, 24, 28, 31, 35, 57, 62, 63, 65, 72, 79–82, 85, 87–95, 124, 135, 146, 156, 263, 264, 271.
Manet, Édouard, 92.
Marchand, Philippe, 44, 45, 48, 58, 61, 102, 113, 129, 153, 214.
Maréchal, André, 194.
Maréchal, Marcel, 77, 81, 109, 111, 132, 158, 182, 205, 241, 275.
Mariotte, Jean-Yves, 75, 174.
Marivaux, Pierre, 55.
Marquet, Adrien, 39, 47.
Marquet, Adrien, (municipalidade) 75.
Marrey, Jean-Claude, 51, 54–56.
Martin-Méry, Gilberte, 73, 275.
Masson, André, 49, 172.
Matisse, Henri, 214.
Mauriac, François, 73, 207.
Mauroy, Pierre, 29, 102, 112, 118, 123, 129–132, 177, 184, 188, 196, 275.
Menard, Claude, 149.
Mény, Yves, 188, 196, 212, 266.
Messiaen, Olivier, 59.
Mesuret, Robert, 47.
Michaud, Yves, 170.
Milhau, Denis, 47, 93.
Mistinguett, 110.

Mitterrand, François, 71, 182.
Moinot, Pierre, 50.
Molière, 55.
Mongereau, Noël, 39, 76, 268.
Monnier, Gérard, 117, 269.
Monod, Roland, 59.
Montesquieu, 73, 207.
Moulinier, Pierre, 125, 138, 214, 265.
Moulin, Raymonde, 174, 269.
Muller, Germain, 46, 75, 121, 153.
Mure, André, 121, 169, 172, 173, 187, 193.

N

Nagano, Kent, 203.
Négrier, Emmanuel, 128, 185, 228, 229, 233, 265, 268.
Neyret, Régis, 58, 68, 89, 106, 268, 270.
Noir, Michel, 29, 121, 191, 194, 196, 197, 205, 220, 232.
Nora, Simon, 73.
Noureev,Rudolf, 112.
Nouvel, Jean, 182, 197, 214.

O

Oppenheim, Jean-Pierre, 228.
Ory, Pascal, 13, 28, 65, 99, 264.

P

Paoli, Marcel, 120, 122, 148, 187–189, 276.
Paolini, Guilio, 214.
Paquet, Raymond, 59.
Paulme, Jean, 151.
Pautrier, Lucien-Marie, 41, 52.
Perrault, Dominique, 212.
Perret, Jacques, 28, 172, 233, 263.
Pesce, Gaetano, 214.
Petit, Roland, 93, 112, 120, 131.
Pflimlin, Pierre, 29, 70–73, 75, 90, 91, 107, 118, 121, 132, 173, 176, 191, 243, 275.
Picabia, Francis, 92.
Picasso, Pablo, 65, 92, 93.
Picon, Gaetan, 51.
Pillot, René, 158.
Pinget, Robert, 67.
Pistre, Jean, 171.
Pitoëff, Georges, 53, 60.
Planchon, Roger, 57, 58, 76, 79, 111, 158.
Plasson, Michel, 132, 149, 151, 190, 203.
Pleynet, Marcelin, 170.
Poche, Bernard, 106, 268.

Poirrier, Philippe, 24, 26, 27, 41, 42, 46, 49, 76, 80, 84, 99, 136, 187, 263, 265, 270.
Poitevin, Christian (pseudônimo Blaine, Julien) 188, 194, 195, 215, 275.
Pollet, Lucien, 197.
Pomarat, André, 108, 204.
Pommier, Édouard, 173.
Pompidou, Georges, 71, 108, 171, 227.
Pongy, Mireille, 225, 266.
Pontet, Josette, 20, 266.
Poulain, Martine, 49, 108, 192, 269.
Pradel, Louis, 29, 58, 68, 74, 76, 77, 78, 95, 105, 106, 118, 123, 125, 169, 191, 241, 243, 275.
Prévosto, Jacques, 121.
Prost, Antoine, 27.
Proton de la Chapelle, Robert, 39, 58, 76, 121, 140, 148.
Putman, Andrée, 171.

Q

Queyranne, Jean-Jacques, 79, 121.

R

Rab, Sylvie, 26, 84.
Raspail, Thierry, 172.
Rau, Gustav, 120, 172.
Ravel, Maurice, 106, 139, 149, 173.
Raynaud, Jean-Pierre, 171.
Rédolfi, Michel, 69.
Renard, Jacques, 203.
Renaud-Barrault (Compania) 60.
Renau, Elisabeth, 133, 270.
Reneau, Serge, 26, 84, 265.
Renoir, Pierre-Auguste, 92.
Reybaz, André, 81.
Ries, Roland, 30.
Rigaud, Jacques, 111.
Riot, Daniel, 73, 125, 275.
Rioux, Jean-Pierre, 24, 28, 38, 39, 40, 63, 198, 263–266.
Rivière, Auguste, 46, 76, 85, 269, 275.
Rizzardo, René, 24, 144, 224, 226, 266.
Robichez, Cyril, 52, 58, 81, 112.
Rocher-Jauneau, Madeleine, 169.
Rochu, Gilbert, 120.
Rolling, Bernard, 108.
Rondin, Jacques, 179, 266.
Rondot, Gilles, 217.
Rosner, Jacques, 112, 158, 205.
Roux, Éric, 177, 218.
Rudloff, Marcel, 30, 75, 191, 214.

S

Saez, Guy, 21, 28, 105, 135, 172, 192, 221, 225, 233, 264, 266.
Saez, Jean-Pierre, 195, 266.
Saint-Denis, Michel, 51, 55.
Samson, Michel, 215.
Sanmarco, Philippe, 43, 268.
Sarkis, 170.
Sartre, Jean-Paul, 53.
Sauer, François, 107.
Saunier, Pierre-Yves, 20, 268.
Savary, Gilles, 119, 143, 267.
Savary, Jérôme, 205.
Sberna, Béatrice, 177.
Schaeffer, Pierre, 39, 69.
Schaller, Angélique, 92, 170, 269.
Schumann, Peter, 66.
Scotto, Marcel, 191.
Segard, Norbert, 129.
Simon, Jean-Pierre, 170, 269.
Siohan, Robert, 83.
Sirinelli, Jean-François, 27, 28, 53, 63, 66, 263, 264, 267.
Sivignon, Delphine, 175, 270.
Sorano, Daniel, (teatro) 67, 205.
Sot, Michel, 27.
Soulages, Pierre, 174.
Sourbier, Jean, 158.
Srauss, Léo, 191.
Sueur, Georges, 136.
Supervielle, Jules, 55.

T

Taddéi, Dominique, 127.
Tapies, Antonio, 174.
Taueber, Sophie, 92.
Tavernier, Bertrand, 178.
Témine, Émile, 37, 43, 44, 267.
Temkine, Raymonde, 54, 110, 204, 271.
Thamin, Jean-Louis, 204.
Thoenig, Jean-Claude, 191, 192, 266.
Toscan du Plantier, Daniel, 215.
Tournon, Jean, 106, 268.
Trautmann, Catherine, 30, 191, 208, 214, 219, 222, 227, 228, 244.
Trenard, Louis, 37, 45, 267.
Troche, Michel, 171.

U

Urfalino, Philippe, 28, 30, 31, 106, 117, 120, 187, 189, 264, 265.

V

Vablay, Jean, 184.
Vadelorge, Loïc, 26, 84, 265, 269, 270.
Valode, Denis, 171.
Van Doesburg, Théo, 92.
Van Hamme, Marie, 199.
Vavasseur-Desperriers, Jean, 37.
Veitl, Anne, 69, 130, 153, 201, 270.
Vergnet-Ruiz, Jean, 92.
Verheuge, Robert, 43, 92, 109, 122, 177,
    189, 218, 275.
Viatte, Germain, 171, 190.
Vidal, André, 50.
Vigouroux, Robert, 30, 172, 177, 183, 185,
    188, 191, 194, 215, 219, 275.
Villiers, Georges, 39.
Vincent, Jean-Pierre, 175, 226.
Viollet-Le-Du, Eugène, 186.
Vitart, Myrto, 214.
Viton, Jean-Jacques, 59.
Vogler, Bernard, 41, 228, 268.
Voldman, Daniéle, 27, 37.
Vollerin, Alain, 39.
Voyoucas, Andonis, 110.

W

Wallon, Dominique, 183, 188, 207, 275.
Waresquiel, Emmanuel, 64, 99, 174, 264.
Weber, Jacques, 205.
Witkowski, Georges-Martin, 147, 270.
Wolf, Roger, 41, 267.
Wurtz, Jean-Pierre, 41.

Y

Yendt, René, 158.

Z

Zebda, 199, 220.
Zehrfuss, Bernard, 106.

SOBRE O AUTOR

Françoise Taliano-des Garets é professora de história contemporânea no Instituto de Estudos Políticos de Bordeaux. Especializada em história cultural, autora de inúmeros artigos e contribuições sobre a história das políticas culturais e dos agentes culturais, publicou, entre outros, *La Vie culturelle à Bordeaux, 1945-1975* (PUB, 1995) e, em colaboração com Hubert Bonin e Bernard Lachaise, *Adrien Marquet, les dérives d'une ambition: Bordeaux, Paris, Vichy, 1924-1955* (Confluences, 2007).

*OUTROS TÍTULOS
DESTA COLEÇÃO*

ARTE E MERCADO
Xavier Greffe

CULTURA E ECONOMIA
Paul Tolila

CULTURA E ESTADO
*Geneviève Gentil e Philippe Poirrier (Textos escolhidos)
Teixeira Coelho (Seleção para a edição brasileira)*

A CULTURA E SEU CONTRÁRIO
Teixeira Coelho

A CULTURA PELA CIDADE
Teixeira Coelho (org.)

CULTURA E EDUCAÇÃO
Teixeira Coelho (org.)

O MEDO AO PEQUENO NÚMERO
Arjun Appadurai

A REPÚBLICA DOS BONS SENTIMENTOS
Michel Maffesoli

SATURAÇÃO
Michel Maffesoli

CADASTRO
ILUMI*URAS*

Para receber informações
sobre nossos lançamentos e
promoções, envie e-mail para:

cadastro@iluminuras.com.br

Este livro foi composto em Myriad pela *Iluminuras*
e terminou de ser impresso no dia 07 de março
de 2014 nas oficinas da *Graphium Editora*, em São
Paulo, SP, em papel off-white 70g.